新编

中小企业
人力资源管理制度
全 书

张浩◎主编

北京工业大学出版社

图书在版编目（CIP）数据

新编中小企业人力资源管理制度全书／张浩主编
．—北京：北京工业大学出版社，2016.6
ISBN 978 – 7 – 5639 – 4668 – 6

Ⅰ．①新… Ⅱ．①张… Ⅲ．①中小企业—人力资源管理—企业管理制度 Ⅳ．①F276.3

中国版本图书馆 CIP 数据核字（2016）第 077503 号

新编中小企业人力资源管理制度全书

主　　编：张　浩
责任编辑：石嬿飞
封面设计：许彦新
出版发行：北京工业大学出版社
　　　　　（北京市朝阳区平乐园 100 号　邮编：100124）
　　　　　010 – 67391722（传真）　　bgdcbs@ sina. com
出 版 人：郝　勇
经销单位：全国各地新华书店
承印单位：河北鸿祥印刷有限公司
开　　本：710 毫米 ×1000 毫米　　1/16
印　　张：24.75
字　　数：469 千字
版　　次：2016 年 6 月第 1 版
印　　次：2016 年 6 月第 1 次印刷
标准书号：ISBN 978 – 7 – 5639 – 4668 – 6
定　　价：45.00 元

前　言

　　为了适应市场经济和中小企业自身工作的要求，使中小企业人力资源管理工作有章可循，保障企业生产目标的顺利实现，我们特编写本书。

　　本书主要介绍了人事计划管理制度与人事档案纪律管理制度，人事薪酬管理制度与表格，人事绩效考核管理制度与表格，人事出勤考核管理制度与表格，人事出差管理制度与表格，人事奖惩与激励管理制度与表格，人事福利保险管理制度与表格，人事招聘与录用管理制度与表格，人事培训管理制度与表格等。

　　本书对现代企业管理具有很大的参考和借鉴作用，是中小企业人力资源管理人员必备的参考书。

　　由于编者水平有限，书中难免存在错误和不足，敬请广大读者批评指正！

目 录

上 编 中小企业人力资源管理制度

下　编　中小企业工作岗位管理职责

上 编

中小企业人力资源管理制度

第一章　人力资源综合管理制度

第一节　人事计划管理制度

一、人事计划管理办法

第一条　人事计划可分短期、中期、长期三种。短期以一年为期，中期以三年为期，长期则以五年以上为期。

第二条　计划不论是短期、中期或长期，都必须于年度开始前一至两个月编制完成。

第三条　中期及长期计划也需要根据企业实际每年调整编制。

第四条　由人事部门制定人事编制要求。在编制要点中，应列明人事计划编制原则及各部门的编制方针。

第五条　由各部门按业务需求，提出该部门未来的人力需求、招聘计划及培训计划，并报送人事部门。

第六条　人事部门根据各部门实际情况及建议加以评估，然后汇编出全公司人事计划，并与各部门沟通后送呈总经理核定。

二、人事管理计划制度

第一条　人事计划的重要性。

（1）企业为配合其业务的发展，必须事前对未来所需人力进行妥善规划并制订中期或长期人力计划，否则会因为人力不足或剩余而影响企业的发展。

（2）企业内员工因届满退休年龄或因其他原因离职，此退休及离职人员的空缺必须及时补充。

（3）由于企业经营的多元化或国际化，原有人力已不能满足业务的需要，则必须对已有人力加以调整或给予补充，以保证企业业务的正常开展。

（4）由于组织变更或设备更新换代，出现部分人力剩余，应加以调整以降低人力成本。

第二条　制订人事管理计划。

1. 人事管理的循环

人事管理上有"预测→计划→实施→评价"四个步骤在不停地循环。

2. 人事管理计划的各种项目

（1）制定与本企业基本的经营方针有密切关系的人事制度及其实施细则。

（2）企业内部各执行部门的人事管理计划。

①关于人事编制设定与维持的管理计划。

②关于提高员工素质与业绩的教育培训计划。

③关于工资、退休金的计划，以及各种津贴管理与生活福利的计划。

④关于企业内部、文化、娱乐等活动的计划。

⑤关于就业管理的计划。

⑥关于安全卫生的计划。

⑦关于资格制度、升迁制度、人事考核等计划。

⑧关于劳资关系的计划。

（3）人员需求计划。

①人员需求的短期、中期及长期计划。

②人员需求计划和教育计划的实施细则。

第三条　人事管理计划的内容。

人事管理计划是针对公司业务的需要，按照未来的人力需求发展做出的规划。其内容一般可分为下列四部分。

1. 人力需求的预测

为配合企业业务发展，对未来所需人力做适当的预测。在估算所需人力时，应考虑下列各项因素。

（1）因业务的扩展或紧缩所需增减的人力。

（2）因现有人员离职或退休所需补充的人力。

（3）因组织变更、技术改进或设备更新所需调整的人力。

2. 人员招聘计划

针对所需增加或补充的人员，应制订相应的人员招聘计划，应包括下列项目。

（1）计算各年度各部门所需人员数量，以及内部晋升、调补的人员数量。

（2）计算各年度必须向外招聘的各类人员数量。

（3）确定招聘的方式。

（4）统计招聘人员的来源。

（5）对所聘人员安排适当工作，以防止他们流失。

3. 人员培训计划

人员培训计划是人事管理计划的重要部分。人员培训计划可视企业业务需要及培训的设备和能力，分别确定下列不同类别的培训。

（1）新进人员培训计划。

（2）专业人员培训计划。

（3）各级主管培训计划。

（4）一般人员的培训计划。

（5）选送人员进修计划。

4. 人力运用计划

企业应对人力资源的有效运用做出适当的计划，以便在计划期内使劳动力的效率有所改进。人力资源的有效利用除需制订各项配套措施外，还必须在人力计划中提出对各项有关的人力资源的分析及预测，以作为未来人力资源运用预期目标的依据。其分析及预测项目可包括以下三项：

（1）人员生产力的分析；

（2）人员结构的分析；

（3）人事经费的分析。

三、人事管理计划编制方法

第一条　数量标准。

人员的数量标准指完成某项业务、工作所需要的人员数量，或者某项业务、工作增加时所要增加的人员数量。设定人员数量标准有下列方法：

1. 工时研究

固定产品的生产部门可用此法。此法在工作现场测量某一作业所需时间，再计算一名工作人员在减除准备、休息等时间后，每天可完成的工作量，然后制订出工作量与所需人员数量的标准。

2. 业务推算

根据过去业务量及用人人数的记录，推算出每项业务需要的人数，此项方法对非操作性而工作数量较为明确的业务较为适用。

3. 相关与回归分析法

根据业务量中的数个变量来决定需要的人数，可根据过去业务量的变化找出与人数的相关系数，以它作为决定所需人数的标准。

第二条　素质标准。

人员的素质标准是指所需人员的资质标准。

（1）将企业所需人员分为若干等级，制订各等级人员所需的基本资质条件。

（2）有必要分类时，可按工作性质分为"电机工程师""机械工程师""会计师"等，并分别制订其所需的资质条件。

（3）制订个别资质标准。个别资质标准的制订是对每一个职位所包含的工作加以分析，以决定担任该职位的人员应具备的资质条件。此项职位所需的资质条件可列入"工作说明书"或"职位说明书"中，并作为编制人力计划及招聘人员的依据。

四、人事部基本职责

第一条　人力资源管理。

1. 人员招聘

人员招聘是用人单位进行人事招考与任用。

2. 人员面试

人员面试采取当面测试的方式甄别、选择具备适当学历及专业知识的人员。

3. 人员配置

人员配置是将所招聘或录选的人员配置到最恰当的位置上。具体内容包括任用、调动、晋升及降级等。

4. 工资制度

工资制度包括工资管理、工资政策及奖金计划。

5. 效益评估

效益评估是对工作人员能力与工作成绩的考评。

6. 资料系统

资料系统是对企业内部及企业外部有关人员的资料加以收集、登记、分析并输入资料系统（或为单位人才信息库），以便随时取用并随时更新。

7. 福利制度

福利制度是挽留人才的主要方法之一。其具体内容包括保险、福利及退休制度等。

第二条　人力资源开发。

1. 教育

教育的目的在于增加企业员工的基础与专业知识，作为企业和员工未来自我发展的基础。教育是针对员工进行基础性、广泛性知识及原理的灌输，此项职责固然有赖于各级学校，但目前企业为提高其人员素质，也拟订了员工教育计划，进行人才教育和培养。

2. 培训

培训是边学边用的教育方式，使员工的知识、技术与行为的发展都能同工作发生直接的关系。培训是以短、中、长三种时期目标为方向，着眼于工作需求，充分在实践中应用。

3. 发展

以整体组织的预期需要为前提，确保组织拥有可充分运用的人力资源，以实现企业的战略目标。培养、储备雄厚的人力资源以满足组织及员工个人未来发展的需求，这是企业人事组织所必须担当的职责。

第三条 人力资源环境。

1. 组织发展

组织发展是以组织行为学理论为基础，以科学的方法处理人际关系，其目的是维持、更新及改变组织关系，促使工作人员在组织中能获得满足，从而提高士气、增进效率。

2. 咨询服务

咨询服务是协助员工解决各项问题，促进沟通，使员工不满情绪得以发泄或缓解，并防止问题发生及人才的流失。

3. 工作年资

工作年资是为了求得工作质量的提高，借助工作的方式、种类及员工的参与，使工作环境更加理想，劳资关系更加和谐，从而保持职工队伍的稳定。

第四条 其他人力资源。

1. 人力计划

人力计划包括人力资源分析、人力需求计划、人员工作调动与升迁的安排等项工作。

2. 劳资关系

劳资双方对有关问题争执、协议、调节、和解的处理过程，其目的是实现双方共同的利益。

3. 人事研究

人事研究不仅包括对现行人事制度的分析、检查、改进，还包括如何引进先进的人力资源管理方法，调查分析员工的态度及意见。这些都是人事研究的工作重点。

4. 前途开发

前途开发是企业提供给员工长远发展机会，并妥善规划其发展的过程，使员工个人事业与企业发展相结合，以实现员工个人理想与目标。

五、人力资源需求量测定办法

根据公司编制人力规划的要求，公司全部职工可划分为管理人员、工程技术人员、基本工人（包括基本生产工人和辅助工人）、学徒工及其他非生产人员共五类。

第一条　管理人员的需求量。

按照生产工人的比例和组织机构的定员来确定的。

第二条　工程技术人员的需求量。

按照它与生产工人的比例和技术人员的层次结构来确定的。

第三条　基本工人的需求量。

根据产值或产品实物的劳动生产率确定的，也可按设备定员确定，或者将两者结合起来按企业规模与定员确定。

第四条　辅助工人的需求量。

根据它与基本生产工人的比例或劳动额度、工作区域的分配来确定的。

第五条　学徒工的需求量。

根据企业的生产发展情况、补充或增加劳动力的实际需求、培训能力和培训时间长短来确定。

第六条　其他非生产人员的需求量。

根据企业生产经营具体情况特点、机构设置或与生产工作的比例来确定的。

六、人员调动管理制度

第一条　各部门主管根据本部门工作实际以及所管辖的人员的性格、学识及能力，力求人尽其才，以达到人与事相互配合，可填具人事调动单上报人事主管部门要求派调人员。

第二条　奉调人员接到调任通知后，企业主管人员应于 10 日内，其他人员应于 7 日内办妥移交手续，就任新职。奉调人员由于所管事物特别繁杂，无法如期办妥移交手续时，可酌情延长移交时限，最长以 15 日为限。

第三条　奉调人员可比照差旅费支给办法报支差旅费。搬运家具的费用，可附单据及企业主管证明报支。

第四条　奉调人员离开原职时，应办妥移交手续才能赴新入职单位报到，不能按时办理完移交手续者应上报申请延期办理移交手续，否则以移交不清论处。

第五条 调任人员在新接任者未到职前，其所遗留的职务可由其直属主管暂时代理。

七、员工晋升及调任办法

员工晋升和调任是企业人事管理的日常工作。由于行业不同、企业性质不同、企业组织机构不同、企业职位配置不同及成员不同，因此各企业员工晋升、调任的条件、方式各不相同。下面列举的某企业员工晋升及调任办法，以供大家参考。

第一条 适用范围。

凡本企业所属人员（不含聘约人员及契约人员）之晋升及调任，悉依本办法和规定办理。

第二条 晋升及调任原则。

（1）部门主管晋升（调任）人员，应考虑其适任性及本办法规定的晋升（调任）条件办理。

（2）晋升及调任人员，应以各部门编制职称及人数为基准，遇有缺额时才可以办理。各部门每年至少应检查修订一次编制职称及人数，并于每年12月前（年度预算核定前）报送人事部，并转呈总经理核定。

（3）各部门的职称及人数编制以厂（处）为单位，若其总人数未达编制人数时，为人员训练培养需要，须以较低职称人员占用较高职称的编制缺额。

（4）晋升各级主管以先晋升副主管再晋升正主管为原则，其任职副主管至少应满1年，并经考核适任，才可以晋升为正主管，无副主管编制者亦同。

（5）每组、班人员以7:1的比例设置一名主管；副主管及其职称之设立以上述方式之倍数处理。

第三条 晋升基本条件。

（1）因工作表现优秀（考绩最近三次均为良等以上），且具发展潜力，经部门主管推荐，其晋升条件中的年资部分要酌情予以提前，但是最快也要以1年为限。

（2）晋升后应依晋升生效日期调整职位工资，并于试任三个月期满，交试任期满专案报告后，依规定调整本薪，本薪调整自报告上报核准的当月起生效。

（3）晋升协理级（含）以上主管可以免试任，于晋升生效后即调整职位工资及本薪。

第四条 晋升时机。

（1）晋升副主任级（含副主任、二级专员）以上职称，每年由人事部统一办理一次，并于每年9月底前完成上报核准，自10月1日起生效。

（2）晋升三级专员、主任助理的职称每年由人事部统一办理两次，并于每年3月、9月底前完成上报核准，分别于4月1日及10月1日起生效。

（3）晋升班长、副班长职位者，在符合企业规定时，可以根据实际状况需要不定期办理晋升，由部门主管核准后送人事部备核。

（4）各级主管职位空缺时，若已有具备晋升条件的适当人选，可以即时依照核决权限的规定提报晋升，不受上述条件的限制，以便于业务的正常运作。

第五条　晋升条件不足的职务代理。

（1）各级主管职位空缺，若无具备晋升条件的人员可予派任时，可以提升适当人员代理。

（2）前项各级主管职务，除年资条件不足外（以不足1年内为限），其余还有条件不足者，不得提升代理主管职务。

（3）同职等的代理（如二级专员代理副主任），必须视其代理期间的绩效于适当时机呈报直接调任；不同职等的代理（如三级专员代理副主任），要等到代理符合晋升的年资条件（或跨一职年等代理至少满半年，跨两职年等代理至少满1年）时，才可以上报晋升。

（4）因晋升条件不足而代理职称的年资，应列入原职等的年资，于晋升再上一级职等时，不得并计入晋升所需的年资条件。

第六条　调任程序。

（1）人员调任时，应以相同职等及相关职务间调任为原则。

（2）调任程序如下。（略）

第七条　晋升及调任作业。

（1）人员的晋升（调任）应由部门主管填写《员工人选报告表》或《人事调动申请表》，依照企业规定的核决权限呈报审核。

（2）人员晋升（调任）经核定后，班长（含）以下人员由各部门主管发函公布后生效。

（3）经核定晋升人员应于接获晋升通知后一周内填写《晋升人员工作计划表》呈报部门主管核阅。

（4）晋升试任期满，部门主管应依《晋升人员工作计划表》填列实际执行情形，审核批阅后送人事部，并转呈总经理核定。

八、人员调动与降职管理规定

第一条　为了规范公司人员的调动与降职管理工作特制订本规定。

第二条　调动的定义。

调动是组织内平行的人事移动，即没有提高职位、扩大调动人员的权利和责任，不增加薪金。

第三条 人员调动的原则。

人员调动必须符合人事管理的基本原则。主要有以下几个方面。

（1）符合企业的经营方针。

（2）符合相关的人事政策。

（3）提高员工任职能力，做到适才适用。

第四条 人员调动的实施。

依据企业人员调动原则，凡属下列情况的，企业应对员工实施职位调动。

（1）配合企业的经营任务。

（2）调整企业结构，促成企业员工队伍的合理化。

（3）适合员工本人的能力。

（4）缓和人员冲突，维持组织正常秩序。

第五条 降职的定义。

降职即从原有职位降到较低的职位，降职的同时意味着削减或降低被降职人员的地位、权力、机会和薪金，所以降职实际上是一种带有惩处性质的管理行为。

第六条 降职的原因。

凡是具有下列情形之一者，可对员工进行降职处理。

（1）因为企业机构调整而精简工作人员。

（2）因为员工不能胜任本职工作，调任其他工作又没有空缺。

（3）员工因为身体健康状况不良等原因不能承担目前工作，而对其进行工作调整。

（4）依照考核与奖惩规定对员工进行降职。

第七条 降职的程序。

实施降职，一般是由用人部门提出申请报送人事部门，人事部门根据企业政策对各部门主管提出的降职申请事宜予以调整，然后呈请主管人事的上级核定。凡已经核定的降职人员，人事部门应以人事变动发布通告，并以书面形式通知降职者本人。企业内各级员工收到降职通知后，应于指定日期内办理好移交手续，履任新职，不得借故推诿或拒绝交接。

第八条 降职的审核权限。

依据企业人事管理规则审核权限，一般按以下核定。

（1）高层管理人员的降职由企业最高管理者裁决，人事部备案。

（2）各部门主管人员的降职由人事部提出申请，报总经理核定。

（3）各部门一般管理人员降职由用人部门或人事部提出申请，报经理审核，由总经理核定。

（4）一般员工的降职由用人部门提出申请，报人事部核准。

第九条 降职的薪金处理。

被降职者的薪金从降职之日起重新核定，凡因兼代职务而加发的职务津贴在免除兼代职务后随之免除，其薪金按新的职务标准发放。

第十条 附则。

如果被降职的人员对降职处理不满，可向人事部门提出申请，未经核准前不得出现离开现职或怠工现象。

九、员工职业发展制度

第一条 公司为每一位员工提供持续发展的机会，鼓励员工通过工作和自学不断地提高自己的综合素质。在出现职位空缺的情况下，具有敬业、协作、学习及创新精神的员工将获得优先晋升和发展的机会。

第二条 员工结合个人特长及公司岗位职责，填写《员工职业发展规划表》及《员工能力开发需求表》；人事部应协助员工所在部门为其建立职业发展档案。

第三条 人事部根据新员工入职前的职称、学历及调整后的岗位设定级别。试用期满合格，部门负责人根据其工作能力和表现确定转正定级的意见。

第四条 新员工入职后，由部门负责人担任职业辅导人，帮助新员工明确职业发展方向，促进员工个人发展。被辅导人的工作表现及未来在公司的职业发展将作为考核部门负责人指标之一。

第五条 员工职业发展通道。员工可通过职称、职务、职级及职位的提升，来实现自身职业发展。

第二节 人事档案纪律管理制度

一、人事档案保管制度

第一条 建立人事档案管理制度的目的。

（1）保守档案机密。在现代企业竞争中，情报战是竞争的重要内容，而档案机密便是企业机密的一部分。对人事档案进行妥善保管，能有效地保护企业机密。

（2）维护人事档案材料完整，防止其被损坏，这是档案保管的主要任务。

（3）便于档案材料的使用。保管与利用是紧密相连的，科学有序的保管是高效利用档案材料的前提和保证。

第二条 人事档案保管制度的基本内容。

建立健全保管制度是对人事档案进行有效保管的关键，其基本内容大致包括材料归档制度、检查核对制度、转递制度、保密制度及统计制度五部分。

1. 材料归档制度

新形成的档案材料应及时归档。归档的大体程序如下。

（1）对材料进行鉴别，看其是否符合归档的要求。

（2）按照材料的属性、内容，确定其归档的具体位置。

（3）在目录上补登材料名称及相关内容。

（4）将新材料放入档案。

2. 检查核对制度

（1）检查与核对是保证人事档案完整、安全的重要手段。

（2）检查的内容是多方面的，既包括对人事档案材料本身进行检查，如查看有无霉烂、虫蛀等，也包括对人事档案保管的环境进行检查，如查看库房门窗是否完好，有无其他存放错误等。

（3）检查核对一般要定期进行，但在下列情况下，也要进行检查核对。

①突发事件之后，如被盗、遗失或水灾、火灾之后。

②对有些档案发生疑问之后，如不能确定某份材料是否丢失。

③发现某些材料受损之后，如发现材料霉变、虫蛀等。

3. 转递制度

转递制度是关于档案转移投递的制度。档案的转递一般是由工作调动等原因引起的。转递的大致程序如下。

（1）取出应转走的档案。

（2）在档案底账上注销。

（3）填写《转递人事档案材料通知单》。

（4）按发文要求包装、密封。

在转递中应遵循保密原则，一般通过机要交通转递，不能交本人自带。另外，收档单位在收到档案核对无误后，应在回执上签字盖章，用毕及时退回。

4. 保密制度

档案保密制度具体要求如下。

（1）对于较大的企业，一般要设专人负责档案的保管，应备齐必要的存档设备。

（2）库房备有必要的防火、防潮器材。

（3）库房、档案柜保持清洁，不准存放无关物品。

（4）任何人不得擅自将人事档案材料带离档案库房。

（5）无关人员不得进入库房。

（6）库房内严禁吸烟。

（7）离开时关灯、关窗、锁门。

5. 统计制度

人事档案统计的内容主要有以下几项。

（1）人事档案的数量。

（2）人事档案材料收集补充情况。

（3）档案整理情况。

（4）档案保管情况。

（5）档案利用情况。

（6）库房设备情况。

（7）人事档案工作的人员情况。

二、人事档案使用制度

第一条 建立人事档案使用制度的目的。

（1）建立企业人事档案使用制度是为了高效、有序地利用档案材料。档案使用过程应遵循一定的程序和手续，保证企业档案管理秩序。

（2）建立企业人事档案使用制度是为了给档案管理活动提供规章依据。按照人事档案使用制度进行工作是对企业工作人员的基本要求。

第二条 企业人事档案使用的方式。

1. 设立阅览室

阅览室一般设在人事档案库房内或靠近库房的地方，以便调卷和管理。这种方式具有许多优点，如便于查阅指导，便于监督，利于防止泄密和丢失等。这是人事档案使用的主要方式。

2. 借出使用

把档案借出库房须满足一定的条件，比如企业领导需要查阅人事档案；公安、保卫部门因特殊需要必须借用人事档案等。借出的时间不宜过长，到期未还者应及时催还。

3. 出具证明材料

出具证明材料也是人事档案部门的功能之一。出具的证明材料可以是人事档案部门按有关文件规定写出的有关情况的证明材料，也可以是人事档案材料的复制件。要求出具材料的原因一般是入党、入团、提升、招工、出国等。

第三条 人事档案使用的手续。

使用人事档案必须符合一定的手续，这是维护人事档案完整安全的重要保证。

1. 查阅手续

正规的查阅手续包括以下内容。

（1）由申请查阅者写出查档报告，在报告中写明查阅的对象、目的及理由，查阅人的概况等情况。

（2）查阅单位（部门）盖章，负责人签字。

（3）由人事档案部门审核批准。人事档案部门对申请报告进行审核，若理由充分、手续齐全，则给予批准。

2. 借用手续

（1）借用档案单位（部门）写出借档报告，内容与查档报告相似。

（2）借用档案单位（部门）盖章，负责人签字。

（3）人事档案部门对其进行审核、批准。

（4）进行借档登记。把借档的时间、材料名称、份数、理由等填写清楚，并由借档人员签字。

（5）归还档案时，及时在外借登记表上注销。

3. 出具证明材料的手续

单位、部门或个人需要由人事档案部门出具证明材料时，需履行以下手续。

（1）由有关单位（部门）开具介绍信，说明要求出具证明材料的理由，并加盖公章。

（2）人事档案部门按照有关规定，结合利用者的要求，提供证明材料。

（3）证明材料由人事档案部门有关领导审阅、加盖公章后，登记、发出。

三、员工人事档案管理规定

第一条 员工人事档案的内容。

员工人事档案是关于员工个人及有关方面历史情况的材料。其主要内容包括以下几个方面。

（1）记载和叙述员工本人经历、基本情况、成长历史及思想发展变化进程的履历、自传材料。

（2）员工以往工作或学习单位对员工本人优缺点进行的鉴定和评价，对其学历、专长、业务及有关能力的评定和考核材料。

（3）对员工的有关历史问题进行审查、甄别与复查的人事材料。

（4）记录关于员工在所工作或学习单位内加入党派组织的材料。

（5）记载员工违反组织纪律或触犯国家法律而受到处分的材料。

（6）记载员工受到各级各类表彰、奖励的人事材料。

第二条　关于员工人事档案保密的规定。

公司人事部对接收员工原单位转递而来的人事档案材料内容一概不得加以更改、删除或销毁，并且必须妥善保管，严格保密，不得擅自向外扩散。

第三条　关于员工人事档案中个人情况变更的规定。

（1）员工进入公司后，由员工本人填写《员工登记表》，其内容包括员工姓名、性别、出生年月、民族、籍贯、政治面貌、婚姻状况、家庭住址、联系电话、家庭情况、个人兴趣爱好、学历、工作经历、特长及专业技能、奖惩记录等项目。

（2）项目内容如有变化，员工应以书面方式及时准确地向人事部报告，以便使员工个人档案内有关记录得以相应更正，确保人事部掌握正确无误的资料。

（3）人事部门应当及时地将员工的学历、职称、晋级、奖励、处罚等相关情况的变化如实记录、登记，列入员工人事档案。

第四条　员工人事档案的使用。

员工人事档案为企业管理的决策部门提供各种人事方面的基本数据，并为人事统计分析提供资料。企业人事决策人员可以通过对有效数据的分析，了解企业人员结构的变动情况，为制订企业人力资源发展规划提供依据。

企业要认真做好员工档案材料的收集、鉴别、整理、保管及利用，充分发挥员工档案材料的作用，为企业人力资源的规范化管理奠定扎实的基础。

四、员工培训档案管理办法

第一条　员工培训档案的内容。

（1）员工培训档案是自员工进入企业工作开始，所参与过的各种培训活动的详细记录。

（2）员工的培训记录内容包括以下三个方面。

①员工入职前训练中接受各种专业培训课程的课程名称、内容、时间、出勤记录，培训员对员工的培训评估，以及员工参加职前训练后的心得体会或总结报告等。

②员工在岗位培训中参与的专业或文化科目的训练课程、考勤记录、课程情况、考试成绩、评估表格及总结报告等。

③员工在工作期间自费参加社会上举办的各类业余进修课程的成绩报告单与毕业证书、结业证书复印件等有关材料。

第二条 员工培训档案的使用。

（1）员工培训档案与其工作档案一起归档，被公司人事部作为员工晋升、提级、加薪的参考依据。

（2）员工的培训档案是公司人事培训部发掘与调配人才的原始依据。

第二章 薪酬与绩效考核管理制度

第一节 人事薪酬管理制度

一、企业员工奖金管理制度

第一章 总 则

第一条 为鼓励员工积极工作，更多地为公司做出贡献，特制订本规定。

第二条 本规定适用于总公司、各二级法人公司及事业部。

第二章 颁发奖金的原则

第三条 要把颁发奖金作为重要的激励手段，充分发挥其应有的作用。

第四条 颁发奖金要严格执行以提高企业经济效益为中心，多超多奖、少超少奖、不超不奖的分配原则。

第五条 颁发奖金要执行公平合理的原则，主要工种和超额完成任务比较困难的工种要高于辅助工种和超额完成任务比较容易的工种。

第六条 管理人员由于所负责任较大，奖金额应高于一般工作人员。

第三章 奖金的种类

第七条 公司设立的奖金如下。

1. 效益奖金

效益奖金是指各部门在完成本部门指令性计划指标后，超额部分按一定比例提取的部分。

2. 总经理奖金

总经理奖金是指总公司在完成指令性总体计划指标后，超额部分按一定比例提取由总经理按相关单位（或个人）工作（或绩效）表现核发的部分。

第四章　奖金标准的制订

第八条　效益奖金的确定。

（1）各二级法人公司及事业部在完成指令性计划指标（生产产值或销售回款额）后，从超额部分中提取 5% 作为效益奖金总额。

（2）总公司在完成指令性计划销售回款额指标后，从总超额部分中提取 5% 作为效益奖金总额。

第九条　总经理奖金的确定。

总公司在完成总计划销售回款指标后，从总超额部分中提取 1% 作为总经理奖金。

第五章　奖金分配

第十条　各分公司和事业部有具体计划指标的员工效益奖金分配，按其超额多少领取高低不同的奖金。

（1）有具体计划指标员工平均效益奖金 $= \dfrac{\text{超标部分} 5\% \times \text{自身系数}}{\text{本系统的人员总数}}$

（2）无具体计划指标员工平均效益奖金 $= \dfrac{\text{有量化指标员工的平均效益奖金}}{1.5 \times \text{自身系数}}$

第十一条　总公司员工效益奖金的分配办法。

每季度由人事部组织公司各部门依据员工岗位描述和规章制度的执行情况进行绩效考核，并分为优、甲、乙、丙及丁共五个等级，然后将结果报总经理。员工奖金也依据绩效考核的结果分为优、甲、乙、丙及丁共五个等级。

第十二条　总公司效益奖金系数的分配如下。

绩效考核结果等级	优	甲	乙	丙	丁
效益奖金系数	1.4	1.2	1	0.8	0.6

第十三条　总公司有具体计划指标（结合公司自身情况制订计划指标，此处略）。

第六章　奖金发放

第十四条　效益奖金和总经理奖金每季度发放一次。

第十五条　效益奖金和总经理奖金发放时统一存入员工个人工资卡。

第十六条　效益奖金发放程序同工资发放程序。

第七章　附　则

第十七条　本制度由人事部制订并负责解释。

第十八条　本制度报总经理批准后施行，修改时亦同。

第十九条　本制度施行后，凡既有的类似制度自行终止，与本制度有抵触的规定以本制度为准。

第二十条　本制度自颁布之日起施行。

二、企业员工薪酬分配制度

第一条　分配原则。

企业员工薪酬分配按照"多劳多得、优劳优得、效益优先、兼顾公平"的按劳分配原则，以充分调动企业全体人员的工作积极性，为企业创造更多的经济效益。

第二条　分配办法。

员工薪酬包括基本工资、岗位工资、效益工资及绩效考核工资，其中绩效考核工资可简称为绩效工资。

1. 基本工资

企业员工的基本工资是工资收入中相对固定的部分，基本工资包括岗位工资、住房公积金以及扣除个人应负担的部分。

2. 岗位工资

根据各岗位的劳动（工作）技能、责任、强度及任务复杂程度等要素综合测定，进行分类，列出岗序，以岗定薪，岗变薪变。

3. 效益工资

员工每人每月平均效益工资可按一定数额预发，年终根据公司收益及各部门完成任务情况再统一决算考虑。确定各中心效益工资总额，各中心制订分配原则，经主管副总经理审核、总经理批准后实施。主管人员的效益工资一般可为所在部门员工平均效益工资的 1.1 ~ 1.2 倍；各部门经理的效益工资一般可为所在部门员工平均效益工资的 1.3 ~ 1.8 倍；副总经理效益工资一般可为部门经理平均效益工资的 1.5 ~ 2 倍；总经理的效益工资一般可为部门经理平均效益奖的 2 ~ 2.5 倍。

4. 绩效考核工资

（1）总公司全体员工实行月绩效考核，每人每月满分为 100 分（只减分不加分），每分分值由人事部规定。

（2）根据各部门履行岗位职责和完成任务的情况来确定各部门绩效考核工资总额，以部门为单位统一发放绩效考核工资。

第三条 分配说明。

（1）若工资结构发生变化，基本工资应予以相应调整。

（2）公司根据效益情况每年留出适当资金作为公司的发展基金。

三、公司员工工资制度

第一条 年薪制。

适用于企业总经理、副总经理及其他经总经理批准的特殊人员。

$$工资总额 = 基本工资 + 年终奖金$$

第二条 提成工资制。

适用于从事营销工作的人员。

$$工资总额 = 岗位固定工资 + 绩效工资 + 提成工资 + 年终奖金$$

第三条 结构工资制。

适用于中基层管理人员、生产技术人员、职能人员及后勤管理人员。

$$工资总额 = 基本工资 + 绩效工资$$

第四条 固定工资制。

适用于工作量容易衡量的后勤服务人员。

第五条 计时工资制。

适用于工作量波动幅度大的生产操作工人。

$$工资总额 = 基本工资 + 绩效工资 + 计时工资$$

第六条 新进人员工资。

试用期内一般定为招聘岗位工资等级内第一档工资的 80% 发放，试用期内无浮动工资。

企业按实际工作天数支付薪酬，付薪日期可由企业按实际情况规定，支付上月薪酬。若遇节假日，顺延至最近工作日发放。试用期员工以现金形式领取，正式员工以个人银行账户形式领取。

四、员工工资调整申报与审批制度

第一条　目的。

为了更加准确地对员工的工作进行评价，对工资调整实施有效管理，完善和规范公司劳动人事制度而制订员工工资调整申报与审批制度。

第二条　试用范围。

这一制度适用于总公司及所有驻外机构员工工资的特别调整、定期调整及转正定级，应聘员工的起薪和转正工资标准按公司的规定执行。具有独立法人资格的子公司可参照总公司制度执行。

1. 工资特别调整

工资特别调整指转正后有特别表现或特殊贡献、业绩显著的员工或因个人过失给公司业务或声誉造成重大损失者，对其工资可进行特殊调整，不受时间限制。

2. 工资定期调整

工资调整一般每年（12月份）调整一次，根据员工的日常考核结果进行综合评议，并提出相应的调薪意见；对于工作不到一年的新员工调薪时间，根据个人的实际表现状况，周期可较短，实行"小步快跑"原则。

3. 转正定级

转正定级指试用期员工使用期满（一般为3个月）经考察符合公司用人标准，予以转正；或试用期未满但表现特别突出，需要提前转为正式员工。

第三条　等级权限。

1. 建议权

各主管根据下属的实际表现向所属的部门经理提出调薪建议。

2. 申报者

调整对象所在行政部门对调整对象的工作表现进行考核，并填写《公司员工工资调整（转正定级）申报（审批）表》，根据实际情况对其任职资格能力、工作绩效及劳动态度等方面做出评价，提出调薪建议。

3. 审核者

人事部对调整对象的实际工作表现进行考查，调查其实际担任职务（所在岗位）的能力和工作绩效与态度，并对调薪标准进行审查；对申报材料的真实性和调薪标准的合理性负责；根据考查的结果，向公司总经理办公室提出调薪建议。

4. 审批者

公司总经理办公室根据公司的工资政策对审核后的调薪建议进行审批。审批者必须保证调薪结果符合公司规定的工资结构和工资政策。

这里需要注意，各级人员不能达成一致意见时，可以把意见分歧点向更高的渠道反映。

第四条 工作规则。

（1）从申报开始，各级领导必须签名，申报和审核者必须了解被调薪者的实际情况。

（2）对于建议调整对象的工资等级已超出本级申报范围者，主管工作部门领导可以向更高一级的领导提出建议，由更高一级领导决定是否提出申报。

（3）各级领导应充分履行职责，以事实为依据，提出具体、实际的考核与审查意见，使员工得到合理、公平的评价。

（4）各部门的调薪幅度与人员比例应与其部门总体绩效相一致，总体上要求人均效益是增长的。

（5）各级领导应及时完成相应的工作，以保证工资发放工作的正常进行。

第五条 本制度的解释、修订和废止权归公司总经理办公室。

第六条 本制度自签发之日起执行。

五、结构奖金制度

第一条 目的。

公司所制订的奖金除对从业人员的尽职程度、服务及贡献程度等给予其评定外，对于员工福利及内部创业制度亦做了详加规定。

第二条 适用范围。

凡在公司任职满14日以上的正式任用员工皆适用，部分奖金支付办法亦可适用于兼职人员。

第三条 奖金结构。

结构资金制度所制订的奖金包括模范员工奖、礼貌奖、最受欢迎奖、全勤奖金、激励奖金、介绍奖金、礼金及慰问金、年节奖金、年终奖金共计九项。

第四条 模范员工奖。

每月由各部门主管人员依工作敬业态度及考核成绩，挑选1~2名工作表现优异的员工（含兼职人员）报人事科评核后，于每月月初早会中表扬并颁发相应奖金，以激励员工士气。

第五条 礼貌奖。

为提升公司的形象并培养员工间的默契，增加各部门的配合度，原则上每月由各部门主管人员挑选最具礼貌的从业人员 1 名，于每月月初在早会中表扬并颁发相应奖金，以资鼓励。

第六条　最受欢迎奖。

为使同事间能够相处融洽，并提升公司亲切的服务态度，每月由各部门全体员工推选一名最受欢迎的员工，除在每月月初早会中表扬并颁发相应奖金外，并于公布栏内公布，以资鼓励。

第七条　全勤奖金。

员工在规定勤务时间内按时上下班且未有舞弊者，可按下列规定予以奖励。

（1）全月无请假、迟到、早退、私自外出的情况，每月发放相应奖金以资鼓励（仅限正式任用人员）。

（2）兼职人员（含计时、计件人员）执行勤务时间累计达 176 小时以上，无请假、迟到、早退、私自外出的情况，则应发放相应奖金以资鼓励。

（3）在会计年度期间（从 1 月 1 日起至 12 月 31 日止）全年度全勤，正式任用人员及兼职人员皆为全勤者，于农历年后第一天上班团拜时当场予以表扬，并发放相应奖金以资鼓励。

（4）新进人员自任职日起至会计年度终了为止，任职满 6 个月（含）以上无缺勤记录且考核成绩在 85 分以上者，亦可参照第三项酌情给予奖励。

第八条　激励奖金。

为激励各部门人员创造经营佳绩，争取自我加薪及自创福利机会，可依照下列规定评核并奖励。

$$\frac{\text{各部门平均 3 年内营业总额}}{12 \text{ 个月}} \times 1.10 = \text{月业绩目标（基础目标）}$$

（1）每周内连续 2 个月（不含旺季及固定例假日）超过基础目标，则于第三月发放激励奖金。

（2）连续两季度内突破基础目标时，则在第三季度加倍发放奖金。

第九条　介绍奖金。

公司所属各部门人员介绍他人到本公司服务并经人事部面试考核后任用，满 6 个月以上且无违反公司规定者，则给予介绍人员相应奖金，但未满 6 个月即离职者，则不予以发放。核发的奖金应于被介绍人员满 6 个月后与工资合并发放。

第十条　礼金及慰问金。

本公司经营方式以大家庭为不变原则，对于员工的婚丧喜庆及伤残住院，可按员工服务年资，从福利基金中提拔相等的金额作为慰问祝福。其具体支付标准如下。

1. 结婚礼金

依申请人的职位年薪基准额的 100% 计算。

2. 住院慰问金

（1）因业务上的伤残疾病而住院者，除其部门主管人员应立即代为办理劳保手续外，并支付该员工年薪基准额的 70% 作为慰问金，另 30% 则购买慰问礼品。

（2）非业务上的伤残疾病而住院者，除支付该员工年薪基准的 30% 作为慰问金外，另支付其年薪基准额的 20% 购买慰问品。

3. 丧亡慰问金

（1）员工的直系亲属（包括父母及子女）、配偶丧亡者，则依该员工年薪基准额的 100% 发放。

（2）员工本人丧亡者，除由各部门直属主管代为申请劳保死亡支付外，因公殉职者，则依该员工年薪基准额的 300% 抚恤；非因公殉职者，则依年薪基准额的 100% 抚恤。

4. 生产慰问金

任职满 1 年以上的已婚妇女（不含兼职员），除依劳动法的规定给予留职停薪及代为申请劳保医疗支付外，以年薪基准额的 30% 作为慰问金，另支付其年薪基准额的 20% 购买慰问品。

第十一条 年节奖金。

公司为加强员工向心力，并犒赏员工平日工作的辛劳，于端午节及中秋节分别给予酌量奖金以资鼓励。其支付规定如下。

（1）凡在公司服务满一年以上的正式任用人员，支付全额奖金；兼职人员（不含计时、计件人员）服务满一年以上者，支付半额奖金。

（2）凡在公司服务满 6 个月以上的正式任用人员，依实际勤务月份 ÷12 × 奖金额，即为该期间年节奖金；兼职人员则不予以计算。

（3）凡在公司服务未满 6 个月以上的从业人员，不予以计算。

（4）支付奖金额由公司视该人员的营业成绩另行制订。

第十二条 年终奖金。

公司视当年度经营状况及个人对公司的贡献程度、出勤率、考绩等多项评核，依其成绩比例发放年终奖。以下规定仅供参考。

（1）凡在公司服务满 1 年（含）以上的正式任用人员，支付基本薪资 1 个月作为年终奖金；兼职人员则半额支付。

（2）凡在公司服务满半年（含）以上者，按实际勤务月数比率核算；兼职人员则不予以支付。

（3）凡在公司服务未满半年者，不予发放。

第十五条　实施。

本规则自发布之日起开始实施。

六、员工年终奖金发放核计细则

本细则仅供参考，各公司根据自身情况，拟制适合自己的公司细则。

第一条　为酬劳本公司员工一年工作的辛勤，特制订年终奖金发放细则。

第二条　本公司正式员工年终奖金的发放核计悉依本细则办理。

第三条　凡员工于当年 10 月 1 日（含）以前转正者均予发放年终奖金。其计算方式自转正之日起为计算日期，并照规定核计。

第四条　凡于当年度年终奖金发放前有下列情形之一者，应予加发奖金，以下标准仅供参考。

（1）记大功 1 次，加发相当于 30 天薪金的奖金。

（2）记小功 1 次，加发相当于 10 天薪金的奖金。

（3）嘉奖 1 次，加发相当于 3 天薪金的奖金。

（4）表扬 1 次，加发相当于 1 天薪金的奖金。

第五条　凡有下列情形之一者，应予减发奖金。

（1）记大过 1 次，扣减相当于 30 天薪金的奖金。

（2）记小过 1 次，扣减相当于 10 天薪金的奖金。

（3）申诫 1 次，扣减相当于 3 天薪金的奖金。

（4）警告 1 次，扣减相当于 1 天薪金的奖金。

（5）旷（工）职者按照天数计，每旷工 1 天扣减相当于 2 天薪金的奖金，不足 1 天者按照 1 天计。

（6）凡年度内请事病假（合并计算）累计达 15 天者扣减 15 天薪金的奖金，累计达 30 天者扣减相当于 30 天薪金的奖金。

（7）迟到或早退累计 3 次，扣减相当于 1 天薪金的奖金。

第六条　服务未满 1 年者，事病假照比例折算。

第七条　本年度内有功与过两种记录者，可予抵消或抵减。

第八条　本细则所指奖惩等记录，适用于当年度，不得跨越年度计算。

第九条　凡在当年度奖金发放前有下列情形之一者，不发年终奖金。

（1）辞职或解雇者。

（2）资历不足者。

（3）停薪留职者。

（4）其他原因中途离职者。

第十条　凡临时聘用的人员一律不发年终奖金。

第十一条 年度的计算由每年 1 月 1 日起至 12 月 31 日止。

第十二条 服役复职人员，其当年度的奖金以复职日起算，不足 3 个月者不发。

第十三条 本细则报总经理核定后实施。

七、员工年终奖金发放办法

第一条 本公司员工年终奖金的发放，悉依本办法的规定办理。

第二条 适用范围。本办法所称员工以本公司编制内的人员为限，顾问、聘约人员、定期合同人员、临时人员均不适用。本办法仅供参考，各公司根据自身情况，拟制适合自己公司的办法。

第三条 员工的年终奖金数额视公司当年度的业务状况及个人成绩而定。

第四条 按实际工作月数比例计算的员工在年度内有下列情况之一者，年终奖金按其该年度内实际工作月数的比例计算（服务未满半个月者以半个月计，半个月以上以一个月计）。

（1）非因工而准给病假者。

（2）非受处分的停薪留职者。

（3）中途到职者。

第五条 员工于当年度年终奖金发给前离职或受停薪留职处分者，不予发给。退休、资遣人员服务已满该年度者，不在此限。

第六条 发放日期。每年度员工的年终奖金于翌年 1 月 20 日发给。

第七条 奖金提拔。工作不满 1 年者，其奖金按实际工作月数比例提拔。

第八条 扣款处理。依公司规定扣除的款额全部缴回公司。

第九条 实施及修订。本办法经经营决策委员会通过后实施，修改时亦同。

八、营销人员奖金发放办法

第一条 公司为鼓舞营销人员工作热情，提高工作绩效，积极拓展营销渠道，开拓市场，制订营销人员奖金发放办法，本办法仅供参考，各公司根据自身情况，制订适合自己公司的办法。

第二条 营销人员奖金发放办法按总公司营销人员和分公司营销人员分别制订。

第三条 总公司营销人员（整体）应得分数是根据收益率（占 20%）、销售额完成率（占 40%）、货款回收日期（占 30%）、呆账率（占 5%）及事务管理（占 5%）来计算的。其各自的计算方法如下。

1. 收益率得分

（1）收益率得分 = 20 分 + 盈亏率 ÷ 0.1%。

（2）盈亏率 $= \dfrac{\text{实际盈余（或亏损）}}{\text{实际销售额}} \times 100\%$。

（3）如存在亏损，则盈亏率为负。

2. 销售完成率得分

（1）销售完成率得分 = 40 分 × 销售额完成率。

（2）销售额完成率 $= \dfrac{\text{实际完成销售额}}{\text{目标销售额}} \times 100\%$。

（3）如有个别特殊原因使销售大幅度增长，则原销售目标应再增加，以免使非因个人努力而获得的销售增长计入该月销售目标。

（4）实际销售额一律按净销售额计算。

3. 货款回收日期得分

（1）货款回收日期项目基准分为 30 分。

（2）货款回收日期比基准日每增加 1 天扣减 0.5 分，每减少 1 天增加 1 分。

4. 呆账率得分

（1）呆账率 $= \dfrac{\text{呆账额}}{\text{实际销售额}} \times 100\%$。

（2）无呆账者得 7.5 分，呆账率基准为 0.2%，实际呆账率在 0.2% 以内者得 5 分，每增出基准 0.1% 则扣减 0.5 分。

5. 事务管理得分

（1）事务管理项目满分为 5 分。

（2）公司列入管制的业务报表迟送或内容出现错误者，每次扣减 1 分；如因迟送致使绩效统计受到影响，则本项分数为零，再倒扣 5 分。

6. 总公司营销人员得分

总公司营销人员（整体）应得分数为以上五项各分数的汇总。

第四条　分公司销售人员应得分数是根据销售完成率（占 50%）、货款回收日期（占 30%）、客户占有率（占 10%）及呆账率（占 10%）来计算的。其各项的具体计算方式如下。

1. 销售完成率得分

（1）销售完成率得分 = 50 分 × 销售完成率。

（2）销售完成率 $= \dfrac{\text{实际完成销售额}}{\text{目标销售额}} \times 100\%$。

（3）如有个别特殊原因促进了销售额（量）的增长，则这部分增长应计入该月的销售目标，对原销售目标加以调整。

（4）实际销售额一律按净销售额计算。

2. 货款回收日期得分

(1) 本项目基本分数为 30 分。

(2) 货款回收日期每超过基准日 1 天扣减 0.5 分，每提前 1 天增加 1 分。

3. 客户占有率得分

(1) 客户占有率得分 = 10 分 × 客户交易率。

(2) 客户交易率 = $\dfrac{实际交易客户数}{目标客户数} \times 100\%$。

(3) 假如辖区内的总客户数不足此项的最低标准，属于专业外务或特殊地区等情形时，须报请上级批准，根据具体情况酌情处理。

(4) 本项最后得分最高以 14 分为限。

4. 呆账率得分

(1) 呆账率 = $\dfrac{呆账额}{实际销售额} \times 100\%$。

(2) 无呆账者得 15 分，呆账率在基准（0.2%）以内者得 10 分，每超过基准 0.1% 扣减 0.5 分。

5. 分公司营销人员得分

分公司营销人员的应得分数为以上四项分数的汇总。

第五条 获得奖金的基本条件要求。

1. 总公司营销人员（整体）

(1) 销售额完成率要求在 100% 以上，总分数要求在 100 分以上。

(2) 全期平均无亏损（假如亏损则保留该营业所名次并列入考绩，但奖金不予发放）。

2. 分公司营销人员

(1) 销售额完成率要求在 100% 以上，总分数要求在 100 分以上。

(2) 主力产品交易客户数均应在公司规定最低标准以上（按月计算）。

第六条 奖金计发方式。

每月记分一次，每三个月累计分数计发奖金一次。

第七条 销售完成率在 80% 以下，而且名列最后一名者记过 1 次；倒数第二名者警告两次；倒数第三名者警告 1 次；连续两期均名列最后一名，则以降职处理。

第八条 如有虚报销售业绩者，一经查出，除收回所发奖金外，还将另外严加惩处。

第九条 本办法自发布之日起开始实施，并根据实际情况需要适时加以修改。

九、新进试用人员的核薪细则

本细则仅供参考，各公司依照自身情况，拟订适合自己公司的核薪细则。

第一条　总则。

1. 目的

（1）为使公司新进人员于试用期间能依其学历、经历核薪，使其得到适才适用、公平合理的待遇。

（2）将公司新进试用人员薪金的核计予以制度化。

（3）促进公司人才的管理。

2. 适用范围

公司新进试用人员的核薪，均依照本规章进行规范管理。

3. 主管单位

人事部为本规章的主管单位，主管单位主管经承认单位授权，负责本规章的制订，并确保依据本规章的组织实施。

第二条　试用薪金拟核。

1. 本薪拟核标准

新进人员应根据公司的相关办法进行级别核定。本职位下的试用期间本薪归级，依照下列规定。

（1）标准认定核级。新进人员经定级后，原则上以该阶的起薪级数核定试用期的本薪。

（2）特殊认定核级。

①新进人员经定级后，应以标准认定核级。

②如因其相关学历、经历较该阶的其他一般新进人员更为优异时，可酌增本薪级数核定其试用期的本薪，但特殊认定应经总经理核准方可增级。

（3）酌增认定级数可依下列原则办理。

①相同经验。现拟任职务与过去所任职务相同者，其过去的经验每满 2 年，可提高 1 级核定，但不得超过该职阶的平均水平。此外，经验的认定须缴验有关证件，如无有关证件证明，不予认定。

②类似经验。现拟任职务与过去所任职务类似者，其过去的经验每满 3 年，可提高 1 级核定，但不得超过该职阶的平均水平。

③无关经验。现拟任职务与过去所任职务无关者，不给经验增级。

④一般状况下，新进人员应聘时无论其经验学历等资格是否超过该职务任用资格之认定标准，均以原标准认定。

⑤上述所规定的任用资格认定标准，在经济情况影响人力市场供需关系时，

须予以修订。

2. 津贴及奖金拟核标准

（1）新进试用人员的津贴拟核标准同在职职工，依相关规定办理。

（2）除全勤奖金外，新进人员于试用期间不予核计，不得支领任何奖励金。

第三条 试用薪酬作业。

1. 核薪流程

（1）试用人员到职前，主管单位应审查其资格与规定是否相符后，才正式拟核其试用期间薪酬。

（2）呈报总经理核定后，通知新进试用人员（发送报到通知书）。

（3）新进试用人员到职办妥报到手续后，主管单位依所核定内容计薪。

2. 试用期间

（1）新进直接人员（五职等职工）为40天。

（2）新进间接人员（四职等以上职工）为3个月。

3. 试用考评

（1）考评流程。

①新进人员试用期满后，应由各单位主管填报《试用期满考评表》。

②《试用期满考评表》应密封并送相关单位核查，转呈总经理核定。

（2）考评标准。

①考评合格者，可按规定升任正式人员，并依照各职等阶晋表所定予以调整核正式薪，并依相关手续呈核。

②考评不合格者，需延长试用或不予任用。

（3）薪酬调整。

新进人员经调整核正式薪后，得依考绩等相关规定办理薪酬调整，自到职日起算，服务年资未满6个月（未满1个月不计）以上者，不予再调整薪酬。

第四条 附则。

本规章经董事会审议，呈报总经理核准后，交由主管单位颁布公告实施；修订或废止时亦同。

十、员工补助金给付办法

第一条 为安定员工生活，增进其爱岗敬业，激励团结合作精神，制订员工补助金给付办法，该给付办法仅供参考。

第二条 公司员工本人结婚或子女结婚，员工本人或其配偶生育，员工本人的父母、配偶或子女丧亡时得依本办法的规定申领补助金。

第三条 员工本人结婚，给付基本工资1个月的补助金，并由公司致赠喜帖或派发贺电致贺。如结婚当事人均在公司服务时，由一方请领上项补助金，另一方只能请领相应的补助金。

第四条 员工子女结婚，公司根据实际情况，给付相应的补助金。如结婚当事人在公司服务，只能由结婚当事人依前条的规定请领补助金。

第五条 员工本人或其配偶生育，公司应根据实际情况，一次给付相应的补助金，但是，小产、流产、死产，概不给付补助金。

第六条 员工的父母、配偶或子女丧亡时，除由公司致送挽联、花圈、花篮或唁电致哀外，父母或配偶丧亡时给付1个月基本工资的补助金；满两周岁以上子女丧亡时给付半个月基本工资的补助金。

第七条 申请给付补助金应填具补助金给付申请书暨补助金额领取收据，并检附下列证件。

（1）申请结婚补助金时，应附户籍誊本。

（2）申请生育补助金时，应附出生证明及户籍誊本。

（3）申请丧亡补助金时，应附死亡证明以及除籍后户籍誊本。

结婚补助金凭喜帖、丧亡补助金凭讣闻可预先给付，再补办请领手续。

第八条 补助金的申请限期为自给付原因发生起的2个月内，逾期以放弃论。

第九条 临时及试用人员不适用本办法。

第十条 本办法各项补助金依法扣缴所得税。

第十一条 本办法经董事会审议，呈报总经理批准后公布实施，修改时亦同。

十一、员工工资分析表

员工工资分析表

单位　　　　　　　　　　　　　　　　　填表日期：　　年　月　日

人数	工作日数	加班工时	总工时	工资	加班费用	各项补贴	奖金	合计	平均工资	其他收入平均	平均所得	备注

十二、员工工资统计表

员工工资统计表

填表日期：　　年　月　日

部门	分工类别	基本工资	岗位工资	生产奖金	全勤奖金	加班费用	应发工资	扣缴费用				借支	实发工资
								伙食费	保险费	福利费	所得税		
合计													

会计：　　　　　出纳：　　　　　总经理：　　　　　制表：

十三、员工奖金合计表

员工奖金合计表

填表日期：　　年　月　日

部门	姓名	职务	奖金计点	奖金额	利润奖金计点	利润奖金金额	合计
合计							

十四、年工资总额使用计划表

年工资总额使用计划表

填表日期：　　年　月　日

年工资总额（元）	分季工资基金使用计划				主管部门签章	财务部门签章	备注
	第一季度	第二季度	第三季度	第四季度			
人事部意见							
总经理批示							

十五、新进员工工资核定表

新进员工工资核定表

编号：　　　　　　　　　　　　　　填表日期：　　年　月　日

工作部门		职务	
姓名		入职日期	年　月　日
工龄		学历	
工作表现及业绩			
要求待遇		公司标准	
安排工作		生效日期	
总经理批示		部门经理	人事部

注　本表由用人部门按照新员工的学历和工作经验核定其工资。

十六、员工工资信息表

员工工资信息表

制表日期：　　年　月　日

职位	级别	人数合计	应付工资金额			
			基本工资	岗位工资	奖金	合计
职位一						
职位二						
职位三						

十七、计件工资核定表

计件工资核定表

编号：　　　　　　　　　　　　　　　　填表日期：　　年　月　日

产品名称规格		适用制造批　号				
作业名称	件薪标准			新产品补贴		小订单补贴
	每件	每打	每箱			

审核：　　　　　　　　　　　　　　　　填表：

注　本表用于核定每项产品的件薪标准及产品补贴，据此计算工人的计件工资。

十八、员工计件工资日报表

员工计件工资日报表

班别：　　　　　　　　　　　　　填表日期：　　年　月　日

批号	姓名	编号	工程代号	工时	数量	计件单价	应得工资

制表部门：　　　　　　　　　填表人：

十九、员工计件工资调查表

员工计件工资调查表

填表日期：　　年　月　日

产品名称			计件工资单号		
作业名称	原计件标准	耗用时间	折算金额	拟调整比例	原因

报告单位：　　　　　　　　　部门经理：

二十、员工计时工资计算表

员工计时工资计算表

员工姓名	所属单位	产品零件名　称	每小时工资额	工人作业工　时	工资总额	备注

审核：　　　　　　　　　　　填表：

二十一、员工计时工资核定表

员工计时工资核定表

填表日期：   年 月 日

产品名称规格			制造批号	
作业名称	工时数量	产品质量等级	对应等级工资	应付工资总金额

审核：   填表：

二十二、营销人员工资提成计算表

营销人员工资提成计算表

填表日期：   年 月 日

姓名	销售任务名称	计划销售量/月	完成销售额/月	超额提成率	提成工资累计额

审核：   填表：

二十三、员工入职工资调整表

员工入职工资调整表

填表日期：　　年　月　日

姓名		部门		职务	
性别		出生年月		入职时间	
毕业学校		专业		学历	
入职年薪			现支月薪		
入职年度考核情况	第一年				
	第二年				
	第三年				
	第四年				
	第五年				
本年考核情况					
分数			等级		
按调整后考核					
职位		调整比率		调整后月薪	
核　定					
职位			月薪		
审　核　意　见					

直接主管签字：

二十四、员工工资调整审批表

员工工资调整审批表

填表日期：　　年　月　日

姓名		所属部门		入职时间	
调整类别	试用期　　转正　　职务调整　　薪资调整　　其他				
调整前（月）			调整后（月）		
（1）基本工资　　　　　元 （2）岗位工资　　　　　元 （3）绩效工资　　　　　元 （4）其他　　　　　　　元 合计：　　　　元			（1）基本工资　　　　　元 （2）岗位工资　　　　　元 （3）绩效工资　　　　　元 （4）其他　　　　　　　元 合计：　　　　元		
工资调整说明					
工资调整执行日期					
申报部门意见 签字： 　年　月　日		人事部意见 签字： 　年　月　日		总经理审批 签字： 　年　月　日	

二十五、员工工资调整表

员工工资调整表

部门：　　　　　　　　　　　　　　　　　　填表日期：　　年　月　日

职位	姓名	性别	年龄	学历	服务年限	本年考绩		每月工资	按月调整		处理意见	核定	
						分数	等级		调整额	调整后月薪		职位	月份

总经理：　　　　部门经理：　　　　　主管：　　　　制表：

注　本表反映员工工资的调整情况。将工资与员工的服务年限，工作成绩考核等挂钩，能更好地激励员工在这些方面努力。

二十六、员工工资调整事由表

员工工资调整事由表

填表日期：　　年　月　日

工作部门					
职务与职称		姓名	原工资	调整事由	调整后工资
职务	职称				

生效日期：　　年　月　日

经手人		批示		单位主管	

注　本表详细记录了每个员工工资变动的原因，以便主管部门了解情况，也便于职工查阅。

— 39 —

二十七、员工奖金分配表

员工奖金分配表

月份： 部门：

姓名	出勤天数	出勤率	效率考核率	品质考核率	合计数	奖金金额
合计						

二十八、员工津贴审批单

员工津贴审批单

填表日期： 年 月 日

姓名	工作时数	姓名	工作时数
补给津贴说明			

经理： 主管： 申请人：

二十九、员工津贴申请表

员工津贴申请表

□加班　　　　□夜勤　　　　□其他　　　填表日期：　年　月　日

姓名	工作时数	姓名	工作时数	补津贴全额

经理：　　　　　　　主管：　　　　　　　申请人：

三十、营销人员津贴发放表

营销人员津贴发放表

填表日期：　　年　　月　　日

姓名	实发津贴	专员签收	所属经销商	经销商经理确认
说明				
备注				

三十一、员工特别工作津贴表

员工特别工作津贴表

填表日期：   年   月   日

从事特别工作的时间比率	特别工作津贴
不到月总工作时间10%的	每月_____元
10%以上，不到15%的	每月_____元
15%以上，不到30%的	每月_____元
30%以上，不到50%的	每月_____元
50%以上，不到70%的	每月_____元
70%以上的	每月_____元

三十二、员工保险登记表

员工保险登记表

填表日期：   年   月   日

姓名	工资总额	社会保险		医疗保险		个人合计	公司合计	备注
		个人缴纳	公司缴纳	个人缴纳	公司缴纳			

三十三、生产主管人员奖金核定表

生产主管人员奖金核定表

年　月份　　　　　　　　　　　　　填表日期　年　月　日

姓名	职别	省料率	省料奖金	生产效率	效率奖金	不合格品率	合格品率奖金	奖金合计

注　本表根据生产主管人员所管理部门的省料率、生产效率及合格品率来计算其所应得的奖金。

三十四、生产奖金核定表

生产奖金核定表

年　　月份　　　单位：　　　　　填表日期：　年　月　日

制造编号	产品名称	生产数量	省料奖金	合格品率奖金	生产效率奖金	奖金合计
合计						

填表人：

第二节　人事绩效考核管理制度

一、员工绩效考核管理制度

第一章　总　则

第一条　目的。

为规范公司员工绩效考核与发展管理，特制订本制度。

第二条　范围。

适用于企业各部门、各分公司全体员工。

第三条　定义。

绩效是员工个人或团队的工作表现、直接成绩、最终效益的统一。绩效考核是以工作目标为导向，以工作标准为依据，对员工行为及结果进行测定，并确认员工的工作成就的过程。

第四条　原则。

公平、公正、客观、有效为原则。

第二章　内　容

第五条　职责和权限。

1. 各级管理人员

负责对直接下属的考评，参与本部门考评复核会议。

2. 部门经理

负责组织召开本部门考评复核会议，对本部门的考评结果负责。

3. 考评小组

由公司总经理、各部门经理、人事部经理和考评主管组成。其中人事部经理担任组长，负责组织召开考评小组复核会议，对整个公司的考评结果负责，并拥有最终考评权。

4. 人事部

负责考评工作的布置、实施、培训和检查指导，并拥有本制度的最终解释权。

第六条　考评时间和方式。

考评的方式、时间、适用范围、内容和形式由公司统一，考评每半年一次（每年 7 月和 12 月）。全公司各部门、各分公司所有员工按照本制度的规定每月或每季度总结一次，以作为统一考评的依据，并作为公司绩效工资（奖金）发放的依据。

第七条　考评内容和依据。

根据公司宗旨、价值观和原则，从下列三个方面考评员工。

（1）考评工作绩效评分占总分的 80%。公司对员工的考评以工作结果为导向，侧重员工的工作绩效。

（2）纪律性评分占考评总分的 10%。《员工手册》和公司的各项规章制度、工作流程体现出公司的宗旨、价值观和原则，是员工的行动准则，遵守纪律是公司对员工的基本要求。

（3）团队协作精神评分占考评总分的 10%。团队协作是公司一直倡导的经营原则和工作作风，同时，团队协作精神也是员工的必备条件。

考评时应参考内部客户的评价，据实评分。

第八条　考评结果。

1. 考评等级

考评结果分为 S、A、B、C、D 共 5 个等级。

①S 级总是超过工作目标及期望，并有突出贡献。

②A 级经常超过工作目标及期望。

③B 级达到工作目标及期望，偶尔能超过目标及期望。

④C 级基本达到工作目标及期望，偶尔不能达到目标及期望。

⑤D 级经常不能达到工作目标及期望。

2. 等级分配比例

在同一部门内、同一行政级别中，考评等级的分布原则上都应符合以下的比例。

①S 级占同部门、同一行政级别的 0~5%。

②A 级占同部门、同一行政级别的 15%~20%。

③B 级占同部门、同一行政级别的 60%~65%。

④C 级占同部门、同一行政级别的 10%~15%。

⑤D 级占同部门、同一行政级别的 0~5%。

3. 对考评结果的处理原则

（1）年度总评（一年两次考评的汇总成绩）决定员工下一考评年度的绩效工资。

①S级绩效工资上升两个薪级。

②A级绩效工资上升一个薪级。

③B级在公司预算内普调。

④C级维持原状。

⑤D级下调绩效工资一个薪级，并换岗或辞退（连续两年考评为D级的员工将被辞退）。

（2）年度总评成绩是计发员工当年年终奖金的主要依据，计奖方法另发。

（3）根据公司人力规划和需求状况，公司依据参考员工的绩效考评结果，决定员工职务的调配或晋升（考评结果为S、A、B级的员工才具备职务晋升的资格）。

（4）针对员工在考评中发现的问题，公司可为员工设定有针对性的培训计划。

（5）为员工制订和修改职业发展计划提供参考。

第九条 考评流程。

1. 人事部制订考评计划

经人事部经理批准后，人事部公布计划和下发有关表格。

2. 工作总结

首先由员工填写工作总结，再由直接上司对其在上一考评期间的工作做出综合评价。

3. 直接领导收集内部客户的反馈意见

主管及主管以上员工的考评需要提供3~5位主要内部客户（与被考评员工有密切工作关系的岗位人员，其中至少有一位必须是被考评员工的直接下属）的评价。客户的名单由员工本人提出，由直接上司最终确定并通过"内部客户评价反馈征集表"收集反馈。

4. 实施考评

（1）直接领导考评。直接领导和员工一对一、面对面直接沟通进行，其具体程序如下。

①一起回顾员工半年度的工作（工作目标和计划等的完成情况）。

②直接领导就考评表的内容逐项考评员工，评定绩效等级（这个等级是建议等级，最终成绩待考评小组复核后确定）。

③员工与直接领导一起制订员工下半年发展计划。

④直接领导总结考评情况，重申对员工的综合评价，但不告知考评等级。

⑤如果员工对直接领导的评价有异议，可以以事实和数据为依据，向上一层领导陈述异议，上一层领导依据实际情况，在比较考评中予以协调。

（2）比较考评（被考评员工不参与）。管理人员召集下属管理人员，一起对更下一层员工进行全面的、多方位的比较评估，平衡各等级分布比例。其具体做法如下。

①总经理召集部门经理考评二级部门经理。

②在同一部门内，部门经理召集二级部门经理考评部门主管级人员。

③在同一部门内，部门经理召集主管级人员考评普通员工。

④分公司以此类推。

5．一级部门复核

（1）总部考评表统一交给部门经理进行汇总（填写《考评成绩单》）。分公司考评表统一交给分公司经理进行汇总，然后把成绩单和S、A、D级员工的考评表一并交给营运总监。

（2）部门经理召集二级部门经理、分公司经理召开部门复核会议，审核本部门S、A、D级员工的资格，平衡S、A、D级员工的分布比例。

（3）部门经理批准签署复核通过的考评表。

6．考评小组复核

（1）一级部门复核后，有关考评资料（总部所有考评表、分公司获得S、D级的员工的考评表、各部门《考评成绩单》）统一交到总部人事部，而总部人事部汇总全公司的考评情况并拟写考评报告。

（2）总部人事部把考评报告和获得S、D级员工的考评表呈交考评小组。

（3）考评小组召开复核会议，审核获得S、D级员工的等级资格，平衡等级分布比例。

（4）考评组长批准签署复核通过的考评表。

7．通知考评结果

考评小组把复核后的《考评成绩单》返还给部门经理、分公司经理保存，然后通过员工的直接领导把结果告诉员工。

8．备案存档

总部人事部根据考评小组复核结果修改考评报告，并把有关考评资料备案存档。

第十条　考评资料的保存。

1．员工工作总结和发展计划

一式三份，分别交由员工本人、直接领导、总部或分公司人事部保存。

2．考评表

总部员工的考评表由总部人事部存入员工个人档案，分公司员工的考评表由分公司人事部存入员工个人档案。

3. 考评成绩单

一式两份，分别由部门经理或分公司经理、总部人事部保存。

二、员工绩效考核管理办法

由人事部设计制订并负责监督执行的"公司在职员工绩效考核表"的具体考核办法如下。

第一条　所有考核表的执行人即考核人，都必须以两人以上的组合形式进行。

第二条　考核的基本步骤为先由考核人本人对自己的工作及完成情况进行自我评价，之后由其直接领导根据其本人的工作表现给予确认。

第三条　因为各次考核者的地位、见解和角度不同，在各次考核结果上存在差异是很自然的事情，但是应力求考核结果保持客观与公正。如果各考核者在某些问题上存在较大的差异，人事部将就此次考核的分歧部分征求更上一级领导的意见，从而最终达到对被考核者本人负责的目的。

第四条　所有参与此次考核的人员都应密切配合及支持人事部的考核工作，认真对待问卷每一项内容，要求个人阐述观点的条目应尽量具体、明确，以达到考核工作的期望值。

第五条　每一环节的考核都必须相互独立、依次进行，后次考核者无权对前次考核的结果进行更改。

第六条　各次的考核者都应该站在自己的立场上，依靠自己的信念，独立地对事实进行判断，做出真实的考核评价。

第七条　考核的结果由人事部做最后的综合分析，分数统计在内部网上予以公布，保证考核的透明度。具体的实施内容及个人观点是保密的，以此打消考核者在行使自己权利时的顾虑。

第八条　考核的档次划分如下。

（1）130 分以上——杰出。

（2）110～130 分——优秀。

（3）90～110 分——合格。

（4）60～90 分——有待提高。

（5）60 分以下——不适合本岗位的要求。

普通员工绩效考核表

员工姓名	
部门	
职务	
评估者姓名	
部门	
职务	

对评估项目的各项，考核人都必须针对所选择的答案，阐述个人的观点，即选择该项目的具体说明，所论证的理由不得低于三项。其目的在于使他人很清楚地理解评估者选择该项的确切用意，也可以使评估者所评估的结果具有更强的说服力，从而切实达到此次考核的真正用意。

各选项分值：A—25；B—20；C—15；D—10；E—6。

评估项目

1. 工作业绩

A. 远高于期望值　　　B. 高于期望值　　　C. 符合期望值　　　D. 低于期望值

E. 远低于期望值

说明：

(1) ＿＿＿＿＿＿＿＿＿＿＿＿＿＿＿＿＿＿＿＿＿

(2) ＿＿＿＿＿＿＿＿＿＿＿＿＿＿＿＿＿＿＿＿＿

(3) ＿＿＿＿＿＿＿＿＿＿＿＿＿＿＿＿＿＿＿＿＿

2. 工作效率

A. 远高于期望值　　　B. 高于期望值　　　C. 符合期望值　　　D. 低于期望值

E. 远低于期望值

说明：

(1) ＿＿＿＿＿＿＿＿＿＿＿＿＿＿＿＿＿＿＿＿＿

(2) ＿＿＿＿＿＿＿＿＿＿＿＿＿＿＿＿＿＿＿＿＿

(3) ＿＿＿＿＿＿＿＿＿＿＿＿＿＿＿＿＿＿＿＿＿

3. 适时性（及时完成工作）

A. 远高于期望值　　　B. 高于期望值　　　C. 符合期望值　　　D. 低于期望值

E. 远低于期望值

说明：

(1) ＿＿＿＿＿＿＿＿＿＿＿＿＿＿＿＿＿＿＿＿＿

(2) _____

(3) _____

4. 工作技能

A. 远高于期望值　　B. 高于期望值　　C. 符合期望值　　D. 低于期望值

E. 远低于期望值

说明：

(1) _____

(2) _____

(3) _____

5. 身体状况（身体健康程度，可以适应目前的工作状态）

A. 远高于期望值　　B. 高于期望值　　C. 符合期望值　　D. 低于期望值

E. 远低于期望值

说明：

(1) _____

(2) _____

(3) _____

6. 创造性（寻求新的有效的工作方法）

A. 远高于期望值　　B. 高于期望值　　C. 符合期望值　　D. 低于期望值

E. 远低于期望值

说明：

(1) _____

(2) _____

(3) _____

7. 判断力（能够运用正确的是非观，准确行事）

A. 远高于期望值　　B. 高于期望值　　C. 符合期望值　　D. 低于期望值

E. 远低于期望值

说明：

(1) _____

(2) _____

(3) _____

8. 团队精神（与同事合作愉快，受同事尊敬）

A. 远高于期望值　　B. 高于期望值　　C. 符合期望值　　D. 低于期望值

E. 远低于期望值

说明：

(1) _____

(2) _____

(3) _____

9. 沟通技巧（有效地与同事、上级及其他部门沟通）

A. 远高于期望值　　B. 高于期望值　　C. 符合期望值　　D. 低于期望值

E. 远低于期望值

说明：

(1) _____

(2) _____

(3) _____

10. 计划性、条理性及组织性（做事有计划、有步骤，行动与公司保持一致）

A. 远高于期望值　　B. 高于期望值　　C. 符合期望值　　D. 低于期望值

E. 远低于期望值

说明：

(1) _____

(2) _____

(3) _____

11. 理解能力

A. 远高于期望值　　B. 高于期望值　　C. 符合期望值　　D. 低于期望值

E. 远低于期望值

说明：

(1) _____

(2) _____

(3) _____

12. 正确性（完成本职工作的精确程度）

A. 远高于期望值　　B. 高于期望值　　C. 符合期望值　　D. 低于期望值

E. 远低于期望值

说明：

(1) _____

(2) _____

(3) _____

13. 策划能力

A. 远高于期望值　　B. 高于期望值　　C. 符合期望值　　D. 低于期望值
E. 远低于期望值
说明：

(1) _____

(2) _____

(3) _____

14. 经验学识

A. 远高于期望值　　B. 高于期望值　　C. 符合期望值　　D. 低于期望值
E. 远低于期望值
说明：

(1) _____

(2) _____

(3) _____

15. 适应能力（能适应变化和新出现的事物）

A. 远高于期望值　　B. 高于期望值　　C. 符合期望值　　D. 低十期望值
E. 远低于期望值
说明：

(1) _____

(2) _____

(3) _____

16. 处理能力

A. 远高于期望值　　B. 高于期望值　　C. 符合期望值　　D. 低于期望值
E. 远低于期望值
说明：

(1) _____

(2) _____

(3) _____

17. 责任感

A. 远高于期望值　　B. 高于期望值　　C. 符合期望值　　D. 低于期望值
E. 远低于期望值
说明：

(1) _____

(2) _____

（3）＿＿＿＿＿＿＿＿＿＿＿＿＿＿＿＿＿＿＿＿＿＿＿

18. 品德言行

A. 远高于期望值　　　B. 高于期望值　　　C. 符合期望值　　　D. 低于期望值

E. 远低于期望值

说明：

（1）＿＿＿＿＿＿＿＿＿＿＿＿＿＿＿＿＿＿＿＿＿＿＿

（2）＿＿＿＿＿＿＿＿＿＿＿＿＿＿＿＿＿＿＿＿＿＿＿

（3）＿＿＿＿＿＿＿＿＿＿＿＿＿＿＿＿＿＿＿＿＿＿＿

19. 成本意识（能积极节约，避免浪费）

A. 远高于期望值　　　B. 高于期望值　　　C. 符合期望值　　　D. 低于期望值

E. 远低于期望值

说明：

（1）＿＿＿＿＿＿＿＿＿＿＿＿＿＿＿＿＿＿＿＿＿＿＿

（2）＿＿＿＿＿＿＿＿＿＿＿＿＿＿＿＿＿＿＿＿＿＿＿

（3）＿＿＿＿＿＿＿＿＿＿＿＿＿＿＿＿＿＿＿＿＿＿＿

20. 纪律性

A. 远高于期望值　　　B. 高于期望值　　　C. 符合期望值　　　D. 低于期望值

E. 远低于期望值

说明：

（1）＿＿＿＿＿＿＿＿＿＿＿＿＿＿＿＿＿＿＿＿＿＿＿

（2）＿＿＿＿＿＿＿＿＿＿＿＿＿＿＿＿＿＿＿＿＿＿＿

（3）＿＿＿＿＿＿＿＿＿＿＿＿＿＿＿＿＿＿＿＿＿＿＿

21. 工作勤奋程度

A. 远高于期望值　　　B. 高于期望值　　　C. 符合期望值　　　D. 低于期望值

E. 远低于期望值

说明：

（1）＿＿＿＿＿＿＿＿＿＿＿＿＿＿＿＿＿＿＿＿＿＿＿

（2）＿＿＿＿＿＿＿＿＿＿＿＿＿＿＿＿＿＿＿＿＿＿＿

（3）＿＿＿＿＿＿＿＿＿＿＿＿＿＿＿＿＿＿＿＿＿＿＿

22. 出勤情况

A. 远高于期望值　　　B. 高于期望值　　　C. 符合期望值　　　D. 低于期望值

E. 远低于期望值

说明：

（1）＿＿＿＿＿＿＿＿＿＿＿＿＿＿＿＿＿＿＿＿＿＿＿

(2) ＿＿＿＿＿＿＿＿＿＿＿＿＿＿＿＿＿＿＿

(3) ＿＿＿＿＿＿＿＿＿＿＿＿＿＿＿＿＿＿＿

23. 主动性

A. 远高于期望值　　B. 高于期望值　　C. 符合期望值　　D. 低于期望值

E. 远低于期望值

说明：

(1) ＿＿＿＿＿＿＿＿＿＿＿＿＿＿＿＿＿＿＿

(2) ＿＿＿＿＿＿＿＿＿＿＿＿＿＿＿＿＿＿＿

(3) ＿＿＿＿＿＿＿＿＿＿＿＿＿＿＿＿＿＿＿

需要改进的地方：

个人发展计划：

培训需求：

员工意见：

评估者意见：

部门经理意见：

人力资源部经理意见：

关于"经理人员绩效考核表"的设计与内容，基本上与上面的"普通员工绩效考核表"相同，其中可列入"领导能力""授权指导能力"两个项目或相关内容。

三、员工绩效考核管理办法补充规定

第一条　考核的时间要求。

(1) 各部门在每季度次月 1 日（如遇节假日顺延）对照上季度的月重点工作安排、周例会工作安排，将工作完成情况及完成日期列成表格交人事部。

(2) 各部门在每季度次月 5 日前（如遇节假日顺延）将经过自评、部长考评、分管副总考评的考评表交人事部。

(3) 考核小组在每季度次月 10 日前（如遇节假日顺延）完成考评审核工作。综合部在当天将考评结果公示。

第二条　月重点工作安排、周例会工作安排的完成情况主要考核主管人员，如有重大问题，将考核部门经理与主管人员。

第三条　周例会工作安排如未在本周及时完成，每项扣 1 分/次；如第二周安排了仍未完成，每项扣 2 分/次；以下以此类推。

第四条　没有特殊原因，月重点工作安排如未在本月内及时完成，每项扣 5 分/次；如第二个月安排了仍未完成，每项扣 10 分/次；以下以此类推。

第五条 月重点工作安排如与周例会工作安排重合，如未完成，不重复扣分，取两者之间扣分多的计入考核扣分项。

第六条 领导临时交办的事项未完成，扣3分/次。

第七条 日常管理工作失误，扣3分/次。

第八条 不服从管理人员安排的工作，扣5分/次。

第九条 每个部门加分（总分大于100分）原则上只有1人，加分项原则上只能加3~5分。

四、中层管理人员考核办法

为适应公司分支机构不断扩大、管理人员日益增加的情况，使各分支机构对所管辖的管理类人员的绩效考核达到统一，以便于横向管理，特制订此绩效考核标准。各分支机构的高管人员必须按此标准对所管辖的管理类人员进行绩效考核。

第一条 被考核人员范围。

（1）各分支机构的部门经理级、副经理级人员。

（2）隶属于分支机构的分公司经理级、副经理级人员。

（3）岗位重要的主管级人员。

第二条 考核程序。

（1）各分支机构的部门经理级、副经理级人员，隶属于分支机构的分公司经理级、副经理级人员的考核人为总经理。

（2）岗位重要的主管级人员第一考核人为部门经理，总经理为考核成绩调整人。

第三条 考核方法。

（1）所有被考核人员均采取自我述职报告和考核人综合评判相结合的方法，每季度末、年终各进行一次。

（2）按规定时间要求将书面述职报告上交给所属考核领导。

（3）采用上级评价法，即直接领导初评打分、考核领导复评打分的方法。

第四条 考核时间。

1. 季度考核

季度考核于每季度的倒数第四天前将个人本季度的工作述职报告及下季度的工作计划交给直接上级，直接上级于下季度首月的3日前完成上级评价，并交总经理审核终评后，报管理小组并交本机构人事部备案。

2. 年度考核

年度考核于每年12月25日前将个人全年工作述职报告及下年度个人工作计

划交给直接上级，直接上级于 12 月 30 日前完成上级评价，并交总经理审核终评后，报管理小组并交本机构人事部备案。

第五条　考核内容。

1. 岗位职责考核

岗位职责考核指对被考核管理人员担当本职工作、完成上级交付的任务所表现出的业绩进行评价。基本要素由工作目标、工作质量及工作跟进等构成。

2. 能力考核

能力考核指对具体职务所需要的基本能力以及经验性能力进行测评。基本要素包括担当职务所需要的理解力、创造力、指导和监督能力等经验性能力，以及在工作中表现出来的工作效率、方法等。

3. 品德考核

品德考核指对在达成工作目标过程中所表现出的工作责任感、工作勤惰、协作精神，以及个人修养等构成因素的考核。

4. 学识考核

学识考核指对达成工作目标过程中所表现出的相关知识进行测评。基本要素包括担当职务所需要的管理学识、专业知识及其他一般知识等。

5. 组织纪律考核

组织纪律考核指对在达成工作目标过程中所表现出的纪律性以及其他工作要求等进行测评。基本要素包括遵守纪律、仪容仪表及环境卫生等。

第六条　考核等级。

（1）A 级（优秀级）95～100 分，工作成绩优异，有创新性成果。

（2）B 级（良好级）85～94 分，工作成果达到目标任务要求标准，且成绩突出。

（3）C 级（合格级）75～84 分，工作成果均达到目标任务要求标准。

（4）D 级（较差级）60～74 分，工作成果未完全达到目标任务要求标准，但经努力可以达到。

（5）E 级（极差级）60 分以下，工作成果均未达到目标任务要求标准，经督导而未改善的。

第七条　考核结果的应用（工资指基本工资）。

1. 季度绩效考核

季度考核成绩是被考核管理人员年终评比、职务和工资升降、奖金发放多少的重要依据。当本分支机构编制内各级岗位遇有空缺或扩编增加员工名额时，凡考核成绩优异人员将预先递补。

（1）考核成绩为 A 级者，增发当月工资额的 5%。

（2）考核成绩为 B 级者，增发当月工资额的 2%。

（3）考核成绩为 C 级者，享受全额工资。

（4）考核成绩为 D 级者，扣除当月工资额的 50%，并给予留用 3 个月处理。如下季度考核不合格，给予降职或辞退处理。

（5）考核成绩为 E 级者，扣除当月工资额的 100%，并给予留用 1 个月处理。如仍不合格，给予降职或辞退处理。

（6）连续 3 个季度考核成绩为 A，或全年累计 3 个 A 者，下年工资额增加 5%。

（7）全年业绩考核成绩达到 4 个 A 者，下年度工资额增加 10%。

2. 年度绩效考核

年度绩效考核成绩主要应用于被考核管理人员的职位升降。公司原则上每年进行 1 次升降考核。

（1）年度考核成绩为 A 级者，享受 A 类年终奖。

（2）年度考核成绩为 B 级者，享受 B 类年终奖。

（3）年度考核成绩为 C 级者，原有职务、工资不变，享受 C 类年终奖。

（4）年度考核成绩为 D 级者，给予留用察看两个月处理，不享受年终奖。

（5）年度考核成绩为 E 级者，降职或辞退，不享受年终奖。

第八条　考核纪律。

（1）考核人考核时必须公正、公平、认真、负责，不可对相关部属予以过高评价。考核人不负责任或利用职务之便使考核不公正者，一经发现，将给予降职。

（2）各部门负责人要认真地组织，慎重地打分。凡在考核中消极应付、敷衍了事者，一经查实，将给予免去全月奖金。

（3）考核工作必须在规定的时间内按时完成。被考核管理人员未按时交总结及计划，扣除考核总分的 10%；不按时报送考核表给考核人，扣其考核总分的 15%。

（4）扣分必须要有依据，做到认真、客观、公正。

（5）弄虚作假者，一律按总分的 50% 扣分。

五、普通管理人员绩效考核办法

普通管理人员的考核项目包括业绩、能力、品行及学识四项，每项所占的比例均为 25%。每个项目所包括的考核因素如下。

第一条　业绩。

业绩绩效考核评分标准如下。

1. 目标达成度

目标达成度指所辖区域季度计划和预算的执行情况。若超过目标计 5 分，达到目标计 4 分，尚可计 3 分，欠佳计 2 分，很差计 1 分。

2. 工作品质

工作品质指管辖区域的办公秩序是否良好，处理事务是否按规章制度、程序进行，要求归档的文件、表单、资料的管理是否完全、齐整、有序。若上乘计 5 分，良好计 4 分，尚可计 3 分，欠佳计 2 分，不得要领计 1 分。

3. 工作方法

工作方法指为完成任务所采取的方式、方法是否科学、合理、合法及规范。若很得要领计 5 分，得要领计 4 分，尚可计 3 分，欠佳计 2 分，不得要领计 1 分。

4. 进度检查

进度检查指所辖区域的政令下达、督办和复命是否及时有序地进行，各种检查体制的建立是否齐全，各种检查是否按规定执行，检查的结果是否都能得到及时处理。若追根究底计 5 分，较好计 4 分，尚可计 3 分，欠佳计 2 分，很差计 1 分。

5. 绩效增加率

绩效增加率指管理人员领导责任的执行情况，下属绩效的进步情况。若很高计 5 分，高计 4 分，尚可计 3 分，欠佳计 2 分，很差计 1 分。

第二条 能力。

对普通管理人员的能力考核包括领导能力、企划能力、应变能力三个考评因素。每个因素的内容及评分标准如下。

1. 领导能力

合理组织下属完成工作任务的能力。若领导得力计 5 分，稍强计 4 分，尚可计 3 分，欠佳计 2 分，很差计 1 分。

2. 企划能力

正确把握问题的本质，策划客观有效计划方案的能力。若可行且富有创意计 5 分，客观可行计 4 分，尚可计 3 分，欠佳计 2 分，不愿用头脑计 1 分。

3. 应变能力

机敏灵活、处乱不惊、从容自若的能力。若机敏过人计 5 分，机敏计 4 分，尚可计 3 分，欠佳计 2 分，很差计 1 分。

第三条 品行。

对普通管理人员的品行考核包括人际关系、协作性、个人修养、受员工尊重度及对公司态度五个评价因素。每个因素的评分标准如下。

1. 人际关系

很受欢迎计5分,受欢迎计4分,尚可计3分,欠佳计2分,很差计1分。

2. 协作性

很好计5分,好计4分,尚可计3分,欠佳计2分,太差计1分。

3. 个人修养

很有修养计5分,有修养计4分,尚可计3分,欠佳计2分,很差计1分。

4. 受员工尊重度

很受尊重计5分,受尊重计4分,尚可计3分,欠佳计2分,不受尊重计1分。

5. 对公司态度

相当忠诚计5分,忠诚计4分,尚可计3分,欠佳计2分,较差计1分。

第四条 学识。

对普通管理人员的学识考核包括管理常识、专业知识、一般知识三个评价因素。每个因素的内容及评分标准如下。

1. 管理常识

管理常识指管理的基础知识和一般技巧。很丰富计5分,丰富计4分,普通计3分,不足计2分,太差计1分。

2. 专业知识

专业知识指本岗位业务的基础知识和一般工作技能。很丰富计5分,丰富计4分,普通计3分,不足计2分,太差计1分。

3. 一般知识

一般知识指一些常识性的基本知识,包括自然科学和社会科学的基础知识。很丰富计5分,丰富计4分,普通计3分,不足计2分,太差计1分。

六、普通员工绩效考核办法

普通员工的考核项目分工作能力、品德和学识三项,所占绩效考核总分的百分比分别为50%、35%、15%。每个项目所包括的考核因素如下。

第一条 工作能力。

对普通员工工作能力的考核包括工作质量、工作数量、工作效率、工作方法四个评价因素。每个因素的内容及评分标准如下。

1. 工作质量

工作质量指所承担的生产、工作、服务等质量指标的完成情况。优秀计5分,完成指标计4分,尚可计3分,勉强计2分,太差计1分。

2. 工作数量

工作数量指所承担的生产、工作、服务等量化指标的完成情况。超额计 5 分，完成指标计 4 分，尚可计 3 分，勉强计 2 分，太差计 1 分。

3. 工作效率

工作效率指单位时间内完成的工作量。很高计 5 分，较高计 4 分，尚可计 3 分，较低计 2 分，太低计 1 分。

4. 工作方法

工作方法指为完成任务所采取的工作方式、方法是否科学、合理、合法和规范。很得要领计 5 分，得要领计 4 分，尚可计 3 分，欠佳计 2 分，不得要领计 1 分。

第二条 品德。

对普通员工品德的考核包括学习精神、工作态度、工作责任感三个评价因素。每个因素的内容和评分标准如下。

1. 学习精神

学习精神指学习政治、技术、专业知识、规章制度的兴趣和自觉程度。很高计 5 分，高计 4 分，尚可计 3 分，欠佳计 2 分，很低计 1 分。

2. 工作态度

工作态度指对完成任务所持有的态度。很好计 5 分，好计 4 分，尚可计 3 分，欠佳计 2 分，很差计 1 分。

3. 工作责任感

工作责任感指对完成工作任务的责任感。很强计 5 分，强计 4 分，尚可计 3 分，欠佳计 2 分，太差计 1 分。

第三条 学识。

对普通员工学识的考核包括专业知识、一般知识及学识应用度三个评价因素。每个因素的内容和评分标准如下。

1. 专业知识

专业知识指从事本职工作应掌握的专业基本知识，国家颁布的相应法律、法规、政策等。很丰富计 5 分，丰富计 4 分，普通计 3 分，不足计 2 分，太差计 1 分。

2. 一般知识

一般知识指一些常识性的基本知识，包括自然科学和社会科学的基础知识。很丰富计 5 分，丰富计 4 分，普通计 3 分，不足计 2 分，太差计 1 分。

3. 学识应用度

学识应用度是指专业知识和一般知识在工作中应用的深度、广度。很好计 5

分，好计4分，尚可计3分，欠佳计2分，不好计1分。

七、绩效考核分类制度

第一条　绩效考核分为季度绩效考核和年度绩效考核。

第二条　季度绩效考核是对被考核者每季度内的绩效完成情况进行考核，考核的标准是被考核者的岗位描述、工作目标和工作计划。每季度绩效考核时间的具体安排如下。

（1）第一季度绩效考核为4月1日~10日。

（2）第二季度绩效考核为7月1日~10日。

（3）第三季度绩效考核为10月1日~10日。

（4）第四季度绩效考核为1月1日~10日。

各部门的具体绩效考核的时间安排由劳动人事部负责通知和组织。

第三条　年度绩效考核是行政人事部根据被考核者在本年度内的奖惩记录情况给予评价，经统计、汇总各季度绩效考核的得分，得出被考核者本年度绩效考核的最终得分。

八、员工季度考核等级划分制度

第一条　员工季度绩效考核的考核者为被考核者的直接上级和隔级上级，直接上级和隔级上级分别给予评分后，由人事部负责算出员工季度绩效考核的总得分。

员工本季度绩效考核得分 = 直接上级评分×70% + 隔级上级评分×30%

第二条　员工季度绩效考核等级的划分

依据员工季度绩效考核的总得分，将员工的季度绩效考核分成A等、B等、C等、D等、E等、F等级别。具体等级划分标准如下。

（1）A等（超群级）为90（含）~100分，相当出色，无可挑剔。

（2）B等（优良级）为80（含）~90分，出色，不负众望。

（3）C等（较好级）为70（含）~80分，满意，可以塑造。

（4）D等（尚可级）为60（含）~70分，称职，令人安心。

（5）E等（稍差级）为50（含）~60分，有问题，需要注意。

（6）F等（很差级）为50分以下，危险，不努力将被淘汰。

第三条　由人事部负责按部门分别统计填写《员工季度绩效考核汇总表》，一式三份，一份送达各部门负责人，一份转递财务部执行结果，一份留存，年终汇总后存档。

第四条 依据季度绩效考核结果的不同等级，将员工的浮动工资按照相应的比例增加或降低，从而达到奖优惩差、鞭策及激励的目的。具体标准如下。

（1）季度绩效考核结果为 A 等，浮动工资上浮 20%。

（2）季度绩效考核结果为 B 等，浮动工资上浮 10%。

（3）季度绩效考核结果为 C 等，浮动工资上浮 5%。

（4）季度绩效考核结果为 D 等，浮动工资不变。

（5）季度绩效考核结果为 E 等，浮动工资下调 10%。

（6）季度绩效考核结果为 F 等，浮动工资下调 30%。

季度绩效考核结果为 C 和 E 的浮动工资只维持一个季度，下一季度绩效考核结束后，按照新的等级制订评定浮动工资的浮动比例。

九、年度绩效考核制度

第一条 年度绩效考核建立在季度绩效考核基础上，考核的评分包括四个季度的总得分和人事部奖惩记录的评分两部分，所占的分值分别为 80 分和 20 分。

第二条 人事部将员工本年度内的所有奖惩记录汇总后给予评分。其具体评分标准如下。

（1）本年度内无任何奖惩记录，得 10 分。

（2）嘉奖 1 次加 3 分，记功 1 次加 5 分，记大功 1 次加 9 分。

（3）警告 1 次减 10 分，记过 1 次减 15 分，记大过 1 次减 20 分。

人事部评分（满分 20 分）＝ 10 ＋奖励分－惩戒分

第三条 年度绩效考核总分的计算：总分＝本年度内 4 个季度绩效考核得分之和×20% ＋人力资源部奖惩评分

第四条 依据员工年度绩效考核的总分，将员工的年度绩效考核分成 A 等、B 等、C 等、D 等、E 等、F 等级别。其具体等级划分标准如下。

（1）A 等（超群级）为 90（含）~ 100 分，相当出色，无可挑剔。

（2）B 等（优良级）为 80（含）~ 90 分，出色，不负众望。

（3）C 等（较好级）为 70（含）~ 80 分，满意，可以塑造。

（4）D 等（尚可级）为 60（含）~ 70 分，称职，令人安心。

（5）E 等（稍差级）为 50（含）~ 60 分，有问题，需要注意。

（6）F 等（很差级）为 50 分以下，不称职，应被淘汰。

第五条 依据员工年度绩效考核结果的不同等级，以及公司的实际运营情况，给予员工相应的奖惩。

十、营销人员考核办法

第一条　总则。

（1）对营销人员每月评分一次。

（2）公司于次年元月核算每一位营销人员该年度考核得分。

营销人员该年度考核得分＝营销人员该年度考核总分÷12

（3）营销人员的考核得分将作为"每月薪资的奖金""年终奖金""调职"的依据。

第二条　考核办法。

1. 销售业绩（占考核总分的60％）

（1）当月达成率100％及以上得60分。

（2）当月达成率90％得50分。

（3）当月达成率80％得40分。

（4）当月达成率70％得30分。

（5）当月达成率60％得20分。

2. 纪律及管理配合度（占考核总分40％）

（1）出勤情况。

（2）是否遵守本公司营业管理办法。

（3）收款绩效。

（4）开拓新客户数量。

（5）既有客户的升级幅度。

（6）是否尽心尽力完成主管交付的任务，如市场资料收集等。

（7）其他。

3. 业务考核级制管理

（1）业务员的考核，由分公司主任评分，分公司经理初审，营业部经理复审。

（2）分公司主任的考核，按照所管辖业务员的平均分数计算。

（3）分公司经理的考核，按照该分公司全体业务员的平均分数计算。

（4）营业部经理的考核，按照本公司全体业务员的平均分数计算。

（5）"考核"与"年终奖金"相关联。

十一、优秀员工评选办法

第一章　总　则

第一条　目的。

为加强企业文化建设，培养广大员工的集体荣誉感和使命感，增强企业凝聚力，让优秀员工评选合理化、公平化，以激励员工的工作激情，制订优秀员工评选办法。

第二条　适用范围。

本评选办法适用于公司全体基层员工，中高层干部不参与公司优秀员工评选。

第三条　管理部门。

人事部负责组织公司优秀员工的评选、奖励等工作，并负责制订、完善、维护该评选标准和评选程序。

第二章　评选标准

第四条　优秀员工分类。

（1）公司层面的优秀员工分为优秀员工和优秀研修生。

（2）集团层面的优秀员工分为科技类、质量类、营销类等优秀员工。

（3）参加社团层面的优秀员工视具体通知而定。

此处只列举公司层面的优秀员工的评选规定，其他两类参照执行。

第五条　基本条件。

（1）在公司连续工作1年以上（研修生不受此条件限制）。

（2）遵守考勤纪律，年总出勤率在99%以上。

（3）品德端正、遵纪守法，无违反国家法律法规和厂规厂纪的行为。

（4）工作认真负责、积极主动，服从整体安排，能配合同事完成各项工作任务，无较大的工作失误。

（5）热爱公司，爱岗敬业，乐于助人，与同事相处融洽。

（6）完全胜任本职工作，能较好完成工作任务。

（7）半年度绩效评价结果为良以上。

第六条　评分标准。

在已具备基本条件的情况下，具备下列条件之一的员工可优先参与评比，经综合评价后择优确定人选。以下分值均表示最佳状况时的得分，为该项目的满分；评选时将根据实际情况扣减后计分。

1. 管理人员

（1）刻苦钻研业务知识，在本职岗位工作成绩突出，受到领导和同事的普遍好评（30 分）。

（2）努力改进工作成效或通过合理化建议，为公司创造显著的经济效益（20分）。

（3）对推动品质管理、成本控制工作以及在体系监控、维护方面做出突出的贡献（15 分）。

（4）克己奉公，为公司挽回重大的经济损失或名誉损失（10 分）。

（5）为公司取得重大的社会荣誉（10 分）。

（6）在社会、集团及公司获得重大奖励和表彰（10 分）。

（7）努力提高自身素质，通过自学或其他形式获得更高一级学历或学位，并能在工作中得到发挥（5 分）。

2. 车间直接员工（含班组长）

（1）除具备前面列出的基本条件外，还应具备下列必备条件。

①未发生过质量事故。这里的质量事故是指制造过程中，违反有关规定或惯例，造成总价值在一定数额的产品返修、报废或不合格；被客户投诉有性质严重的质量问题。

②无违反 ISO 9001/ISO 14001 体系而被公司通报批评的案例。

③无工伤事故。

④无打架斗殴等重大违纪及违法现象。

（2）优先评选项目有以下几个。

①按月考核，质量水平超过车间指标要求（30 分）。

②按月考核，生产效率超过车间指标要求（15 分）。

③在集团和公司获得重大的奖励和表彰（15 分）。

④按月考核，设备故障率在 5% 以下（10 分）。

⑤自主改善活动，或对产品质量、成本、功能有较大的贡献且经职能部门书面确认（15 分）。

⑥在社会上因好人好事受有关部门、单位或个人的书面表扬或感谢（10分）。

3. 辅助员工（含班组长）

除具备前面列出的基本条件外，应考虑以下优先评选项目。

（1）绩效综合评价良以上。侧重于自错率、合格率及服务到位、反应速度等方面的评价（30 分）。

（2）通过创新提高工作效率和工作质量，为公司创造显著的经济效益（20分）。

（3）在品质、成本控制工作中做出突出的贡献（15分）。

（4）在改善工作、合理化建议等活动中表现优异并获得重大奖励、表彰（10分）。

（5）克己奉公，为公司挽回重大的经济损失或名誉损失（5分）。

（6）为公司取得重大的社会荣誉（5分）。

（7）在集团和公司获得重大的奖励和表彰（10分）。

（8）努力提高自身素质，通过自学或其他形式获得更高一级的学历或学位（5分）。

第七条 标准说明。

以上所列内容仅供参考，各企业应根据本企业的实际情况，制订出符合自身的规定。

第三章 评选程序

第八条 评选时间。

公司优秀员工评选时间为每年6月份和12月份，一年集中评选两次；要求各职能系统分别在6月底和12月底以前完成本单位内部优秀员工评选，并向公司推荐。

第九条 评选人数

优秀员工候选人数可根据公司自身情况而定，同时每年可根据实际情况按照员工人数比例做相应调整，经综合评价后从中择优评选出优秀员工。

第十条 评选流程。

1. 非间接人员的评选

（1）公司根据各职能系统员工总人数、整体素质等情况确定优秀员工候选人分配名额。

（2）各职能系统班组选举优秀员工候选人，然后本职能系统选举公司优秀员工候选人，接着本职能系统公布候选人名单、接受员工监督，再经本部门主管确认，最后公司评选小组经考查、民主评议确定人选。

2. 间接人员的评选

各职能系统选举或推荐公司优秀员工候选人，然后本部门主管确认，接着公司评选小组公布候选人名单、接受员工监督，最后公司评选小组经考查、民主评议确定人选。

第十一条 评选小组组成。

公司优秀员工评选小组由各职能部门经理、车间主任等人员组成，总人数可由公司按实际情况而定。

第十二条 初步筛选。

各职能部门在申报候选人名单时必须填写《优秀员工候选人申报表》，经主管审批签字后，评选小组成员依据评选标准对优秀员工候选人进行初步筛选。不符合公司评选条件的员工将不再参加下一轮投票评选。

第十三条 投票表决。

评选小组成员对经初步筛选后的优秀员工候选人进行差额投票评选，每个小组成员1人1票，按得票高低选出额定的公司优秀员工；若最后1名有多人得相同票数，可对相同票数的候选人再进行投票表决，按得票高低选出其中1名。

第十四条 报批及调整。

经评选小组评选出的优秀员工名单连同候选人申报表，报人事部经理审核，总经理审批。在报批过程中有重大质疑和申诉时，可召集评选小组再进行评选。

第十五条 奖励标准。

公司优秀员工由人事部组织实施奖励，原则上是参加公司组织的休养活动；若颁发奖金，其奖金数目另定。

第四章　附　则

第十六条 本办法由经营管理部负责制订并解释。

第十七条 本办法自文件下发之日起开始实施。

十二、年度优秀班组评选标准

第一条 范围。

公司内全体班组。

第二条 安全生产。

模范遵守各类安全生产规章制度，全年内无任何安全生产事故，班组成员具有较高的安全意识。

第三条 产品质量。

质量稳定，无重大质量事故发生，积极开展质量意识培训学习。

第四条 员工士气。

班组成员富有激情，对工作热忱，士气高昂。

第五条 团队精神。

合作意识强，成员间团结友爱，互相合作。

第六条 劳动纪律。

模范遵守公司各项规章制度，班组成员无严重违规违纪记录。

第七条 培训学习。

积极组织培训学习，参与热情高，能有效完成各项培训计划。

第八条 组织协调。

组织纪律性强，全体成员富有集体荣誉感，与上下工序班组合作融洽。

第九条 清洁卫生。

班组卫生责任区域在平日的监督检查中无严重不良记录，设备整齐有序，物品摆放规则，成员无随地吐痰、乱扔垃圾等不卫生现象。

十三、应聘人员考察表

应聘人员考察表

姓名		性别		出生年月		婚否	
毕业院校				毕业日期			
所学专业			学历		学位		
政治面貌		应聘岗位			联系电话		
资格审查					审查人： 年 月 日		
第一次面试					面试人： 年 月 日		
第二次面试					面试人： 年 月 日		
考察意见					部门经理： 年 月 日		
人事部意见					人事部经理： 年 月 日		
公司意见					总经理： 年 月 日		

十四、试用期员工绩效考评表

试用期员工绩效考评表

填表日期：　　年　月　日

姓名		部门		进入公司时间	
学历		专业		职位	

评价要素		评　价　结　果	
工作能力	专业知识		
	沟通能力		
	学习能力		
	创新能力		
	反应能力		
工作态度	责任心		
	积极性		
	纪律性		
工作业绩	工作完成量		
	工作完成进度		
	工作效率		
	改进或提高		
评价等级	优秀□　　　良好□　　　一般□　　　及格□　　　不及格□		
考评时间	主管领导签字		员工签字

十五、员工入职考核表

员工入职考核表

填表日期：　　年　月　日

姓名		应聘部门		职位	
考核说明					

考核记录	优	良	及格	中	差	备注
专业知识						
仪表形象						
应变能力						
工作经验						
计算机技能						
外语水平						
综合考核意见						

制表部门：　　　　　　　　　领导审批：

十六、人事部长绩效考核表

人事部长绩效考核表

填表日期：　　年　月　日

	考核项目	考核目的	考核内容	考核人
任务绩效				
备注				

十七、管理人员综合素质绩效考评表

管理人员综合素质绩效考评表

填表日期：　　年　月　日

姓名		任职时间	
职务		岗位职责	
领导能力		综合评价：	
沟通能力			
执行能力			
创新能力			
人际关系			
组织能力			
备注			
考评人			

十八、质量信息反馈表

质量信息反馈表

填表日期：　　年　月　日

信息来源		记录报告		其他	
信息分类		作业过程		顾客投诉	
调查内容			签字：　　　年　月　日		
分析记录			签字：　　　年　月　日		

十九、部门月度绩效工资考核汇总表

部门月度绩效工资考核汇总表

填表日期：　　年　月　日

部门			考核日期	年　　月
班门	月度应发金额	公司考核结果	部门考核结果	部门当月实发金额

二十、培训考核成绩表

培训考核成绩表

填表日期：　　年　月　日

部门	姓名	岗位	培训编号	培训名称	培训考核内容及成绩						合计
					内容	得分	内容	得分	内容	得分	
备注											

二十一、部门对拟提任的主管（助理）考核情况报告表

部门对拟提任的主管（助理）考核情况报告表

拟提任主管（助理）姓名：_____性别：_____出生年月：_____

部门：_____提任后的工作：_____

考核内容		考核意见	等　级
出勤率及守时性			
仪表			
礼节礼貌			
个人卫生			
工作态度	工作表现		
	积极性		
	自觉性		
	责任心		
领导能力估计 （能否独立进行培训工作）			
对拟提任主管工作的知识熟悉程度			
对经营工作的操作技术掌握程度			
人际关系			
道德品质及工作作风			
发展潜质			
其他意见			

部门经理签名：　　　　　　　　　　　　填表日期：　　年　月　日

二十二、专业技术人员年度考核登记表

专业技术人员年度考核登记表

填表日期：　　年　月　日

姓名		工作单位	
专业技术职务名称		考核时间	

本年度岗位任务及完成情况

本年度成果受奖励情况

时间	项目	授奖部门及等级	本人承担部分及所起作用

指导专业技术人员的情况

指导对象	人数	指导的项目、内容	时间

基层单位审核意见

单位负责人签名：　　　　　　　单位盖章： 　年　月　日　　　　　　　　　年　月　日

注　此表用钢笔填写，不得用铅笔、红笔或圆珠笔填写。

二十三、专业技术人员定性考核表

专业技术人员定性考核表

填表日期：　　年　月　日

项目	考 核 内 容	配　分	评　分
经验知识			
专业技能			
协调能力			
工作责任			
合计			
员工签名		总经理签名	

二十四、营销人员月度销售计划表

营销人员月度销售计划表

填表日期：　　年　月　日

编码	品名	客户名称	数量	总毛价	总净价	估计毛利	出货日期	备注
合计								

经理：　　　　　　　　　　　　　　主管人员：

二十五、管理人员考核结果汇总表

管理人员考核结果汇总表

填表日期：　　年　月　日

排名	姓名	自我考核	直接上级评分	相关部门评分	直隶下属评分	总分

主管签字：　　　　　　　　　　　　填表人：

二十六、部门经理考核考绩表

部门经理考核考绩表

填表日期：　　年　月　日

考核项目	上级评分	同级评分	下级评分	项目得分
任务绩效				
管理绩效				
其他绩效				
年度考评				
备注				

二十七、部门经理业绩考评表

部门经理业绩考评表

填表日期：　　年　月　日

部门		姓名		任职职务		任职时间	
职称		直接上级		上级签字		考评周期	
评价项目		权重	衡量标准		需要的资助		完成情况

二十八、总经理工作绩效评估表

总经理工作绩效评估表

填表日期：　　年　月　日

	绩效指标	评估标准	权重	扣分标准	实际得分
工作绩效					

二十九、营销部季（月）度工作绩效考评表

营销部季（月）度工作绩效考评表

部门：　　　　　　姓名：　　　　工号：　　　　年　　季度（月）

考核要素及权重	工作目标计划	完成情况	主管评价	得 分
1. 产品准入目标完成率（15%）				
2. 销售目标完成率（15%）				
3. 利润目标完成率（5%）				
4. 市场份额目标完成率（5%）				
5. 制订产品市场规划、目标计划并监控实施（5%）				
6. 培训、辅导、与下属沟通的数量和质量（5%）				
7. 策划、准备高层技术研讨会、现场会（5%）				
8. 制订产品宣传计划并监控实施（5%）				
9. 制订商务政策并监控实施（5%）				
10. 制订产品指导书并组织落实（5%）				
11. 对重大项目和销售市场的监控（5%）				
12. 对直接下属亲自进行考核、沟通、辅导的质量（5%）				
13. 对直接下属进行培训或组织下属接受培训的数量和质量（5%）				
14. 客户满意度的改进（5%）				
15. 由上级主管确定的其他关键行为或用来调节上述关键行为权重的部分（10%）				

工作目标计划沟通确认： 主管：　　　　　责任人：	工作评价： 总分： 评价结果：□A □B □C □D
考核沟通记录： 主管：　　　　　　员工： 　　　年 月 日　　　年 月 日	二级考核： 调整人： 　　　　年 月 日

注　1. 工作目标计划由责任人在本月初编制并与主管确认（形成工作任务书）。

　　2. 完成情况栏由责任人在下月初时填写，并作为考核依据。

　　3. 主管评价及得分栏由部门主管在月初考试时填写并作为考核评价依据。

　　4. 以电子文档形式传递（特殊情况可发传真件）。

三十、营销部经理季（月）度工作绩效考评表

营销部经理季（月）度工作绩效考评表

部门：　　　　　姓名：　　　　　工号：　　　　　　年　　季度（月）

考核要素及权重	工作目标计划	完成情况	主管评价	得分
1. 销售目标完成率（25％）				
2. 空白市场进入目标完成率（10％）				
3. 项目成功率（10％）				
4. 制订产品市场规划、目标计划并监控实施（10％）				
5. 培训、辅导、与下属沟通的数量和质量（5％）				
6. 技术汇报会和样板点参观的策划和监控实施（5％）				
7. 监控项目和区域盲点市场（5％）				
8. 贯彻、落实、执行商务政策和产品指导书（5％）				
9. 控制合同成交质量（价格、付款方式）（5％）				
10. 客户满意度的改进（5％）				
11. 有效沟通与协作（5％）				
12. 对上级主管确定的其他关键行为或用来调节上述关键行为权重的部分（10％）				
工作目标计划沟通确认 主管：　　　　　责任人：			工作评价： 总分： 评价结果：□A □B 　　　　　□C □D	
考核沟通记录： 主管：　　　　　员工： 　　年　月　日　　　　　年　月　日			二级考核： 调整人： 　　年　月　日	

注　1. 工作目标计划由责任人在本月初编制并经主管确认（形成工作任务书）。

　　2. 完成情况栏由责任人在下月初时填写，并作为考核依据。

　　3. 主管评价及得分栏由部门主管在月初考试时填写并作为考核评价依据。

　　4. 以电子文档形式传递（特殊情况可发传真件）。

三十一、项目经理季（月）度工作绩效考评表

项目经理季（月）度工作绩效考评表

部门：　　　　姓名：　　　　工号：　　　　　　　年　　季度(月)

考核要素及权重	工作目标计划	完成情况	主管评价	得分
1. 销售目标完成率(30%)				
2. 空白市场进入目标完成率(15%)				
3. 合同错误率(5%)				
4. 项目管理(立项、策划分析、监控、档案、总结)(10%)				
5. 以技术引导为目的的客户拜访的数量和质量 (5%)				
6. 技术方案的质量 (5%)				
7. 例行工作报告的质量 (5%)				
8. 控制合同成交质量（价格、付款方式）(5%)				
9. 客户满意度的改进 (5%)				
10. 有效沟通与协作 (5%)				
11. 由上级主管确定的其他关键行为或用来调节上述关键行为权重的部分 (10%)				
工作目标计划沟通确认 主管：　　　　　　责任人：			工作评价： 总分： 评价结果：□A □B □C □D	
考核沟通记录： 主管：　　　　　员工： 　　　　年　月　日　　　　年　月　日			二级考核： 调整人： 　　　年　月　日	

注：1. 工作目标计划由责任人在本月初编制并与主管确认（形成工作任务书）。

2. 完成情况栏由责任人在下月初时填写，并作为考核依据。

3. 主管评价及得分栏由部门主管在月初考试时填写并作为考核评价依据。

4. 以电子文档形式传递（特殊情况可发传真件）。

三十二、驻外地办事处季（月）度工作绩效考评表

驻外地办事处季（月）度工作绩效考评表

部门：　　　　　　姓名：　　　　　　工号：　　　　　　　　年　　季度（月）

考核要素及权重	工作目标计划	完成情况	主管评价	得分
1. 多产品覆盖率目标完成率（20%）				
2. 新产品销售增长目标完成率（15%）				
3. 销售目标完成率（15%）				
4. 组织制定个性化的网络引导和技术方案并组织实施（10%）				
5. 贯彻落实执行公司网络营销和组合销售政策（5%）				
6. 组织制订区域市场技术推广计划并监控实施（5%）				
7. 控制组合销售合同的质量（5%）				
8. 培训、辅导、与下属沟通的数量和质量（5%）				
9. 组织办事处技术培训的数量和质量（5%）				
10. 有效沟通与协作（5%）				
11. 由上级主管确定的其他关键行为或用来调节上述关键行为权重的部分（10%）				
工作目标计划沟通确认： 主管：　　　　　　责任人：			工作评价： 总分： 评价结果：□A □B □C □D	
考核沟通记录： 主管：　　　　　　员工： 　　年　月　日　　　　　年　月　日			二级考核： 调整人： 　　年　月　日	

注　1. 工作目标计划由责任人在本月初编制并与主管确认（形成工作任务书）。

　　2. 完成情况栏由责任人在下月初时填写，并作为考核依据。

　　3. 主管评价及得分栏由部门主管在月初考试时填写并作为考核评价依据。

　　4. 以电子文档形式传递（特殊情况可发传真件）。

三十三、员工年度绩效考核表

员工年度绩效考核表

部门：　　　　　　　　　　　　　　　　　填表日期：　　年　月　日

员工姓名	岗位考核（分）	专业考核（分）	上岗培训（分）	规范操作考核（分）	领导意见

制表部门：

三十四、营销部销售情况反馈表

营销部销售情况反馈表

填表日期：　　年　月　日

客户名称		地址		邮编	
联系人		电话		传真	
质量情况					
顾客意见					
客户评价					
备注					

三十五、员工绩效评估申诉表

员工绩效评估申诉表

填表日期： 年 月 日

申诉人		所属部门或科室		职位	
直接上级		申诉对象		考评周期	
考评结束日期		上级主管是否与申诉对象进行过绩效沟通			
申诉情况描述		申诉人签字： 年 月 日			
调查事实情况		人事部负责人签字： 年 月 日			
处理意见		绩效管理者签字： 年 月 日			
仲裁意见		绩效审查组签字： 年 月 日			
备注					

三十六、××公司员工工作表现评估表

××公司员工工作表现评估表

员工姓名____　　员工编号____　　部门____　　职务_____

评估日期　自____年___月___日至____年___年___日　评估人签名_____

	工作守时与考勤	（1）是否守时及经常出勤 （2）是否经常迟到或请病假、事假
1	A	保持好的考勤记录，在评估期限内绝无迟到或缺勤
	B	能基本保持良好的考勤记录，在评估期内曾有少于3天的缺勤记录
	C	保持一般的考勤记录，在评估期内，偶有迟到并有超过4天的缺勤记录
	D	考勤记录甚差，在评估期内经常迟到并有缺勤超过5天的记录
	仪容仪表	是否修饰整洁
2	A	对个人清洁卫生非常注重，并经常保持适当的修饰
	B	经常注意修饰整洁
	C	偶然有不清洁或不适当的修饰
	D	衣着不清洁及错误的修饰
	工作知识	（1）是否对本职工作有明确的认识 （2）是否了解自己工作的功能、要求与责任
3	A	对本职工作各方面有充分认识，极少需要指导
	B	对本职工作基本上有足够的认识，偶尔需要引导
	C	对本职工作缺乏正确认识，需要经常引导，并需继续培训
	工作质量	（1）是否处事精确及不易出差错 （2）工作是否有条不紊，容易使人接受
4	A	工作做得很好，极少发生差错
	B	工作良好，只稍有些错处，极少犯相同错误
	C	工作表现一般，工作要经审核才能被接受
	D	处事十分粗心大意，经常犯同样错误

续表

5	可信赖程度	是否值得信赖并对委派工作谨慎尽责
	A	非常值得依赖，经常准时按要求完成指定工作，极少需要督导
	B	大多数情况都可以依赖，只是偶尔需要督导
	C	在完成工作前需要经常查核
	D	不可以依赖，需要经常密切监督
6	进取态度	是否有创业精神及应变能力，即使没有人提醒员工，能否主动负担起自己的职责
	A	能主动适应工作，善于发挥个人能力及智慧完成工作任务
	B	基本能够主动地完成经常性的工作，偶然会有疏忽
	C	工作中需要提醒才能完成本职任务
	D	需要经常催促，才能完成工作任务
7	礼貌与合作态度	（1）对公司、同事及客人是否谦恭有礼 （2）是否乐意与上司、同事及下属协调工作
	A	非常注重礼貌待人接物，经常保持和颜悦色，乐于助人
	B	基本能做到彬彬有礼，乐于与他人合作
	C	只对喜欢的人有礼貌及愿意同对方分工合作
	D	没有礼貌及不愿意与别人分工合作
8	管理能力（如运用）	（1）是否具有启发下属工作热情与工作目标的能力 （2）是否具有指引、监督及为下属提供技术指导的能力
	A	能有效地激励与引导下属去完成工作
	B	基本能够保持良好的工作环境
	C	需要改善个人的领导作风，使下属更好协调工作
	D	不能监管下属使其完成工作任务

总评分		适合晋升	降职		予以转正
		表现满意	表现一般		延长试用期/不予录用
	A	工作表现非常良好，有卓越的工作表现			
	B	工作表现良好，有能力完成预期工作			
	C	工作表现较好，在若干方面具有长处，但仍需改进以取得更佳的工作效果			
	D	工作表现一般，需要继续努力，才能有更佳工作表现			
	E	需要改善工作表现，才能达到基本工作要求			

第三章 人事出勤、出差管理制度

第一节 人事出勤考核管理制度

一、员工考勤管理规定

第一章 总 则

第一条 为加强公司内部管理，维护工作秩序，保证公司各项业务的正常运行，制订本规定。

第二条 本规定适用于公司全体员工，包括正式工、试用工、临时工、实习生等。

第三条 员工正常工作时间为 8:00～11:30、12:30～17:00，共 8 个小时，每周工作 5 天，各部门可根据实际情况安排员工轮休、调休、补休，并于当月 2 日将本部门的轮休值班表报综合部。调休、补休必须有本部门经理签字批准的单据，并报综合部备案。

第四条 公司员工一律实行上下班打卡登记制度。

第五条 所有员工上下班均须亲自打卡，任何人不得代理他人或由他人代理打卡（人未到班代打）。

第六条 所有员工须先到公司打卡报到后方能外出办理各项业务。特殊情况须经部门经理批准，并于返公司 1 日内补办批准手续；不办理批准手续者，按迟到或旷工处理。

第七条 公司门卫、保安监督员工上下班打卡，并负责于次月 2 日前将员工的出勤情况汇总报综合部，由综合部据此考核员工出勤情况。

第二章 迟到、早退、离岗、旷工

第八条 员工应按规定时间到（下）班并打卡，漏打者不论其原因如何，均以

迟到或早退论。

1. 员工逾规定时间到班

（1）超过 5～15 分钟为迟到。

（2）超过 15～60 分钟按旷工 1 小时论。

（3）超过 1 小时，按旷工半日论。

2. 员工未到规定时间提前下班

（1）提前 15 分钟以内下班者，可视为早退。

（2）提前下班超过 15 分钟者，按旷工半日论。

（3）工作时间未经领导批准离开工作岗位即为离岗（擅离职守），擅离工作岗位超过 1 小时，或未经准假而不到班者，均为旷工。

第九条　因偶发事故迟到超过 15 分钟的，经部门经理或综合部查明属实者，可准予补办请假。未及时补假的，按迟到的同等时间，以旷工论处。

第三章　请假、调休、出差、加班

第十条　员工因个人事务未能到班或按时上下班，可向本部门经理请假或申请调休；上班时间外出办私事也须向部门经理请假；事假时间可累计。

第十一条　员工请假、调休流程：到综合部填写请假、调休单，然后由本部门经理签字批准，出公司时交门卫，并由门卫在其出勤表上注明。

第十二条　员工因紧急事件无法先填单后请假时，必须打电话向本部门经理请假，并由部门经理通知门卫处注明。员工回公司后 1 天内补办请假、调休手续，并将请假、调休单交门卫；未及时补办手续的，按旷工论处。

第十三条　员工因病请假 1 天者，最迟应于请假的第二日提出申请，并经部门经理批准。请病假 1 天以内者免附医师证明，但当月连续请病假 1 天以上或累计逾 1 天者，必须出具当日就医的劳保或公立医院证明。无证明的或未批准的按旷工计。

第十四条　员工因公出差，需事先填写出差登记表，由部门经理批准。出差人员应于出差前先办理出差登记手续并交至门卫，并由门卫在其出勤表上注明。工作时间因公外出，必须经部门经理批准，在门卫处登记外出事由、返回时间等。

第十五条　公司员工按国家法律法规休假，但在法定假日应服从公司安排的值班，并领取法定的加班工资。

第十六条　门卫应于本月工资核算日前将请假、调休单、出差单汇总交综合部备案。

第十七条　员工因工作需要或领导要求加班的，必须填写加班单，经部门经理签字后交综合部备案。员工加班时间可由公司按法律规定给予相应的补偿。

第四章　违规处理

第十八条　公司员工代理他人或由他人代理打卡，代理人和被代理人均扣20元/次，多次违反者按当日旷工处罚。

第十九条　员工迟到、早退按10元/次扣罚，一个月内累计3次以上，第四次开始按100元/次扣罚，连续一周以上予以严重警告，并扣罚当月80%岗位工资（岗位工资指本月的工资加奖金，下同）。

第二十条　事假按当月日均岗位工资扣罚。

第二十一条　病假按照国家相关法律、法规规定进行处理。

第二十二条　旷工1天扣除当日工资并加罚100元，旷工3天以上扣除当月岗位工资，一年累计旷工5天以上者辞退。

第二十三条　员工出差未按规定在外出时进行登记的，按外出同等时间的旷工处罚。

第二十四条　在法定假日员工未服从公司领导安排值班的，按旷工处罚。

第五章　附　则

第二十五条　综合部负责本规定的监督管理。

第二十六条　本规定自总经理批准之日起施行。同时，废除以前实施的《职工上下班考勤管理制度》。涉及员工考勤的均参照本规定执行。

二、公司考勤制度

第一条　根据监理工作特点和《劳动法》，公司执行弹性工作时间管理办法。员工以每日工作8小时，每周出勤5天为原则进行考勤；因特殊情况或根据生产、业务需要，延长作业时间或节假日正常上班的以加班计算，亦可进行调休。

第二条　公司本部、经营部、中心试验室等部门作息时间由公司根据季节确定，各项目监理办公室作息时间由其部门根据季节和工作实际自行确定。

第三条　员工应严格遵守规定的上下班作息时间，不得迟到、早退，同时必须服从单位的调派，积极、主动、创造性地工作，不得做与工作无关的事情。

第四条　建立严格的考勤和"打招呼"制度，各部、室、办都要建立考勤制度，对员工进行考勤，分月统计，按月汇总报公司办公室存档，作为当年年底考核依据（统计表附后）。员工暂时离开办公室或工作岗位，要与同事和相关人员"打招呼"，以便联系。

第五条 员工请假（病假、事假、婚假、产假、丧假、计划生育假、探亲假等）必须履行请假手续：填写请假单，办好工作交接；三天以内，由部门、驻地办负责人批准；三天以上，由部门、驻地办负责人签署意见，报公司审批；部门负责人请假由公司总经理审批；遇紧急事故不能亲自办理请假手续的，需委托他人代办，或电话报告部门负责人，并于事后补办请假手续；完假后，应及时销假或续假。

第六条 未履行请假手续，擅自离开工作岗位，均以旷工论处；迟到早退累计 5 次，按旷工 1 天处理。

第七条 除国家规定假期和调休天数外，凡请假的（事假 4 天以上，病假 7 天以上）在当月工资中扣除相应天数的日工资（日工资按工资总额除以每月正常工作日天数）。

第八条 公司聘用的少数高级技术、管理资深人员，经总经理同意可完全实行弹性工作时间，允许网上办公，必要时可在家办公。

第九条 本制度经审核批准后与公司各《考核及奖励办法》结合一起实施。

三、公司员工考核管理制度

为加强和提升员工绩效，提高劳动生产率，增加企业效益，增强企业活力，调动员工的工作积极性，使公司的奖惩有所依循，并使广大员工能全面遵守厂规，依据国家有关法律、法规，按照公平、公开、公正、赏罚分明的原则，制订此考核制度。本制度适用于公司全体干部职工，包括试用期内的员工和临时工。考核公告应公布于当月发薪日前。同时，考核分为干部和一般人员两种。

第一条 干部考核。
干部考核应依据其主管部门的绩效进行考核。
（1）开拓创新与敬业精神。
（2）深入基层、联系群众情况。
（3）分管工作完成情况。
（4）为群众排忧解难、办实事情况。
（5）廉洁自律和接受监督情况。
（6）道德品行。

第二条 一般人员考核。
（1）作业效率。

（2）作业质量。

（3）作业配合性。

（4）服从管理度。

（5）出勤状态。

（6）行为状态。

第三条 考核等级。

考核等级通常分为 A、B、C、D 四等，原则上依比率分配。考核结果再并入出勤状况，作为最后核定考核等级。

第四条 考勤扣分。

（1）有下列情形者不得为 A 等。

①有旷工记录。

②除公假外有其他请假记录。

③警告 3 次以上（含 3 次）。

（2）有下列情形者不得为 A、B 等。

①请假 2 天以上（含 2 天）或迟到、早退 2 次以上（含 2 次）。

②记小过 1 次。

（3）有下列情形者不得为 A、B、C 等。

①旷工 1 ~ 3 天。

②记小过 3 次。

第五条 奖励及评分

（1）奖励项目包括嘉奖、小功、大功、工资上调及晋级。评分加分共三档：10 分、20 分、30 分。

（2）有以下情况之一者，可以加 10 分。

①能按时完成领导交办的各项任务，并且没有差错。

②良品率要高于公司规定的指标。

③拾金不昧转交公司。

④积极参与公司的各项活动，并且表现突出。

⑤爱护公司财物，并有具体事迹。

⑥积极主动维护公司制度，并有具体事迹。

⑦主动参与各项援助工作，并有具体事迹。

（3）有以下情况之一者，可以加 20 分。

①主办业务有重大进展或改革绩效。

②执行临时紧急任务能按时完成，并且表现优秀。

③检举重大违反规定或损害公司权益的事项。

④参与紧急救援工作，主动承担，并且处置得当。

（4）职工有下列情况之一者，可以加 30 分。

①对主办业务有重大革新，提出的方案经采用后成绩卓越。

②对于舞弊或有危害本公司权益的事情，能事先举报或防止，使公司避免重大损失。

③遇意外事件或突发事件，能随机应变，措施得当，减少公司的损失。

④研究改善工作办法，对提高产品质量、降低成本有显著功效。

⑤对于生产技术管理制度提出具体方案，经采用后的确具有显著成效。

第六条　惩罚及扣分。

（1）惩罚项目包括警告、小过、大过、降级、违纪及辞退。惩罚扣分共三档：10 分、20 分、30 分。

（2）对于有下列行为之一，经批评教育不改的职工给予警告并扣 10 分。

①上班忘记带工作证或工作时间不按规定佩挂工作证，发现一次即以警告处分（工作证一律挂在左胸前）。

②在工作场所赤足、赤膊、穿拖鞋。

③上班时间聊天、嬉戏或从事工作以外的事情。

④上班时吃东西。

⑤破坏办公室、车间、厂区及住宿区域的环境卫生，有乱丢纸屑、随地吐痰等不良行为。

⑥个人工作机台及工作环境不整洁，经指正后仍不整理。

⑦因疏忽造成工作错误，但情节轻微。

⑧不按规定填写报表或工作记录。

⑨上班时间多次打私人电话。

⑩下班后在厂内大声喧哗。

⑪浪费原材料或不爱护公物，但情节较轻微。

⑫不按规定报不良品或废品。

⑬涂写墙壁、机器设备或任意张贴文件，影响观瞻。

⑭违反其他规定，但情节轻微。

（3）对于有以下行为之一的职工，记小过 1 次并扣 20 分。

①对上级交代的任务执行不力或处理不当。

②办事拖拉，积压文件，工作处理不当。

③在工作场所喧哗，妨碍他人工作，情节严重。

④未经许可擅自带人进入厂区。

⑤对同事恶意攻击、诬陷，制造事端。

⑥在工作时间怠工、偷懒、睡觉或做其他私人事情。

⑦违抗上级指示，但情节尚属轻微。

⑧在非工作时间未经许可擅自进入工作场所。

⑨言行失检，态度傲慢，经劝导仍不改正。

⑩被指派加班、加点，借故推脱，以及不办理请假手续。

⑪非机械故障或原料不足原因，故意降低产量标准。

⑫携带物品出入工厂，并拒绝门卫人员查询检查。

⑬放任自来水长流，开长明灯，并与管理干部顶撞。

⑭擅自利用公司电话打私人电话。

⑮故意拖延或用借口搪塞上级指派的工作。

⑯言行属警告事项，但拒绝认错。

⑰遇到意外或重大问题时隐瞒真相，不向上级报告。

⑱未响下班铃及休息铃，就擅自停工。

（4）对于有以下行为之一的职工，给予记大过1次并扣30分。

①在上班时间喝酒。

②上班时间擅离岗位，并且影响本职工作。

③违反操作规程，严重影响生产或产品质量，使公司蒙受经济损失。

④捏造不实记录、报告、报表，以蒙蔽上级。

⑤投机取巧，并以此牟取利益。

⑥接受与职务有关单位或个人的贿赂。

⑦造谣生事，散布流言，使公司蒙受重大损失。

⑧利用公司设备制作私人或他人委托制造的物品。

⑨拒绝服从主管人员合理的指挥、督导，或无理取闹。

⑩破坏设备、工具或浪费原材料、能源，并造成经济损失。

⑪纪律散漫，故意不按规定时间完成工作任务。

⑫故意撕毁工厂的公告、文件。

⑬在禁烟区内吸烟。

⑭未经许可擅自进入管制区域。

⑮有小过行为之一，经记过处分仍不知悔改且重犯错误。

⑯故意怠工。

有以上行为之一，如情节较轻，且事后改正，可减为记过处分。

（5）职工在同一年度累计有两个大过（含）以上者，可给予降级、降职处分。对于有下列行为之一的职工，应当给予开除。

①对上级领导及其家属或其他职工施加暴行，或有重大侮辱行为。

②被法院判处劳动教养或有期徒刑。

③在公司内聚众闹事、酗酒、争吵打架，或煽动怠工、罢工，影响正常的生产或工作秩序。

④利用公司名义招摇撞骗，使公司蒙受名誉或经济损失。

⑤用非正当手段，侵占公款、公物。

⑥故意泄露公司的技术机密，或擅自翻阅、抄录、影印公司的技术资料。

⑦故意破坏设备、工具、原材料、产品或其他公物。

⑧在公司内聚赌，或有重大违法违纪行为。

⑨伪造或盗用公司账单，伪造公司文件。

⑩在同一年度内记大过3次。

⑪偷窃公司或他人财物。

⑫在外从事非法经营活动。

⑬伪造工作证或借用他人的工作证，或将工作证借给他人蒙混进入厂区。

⑭无正当理由拒绝上级安排的工作分配、调动。

⑮经记大过处分后仍不悔改，并重犯错误。

有以上各条款行为之一，但情节较轻，且事后改正，可酌情从轻处理。

第七条 奖惩案件的公告上报。

（1）受奖励或被惩罚的职工，应当按上列标准调整当月放发的工资。

（2）对于弄虚作假、骗取奖励的职工，应当按照情节轻重给予必要的处分。

（3）对于滥用职权，利用处分对职工进行打击、报复，或对应处分的职工进行包庇的管理人员，应当从严处置。

第八条 本办法与其他办法合并执行（出勤状态等）。

（1）本办法未涵盖的方面，由管理部根据情节之轻重适当处理。

（2）所有奖惩处理由相关层级核准，并经管理部正式公告。

（3）奖惩案件者须由人事部门登记录入个人档案。

（4）本办法如与有关法律法规相抵触时，以国家法律、法规为准。

（5）职工违反《治安管理条例》或国家法律、法规，应送当地行政管理、司法执法部门处理。

四、员工请假管理制度

第一章 总 则

第一条 为规范公司考勤制度，统一公司请假规则，制订本办法。

第二章　请假程序

第二条　员工填写请假单，注明请假种类、事由、假期时间及交接事项，并经相关领导审批后，报人事部备案。

第三条　较长假期须交接手头工作，以确保单位工作的连续性。

第四条　超假期应及时报告，并请示有关领导审批。

第五条　假满回公司销假，要报告人事部，并接手相关工作。

第三章　请假标准

第六条　公司请假标准（各公司应根据自身的情况，拟订适合自己公司的请假标准，故此处略）。

第四章　请假规定

第七条　事先无法办理请假手续，须以电话向上级领导报告，并于事后补办手续；否则，以旷工论处。

第八条　未办手续擅自离开岗位，或假期届满仍未销假、续假者，均以旷工论处，并扣减相应的工资。

第九条　如因私人原因请假，应优先使用个人工休或年假，其不够部分再另行办理请假。

第十条　请假以小时为最小单位，补休以半天（4 小时）以上计算。

第十一条　假期计算。

（1）员工请假假期连续在 5 天以下或 5 天的，其间的公休日或法定假日均不计算在内。

（2）员工请假假期连续在 5 天以上的，其间公休日或法定假日均计算在内。

第十二条　员工的病事假不得以加班抵充。

第十三条　凡安排疗养或休养的员工，其天数不足时可以用年假补足；凡脱产、半脱产学习的员工均不享受当年年假。

第十四条　公司中高级职员请假，均须在总经理室审批并备案，记录请假人联络办法，以备紧急联络，维持正常工作生产秩序。

第五章　附　则

第十五条　本办法由人事部解释、补充，经公司总经理常务会议批准后颁行。

五、公司员工请假休假管理制度

第一条 依照国务院的相关规定，公司以法定节假日为例假日（若有变更时预先公布），因业务需要可安排照常上班，但须以加班计算。

（1）例假日包括元旦、春节、妇女节（限女性）、清明节、劳动节、端午节、中秋节、国庆节。

（2）每星期六、日。

（3）其他经公司决定的休假日。

第二条 员工请假的种类。

1. 事假

因个人私事必须亲自处理者可请事假，每年累计以 7 天为限，特殊情况可酌情处理。

2. 病假

因病治疗或休养者应出具本单位指定医院或公立医院证明申请病假，每年累计以 30 天为限，休长假者必须经公司人事主管部门审核、备案。

3. 婚假

（1）员工结婚可请婚假 3 天（包括例假日）。

（2）子女结婚可请假 1 天（包括例假日）。

4. 产假

（1）员工生育可请假 90 天，小产 15 至 30 天（均包括例假日）。

（2）配偶分娩可请假 5 天。

5. 丧假

（1）父母、配偶丧亡可请丧假 3 天（包括例假日）。

（2）祖父母、兄弟姊妹及子女、岳父母的丧亡可请假 2 天（包括例假日）。

（3）其他直系亲属丧亡可请假 1 天。

第三条 以上各款期内的薪金应照常支付。

第四条 假期的核准权限。

（1）主管级以下人员，假期 3 天内由主管核准，3 天以上由经理（主任）核准。

（2）主管级人员，假期 3 天内由经理核准，3 天以上由协理或副总经理核准。

（3）经理级人员由协理以上主管核准。

第五条　公司员工因执行职务所发生的危险致伤病不能工作者，以公假论，期间以年为限。其假期延至次年时应合并计算，假期中薪金照常支付。过期仍未痊愈者可依退休规定令其退休。

第六条　请假逾期规定。

（1）事假逾期按日计扣薪金，一年内事假累计超过 30 天者免职或解雇。

（2）病假逾期可以未请事假的假期抵消，事假不敷抵消时可按日计扣薪金。但是患重大疾病需要长期疗养，经总经理特别核准者不在此限。

第七条　特准病假以半年为限，其假期延至次年时应合并计算。特准病假期间薪金减半发给，逾期者可予命令退休或资遣。

第八条　公司员工请假，除因急病不能自行报审、呈核、可由同事或家属代办之外，应亲自办理请假手续。未办妥请假手续不得先行离职，否则以旷工论处。

第九条　公司员工请假期届满，办理续假尚未核准而不到职者，除确因病或临时发生意外等不可抗力情况外，均以旷工论处。

第十条　请假理由不充分或妨碍工作时，单位可酌情不予给假，或缩短假期，或令其延期请假。

第十一条　请假者必须将经办事务交代其他员工代理，并于请假单内注明。

第十二条　计算全年可请假日数，均自每年 1 月 1 日起到 12 月 31 日止，中途到职者比例递减。特准病假延至次年销假者，其次年事、病假期比照中途到职人员计算。

第十三条　公司员工依本规则所请假如发现有虚假者，除以旷工论处外，并依情节轻重予以惩处。

第十四条　在公司服务 1 年以上至满 3 年者，每年给予特别休假 7 天。服务 3 年以上至满 5 年者，每年给予特别休假 10 天。服务 5 年以上未满 10 年者，给予特别休假 14 天。服务期满 10 年者给予特别休假 15 天。服务期满 10 年以上，每增满 1 年给 1 天，但至多以 30 天为限。

第十五条　特别休假的手续。

（1）每年初（元月）各单位在不妨碍工作范围内自行安排特别休假日期。特别休假日期表一式两份，一份留存原单位，一份逐级转呈各部（室）经理（主任）核阅后送人事单位备查。

（2）特别假休假时，办妥请假手续（填员工请假记录卡），并找妥职务代理人，办妥职务交代后才能休假。

（3）基于业务上的需要不能休假时，可比照休假天数的薪金数额改为奖金。若因业务需要于休假期间奉令销假的，照常工作而不补休假者，亦可照其未休假天数的薪金额改发奖金。

第十六条 不给予特别假的情况。

（1）事、病假累计逾 21 天者。

（2）旷工 1 天及其以上者。

六、员工加班的原则和程序

第一条 加班指因工作需要必须在规定工作时间外继续工作。加班分为计划加班和应急加班两种。在周末或国家法定节假日继续工作称为计划加班；正常工作日内因工作繁忙，需要在规定时间外继续工作，称为应急加班。

第二条 员工加班应填写"加班申请单"，经部门主管同意签字后，送交人事部审核备案，由人事部上报总经理批准后方可实施加班。

七、员工加班管理制度

第一条 目的。

公司为明确加班审批程序及有关费用的计算，制订本制度。

第二条 适用范围。

本制度适用于公司全体员工。

第三条 执行责任人。

各部门主管、经理。

第四条 审批程序。

公司提倡高效率的工作，鼓励员工在工作时间内完成工作任务，但因工作需要，经相关责任人申报审批后，可以加班，公司支付相应（工作日）加班补贴或者（假日）加班费。

第五条 加班申请及记录。

1. 工作日加班

员工须在实际加班的前一天下班前把经过批准的加班申请交到人事部（分公司交给当地办公室主任或者指定负责考勤的同事），收到加班申请表的负责人需要在上面签收时间，包括日期和钟点。

2. 周末加班

员工须在实际加班前的最后一个星期五下班前把经过批准的加班申请交到人事部（分公司交给当地办公室主任或者指定负责考勤的同事），收到加班申请表的负责人需要在上面签收时间，包括日期和钟点。

3. 假日加班

员工须在实际加班前的最后一个工作日的下午六点钟前，把经过批准的加班申请交到人事部（分公司交给当地办公室主任或者指定负责考勤的同事），收到加班申请表的负责人需要在上面签收时间，包括日期和钟点。

4. 严格执行

为了强调工作的计划性，公司强制执行加班需要提前申请的做法，如果员工不能在规定时间交出加班申请，其实际加班时间将被视为无效。

5. 加班小时数

周末和假日的加班申请表需要注明预计需要工作的小时数，实际加班小时数与计划不能相差太远；部门主管和领导需要对加班时间进行监控和评估。

6. 紧急任务

特殊情况需要临时加班者（包括分公司员工），相关部门主管或经理要加以额外的说明。

7. 领导外出

如果员工提出加班申请，需要领导签名，而该领导适逢外出，申请加班的员工首先要按照规定时间把未签名的加班申请表交到相应的人事管理部门，同时相关领导把批准意见用电子邮件致相应的人事管理人员，总部为人事部，分公司为各地办公室主任或考勤管理人员。

8. 加班打卡

无论是工作日、周末或是假日加班，员工均应如实打卡，记录加班时间。

第六条　加班工资计算。

（1）工作日加班，应付给其本人相应工作时间全部工资的150%；周六、周日加班付给其本人相应工作时间全部工资的200%；国家法定节假日加班，付给其本人相应工作时间全部工资的300%。

（2）加班补贴和加班工资结算发放每月一次，由人事部核实后于月底随工资一起发放。

八、员工加班罚则标准

第一条　因工作需要被指派加班，无特殊理由而推诿，按旷工论处。

第二条　在加班期间迟到、早退，按正常工作时间迟到、早退情节的两倍予以处罚。

第三条　加班期间消极怠工，在指定加班时间内未完成应完成的工作，相应取消加班工资，并视情节轻重予以惩处。

第四条 为获取加班工资，采用不正当手段（如在正常工作时间故意降低工作效率、虚增工作任务等）取得加班机会而进行加班，一经发现并核实，取消加班工资，并给予相应处罚。

九、员工加班处理细则

公司员工于每日规定工作时间外，如需赶上生产进度或处理紧急事故，应按下列手续办理。

第一条 加班报批。

1. 一般员工加班

（1）管理部门人员加班：一律由科级主管报请主任级主管，经核准后填加班申请表。

（2）生产部门人员加班：先由管理（组）科根据生产工时需要拟定加班部门及人数，经生产部门主管同意后，由领班排班（无管理组、科者，可由各部门自行决定），报请主任级主管核定，并将加班时间内的生产量由领班记载于工作单上。

（3）训练计划内加班：必须经副总经理核准才能加班。

（4）以上人员的加班申请表须于当日下午 4 时前送交人事部，以备查核。

2. 主管人员加班

（1）各部门于假日或夜间加班，凡工作任务紧急且较为重要者，主管人员应亲自前来督导，夜间督导时间可视具体情况而定。

（2）主管人员加班不必填加班申请表，只需打卡即可。

第二条 加班考核。

1. 一般员工

（1）生产部门于加班的次日，由管理组（科）计算其加班工时与生产标准是否相符，如有不符现象，应通知人事部，照比例扣除其加班工时。实际加班的小时数由所属部门主管填入工卡小计栏内，并予签字确认。

（2）管理部门其直属主管对其加班情况亦应切实核查，如有敷衍未达预期效果时，可免除其加班工资。

2. 主管人员

主管人员如应加班而未加班，致使工作积压延误，由主任级主管专案考核，同样情形达两次者应改调其他职务，并取消其职务加给。

第三条　加班工时计算。

（1）如系锅炉、熔炉及机械运转不能停机等作业人员，在就餐时间内必须留一两名员工看守，应在现场进餐，不得离开工作岗位，违者以擅离岗位论处，其进餐的时间可视作加班时间予以累计。

（2）其他工作人员每日工作 8 小时后延续加班者，其加班时间不包括进餐的 30 分钟（夜点亦同），不得借任何理由要求将进餐时间作为加班时间。

第四条　不得报支加班工资人员。

（1）公差外出已支领出差费者。

（2）推销人员不论何时何日从事推销，均不得报支加班工资。

（3）门卫、守夜、交通车司机、厨工因工作情形有别，其工资已包括工作时间因素另有规定，故不得报支加班工资。

第五条　注意事项。

（1）加班的操作人员超过 3 人，应派科级主管人员负责领导，超过 15 人则应派主任级主管人员督导。

（2）公休假日尽可能避免临时工加班，尤其不得指派临时工单独加班。

（3）分派加班，以每班连续不超过 3 小时、全月不超过 36 小时为原则。

第六条　加班请假。

（1）操作人员如有特别原因不能加班时，应事先向其主管声明（除有具体事实，不得故意推诿），否则一经派定即必须按时到岗。

（2）连续加班阶段，如因病或事不能继续工作时，应向其主管或值日、值夜主管人员声明，并填写请假单请假，且此项请假不计入考勤。

（3）公休假日加班，于到班前发生事故不能加班者，应以电话向值班主管人员请假，次日上班后出具证明或叙明具体事实，填写请假单补假（注明加班请假字样），且此项请假不计入考勤。

第七条　在加班时间中如因机械故障一时无法修复，或者其他重大原因不能继续工作时，值日、值夜主管人员可分配其他工作或准予提前下班。

第八条　公休假日的加班中午休息时间应与平日相同。

第九条　凡加班人员于加班时不按规定工作，有怠工、偷懒、睡觉、擅离工作岗位或玩游戏、变相赌博者，一经查实，应给予记过或记大过处分。

第十条　本细则经各部门经理办公会议研究通过，呈报总经理核准后实施。

十、员工签到簿

员工签到簿

部门：_____   ___月___日至___月___日

姓名	月 日		月 日		月 日		月 日		月 日		月 日	
	上班	下班	上班	下班	上班	下班	上班	下班	上班	下班	上班	下班

部门负责人签字：_____

十一、员工出勤统计日报表

员工出勤统计日报表

填表日期：   年 月 日

报送部门		部门负责人	
部门人数			
部 门 日 出 勤 状 况			
请事假人员			
请病假人员			
请婚假人员			
请工伤假人员			
请产假人员			
请丧假人员			
外出开会人员			
培训人员			
因公出国人员			
合计缺勤人数			
应出勤人数			
备注			

注 每日上班后 1 小时内将上一天出勤统计日报表报人事劳动部门。

十二、个人周工作记录表

个人周工作记录表

姓名：　　　　所属部门：　　　　　　　　　填表日期：　　年　月　日

日期	工作内容	结果/进度	问题/建议/要求
星期一			
星期二			
星期三			
星期四			
星期五			
周　工　作　总　结			
本周主要工作（承担的任务、任务下达时间、计划完成时间、本月所处状态）			
下周工作重点			
目前存在的问题及合理化建议			
领导意见			

制表部门：　　　　　　　　　填表人：

十三、员工休假跟踪表

员工休假跟踪表

填表日期：　　年　月　日

姓名	是否在家	是否休假	休假时间段	休假地点
备注				

十四、加班申请单

加班申请单

填表日期：　　年　月　日

部门	姓名	预订加班时间			加班事由
		加班开始时间	加班结束时间	合计（小时）	

总经理：　　　　　　　主管：　　　　　　　填表人：

十五、加班记录表

加班记录表

部门：　　　　　　　　　　　　　　　　　填表日期：　　年　月　日

日期	加班事由	加班员工	加班起止时间	加班时数	核准人

总经理：　　　　　　　主管：　　　　　　　填表人：

十六、值班餐费补助申请表

值班餐费补助申请表

填表日期：　　年　月　日

姓名		部门		申请日期	
值日班或值夜班		餐费金额		报销科目	
部门主管签字		直接主管签字		证明人签字	

十七、假期值班安排表

假期值班安排表

填表日期：　　年　月　日

日期	星期	值班人员	值班部门	值班事由	值班电话	个人电话

十八、各种休假给假表

各种休假给假表

假别	给假天数	请假原因	证件	工资	说明
工伤假	18 个月内	工伤	主管批准及医院诊断书	照给	（1）须总经理核准 （2）期满未有主管领导批准和医院诊断书而自行继续休工伤假者给予 12 个月停薪留职或强制退休处理
公休假	按国家规定	按国家规定	公司规定文件	照给	路程所需时间核计在内
事假	全年 14 天内	因事必须本人处理	—	照给	（1）请事假一次不可超过 5 天 （2）请假期间如含休例假应合并计算 （3）事假超过 14 天部分不再全额发给工资，而要按公司规定比例扣发工资
病假	全年 50 天内	因病治疗及休养	医院诊断书	照给	
婚假	3 天	本人结婚	结婚证	照给	
产假	90 天	本人分娩前后	医院证明	照给	
路程假	1 天	单身调动	人事调动通知单	照给	
	2 天	带家眷调动			
说明：	（1）全年可以请事病假计算天数，均由每年 1 月 1 日起至 12 月 31 日止，中途到职者或中途离职者其事、病假按月份比例计算 （2）企业全年节、假日放假，按国家有关规定处理				

制表单位：公司人事部

十九、员工请假统计表

员工请假统计表

统计日期： 月 日至 月 日

日期		单位名称	请 假 合 计						备 注
月	日		事假	病假	公休假	婚假	丧假	产假	

制表部门：

二十、员工公休假期通知单

员工公休假期通知单

编号：

姓名		年龄		入职时间	
住　　址			联系电话		
所属单位					
休假日期					
人事部意见					
总经理意见					

公休假期通知单

_____部（室）：

　　兹有_____同志享受公假共计_____天，从_____年_____月_____日起至_____年_____月_____日止。

　　（假期内不影响全勤评奖）

行政人事部
年 月 日

二十一、员工探亲假申请表

员工探亲假申请表

填表日期：　　年　月　日

申请人姓名		所在单位	
申请人参加工作时间	年　月　日	申请人本企业工龄	

请假事由	
请假时间	由＿＿＿年＿＿＿月＿＿＿日至＿＿＿年＿＿＿月＿＿＿日止，共＿＿＿天。 说明：＿＿＿＿＿＿＿＿＿＿＿＿＿＿＿＿＿＿＿＿＿＿＿
探亲地点	

本部门意见：＿＿＿＿＿＿＿＿＿＿＿＿＿＿＿＿＿＿＿＿

＿＿＿＿＿签章　　　日期＿＿＿＿＿

人事部门意见：＿＿＿＿＿＿＿＿＿＿＿＿＿＿＿＿＿＿

＿＿＿＿＿签章　　　日期＿＿＿＿＿

总经理意见：＿＿＿＿＿＿＿＿＿＿＿＿＿＿＿＿＿＿

＿＿＿＿＿签章　　　日期＿＿＿＿＿

备注	

制表部门：

二十二、员工请假申请表

员工请假申请表

病假□　事假□　婚假□　丧假□　公休假□　补休□　年假□

部门		姓名		入职时间		性别	
请假理由					签名：　年　月　日		
班组意见					签名：　年　月　日		
部门意见					签名：　年　月　日		
人事部意见					签名：　年　月　日		
总经理意见					签名：　年　月　日		

二十三、员工缺勤累计表

员工缺勤累计表

部门：　　　　　　　　　　　　　　　　填表日期：　　年　月　日

月份	事假天数		病假天数		其他缺勤天数		总缺勤天数	
	批准	未批准	证明	未证明	批准	未批准	数量	比例
一月								
二月								
三月								
四月								
五月								
六月								
七月								
八月								
九月								
十月								
十一月								
十二月								
合计								

制表部门：　　　　　　　　　　　　　填表人：

第二节　人事出差管理制度

一、员工国内出差制度

第一条　差旅费分为交通费、住宿费、伙食补助、杂费及特别费（包括邮电费、会务费及交际应酬费等费用）。

（1）交通费须依据票根或发票（如乘坐出租车）认定，车票丢失者应说明丢失原因，使用公司交通工具者不支付交通费。

（2）住宿费须依凭证核报；公司备有住宿场所的，不支付住宿费。

（3）伙食补助应依公司规定的支付标准报销，而由公司供应餐食或已报销交际应酬费者不再另行支付。

（4）杂费依公司规定支付。

（5）特别费依凭证核报。

第二条　出差返回超过午夜 12 时者，可在标准外增发交通费和餐费。

第三条　杂费及伙食补助计算标准。

（1）出差杂费按离开公司所在地实际天数计，超过 10 小时不足 1 天者按 1 天计，不足 10 小时者不计。

（2）上午 7 时前出差者，应报销早餐费；于下午 1 时后返还者报销午餐费；于晚上 7 时以后返还者还应报销晚餐费用。

（3）出差一日者不受以上标准限制。

第四条　随同高职位人员出行的低职位人员，伙食补助、住宿费可按高职位人员出差旅费标准支付。

第五条　因时间急迫或从合理成本考虑需搭乘飞机，须经总经理核准。

第六条　因时间急迫或交通不便，根据业务需要必须乘坐出租车时，须经部门经理同意。

二、员工国外出差制度

第一条　国外差旅费分交通费、生活费及特别费，其支付标准具体如下。

（1）出国人员如夜间在旅途中，不得报销住宿费。

（2）报销旅费凭车船机票，住宿费凭发票。

（3）特别费报销方法与国内出差相同。

（4）接受招待或报销交际应酬费者，应核减相应的餐费。

第二条　员工派赴国外受训考察等，其食宿由其他公司安排者，每日支付相应的生活费。

第三条　出国人员因公所花的交际、应酬费，除由总经理核准的由公司开支的部分外，多余部分概由其个人负担。

第四条　出国人员计划外行程的，交通费须由总经理核批后方可报销。

第五条　出国人员出国前应提出出国申请计划书，并于回国后 10 日内提出出国人员工作计划检查报告。

三、员工出差审批程序

第一条 为实现公司经营目标，培养员工廉洁、勤勉、守纪、高效的精神，制订员工出差管理办法。

第二条 员工出差程序。

（1）出差前填写《出差申请单》，期限由派遣主管按需予以核定，并按程序审核。

（2）凭《出差申请单》向财务部预支一定数额的差旅费。返回后 1 周内填具《出差旅费报告单》并结清暂付款，在 1 周以外报销者，财务部应于当月薪金中先予扣回，待报销时一并核付。

（3）差旅费中"实报"部分不得超出合理数额，有特殊情况应由出差人出具证明，否则财会人员有权拒绝受理。

第三条 出差审批权限。

1. 国内出差

1 日以内的，由部门经理核准；超过 1 日的，由总经理核准。部门经理（含部门副经理和相同级别的技术人员）出差，一律由总经理核准。

2. 国外出差

一律由总经理核准。

第四条 出差行程中（特殊情况除外）一般不得报销加班费，假日出差可酌情加薪。

第五条 出差期除因公务、疾病或意外灾害经主管领导批准允许延时外，一律不得借故延长，否则不予报销差旅费，并依情节轻重给予相应处罚。

四、差旅费支付制度

第一条 适用范围。

本制度除适用于公司正式职员外，还适用于公司的顾问（原则上适用于公司高级主管的有关规定）、特约人员（依具体职位确定）、试用人员、退休人员（如因为处理遗留业务而出差）以及为公司业务而出差的其他人员。

第二条 交通费。

（1）因工作需要所认定路线的车费。

（2）特殊认可的交通费。

第三条 出差审批权限。

（1）部门经理 3 日以上的出差，需经公司总经理批准；参加上级单位召开的会议不在此限。

（2）一般职员出差，须经直属部门经理批准，并上报相关部门。

（3）工厂、分公司、驻外机构等单位的人员出差，须经公司总经理批准。

第四条　出差交通工具。

（1）乘坐飞机出差，必须在出差申请书上明确说明。

（2）在下列情况下出差可乘坐卧铺，乘坐卧铺不支付住宿费。

①同行者乘坐卧铺。

②出差途中患病。

③长距离出差，可乘坐快速列车。

第五条　出差超期。

对出差长期滞留的处理是，在同一地区连续滞留 10 日以上时，所超过日数减付 10% 的出差补贴和住宿费。

第六条　出差计时。

出差出发时间为上午，出差归来时间为下午时，支付当日全额差旅费。计算基准为当日交通工具的票根。

第七条　差旅费预支。

（1）从预算额中扣除预付额，预付额不得超出对客户的收款额。

（2）超出预付额部分，凭有关凭证报账结算。

（3）凡属特殊情况需预支差旅费时，须经财务主管批准后，凭出差报告领取和结算。

第八条　出差报告内容。

（1）出差目的地、工作日程和出差单位。

（2）出差处理事项。

（3）出差条件及意见。

第九条　差旅费报销。

（1）休息日在外地出差时，公司应发给两天的休息出差补贴。

（2）交通费按审定路线实报实销。

（3）在同一座城市出差或公司认为没有必要支付出差费的，可不向其支付。

（4）申请赴任补助，必须通过直属部门主管向总务部门申请，如家属同行，报销可通过同样手续申请家属补贴和家庭财产转移补贴，后者按实际费用。

（5）近距离出差的，按实际出差时间长短（分为 4～6 小时、6～8 小时及 8 小时以上）分别支付不同数额的出差费。

五、交通费开支标准

第一条 凡因公出差，需由部门填报《出差申请表》，写明出差姓名、事由、地点、天数、交通工具种类、交际应酬费金额、需借款总额，报公司主管副总经理，并经总经理批准后，凭申请表借支差旅费。

第二条 出差人员乘飞机要从严控制。出差路途远，为了节省时间，部门经理以上人员可以乘飞机。一般情况下应乘火车或其他交通工具，特殊情况需搭乘飞机时，须报总经理批准。

第三条 正副部门经理及其以上职位人员可乘坐火车软席，轮船二等舱位（年纪较大并有高级专业技术职称的人员，可参照执行）。其余人员应乘火车硬席、轮船三等舱位。

第四条 乘坐火车，从晚 8 时至次日晨 7 时之间，在车上过夜 6 小时以上的，或连续乘车时间超过 12 小时的，可购硬席卧铺票；符合乘坐火车卧铺而未乘的，可按硬席座位票价发给补助费，发放比例是乘坐特别快车的为 50%，乘坐直快或慢车的为 60%。

第五条 符合乘坐火车硬席卧铺的人员若买不到卧铺票，也可改乘软席座位，但不得改乘软卧，同时不享受票价补助费。

第六条 出差期间在市内的公共汽车费凭据报销，一般不得乘坐出租汽车，乘出租汽车的票据须经主管副总经理批准后，方可报销。

第七条 在出差返回后 3 日内，应及时到财务部门报销。

六、住宿费、伙食补助费及其他费用开支标准

为了加强企业财务管理，节约开支，就住宿费、伙食补助费及其他费用开支制订以下规定。

第一条 住宿费。

（1）按照公司高层领导、部门经理和副高级以上职称者、其他人员三个层次划分，其住宿标准可按照公司实际情况，以及出差地消费水平，来酌情规定。

（2）住宿费按实际住宿天数计算，实际住宿费超过以上限额部分原则上由个人负担，如有特殊情况须经公司总经理特批方可报销，低于规定的节约部分奖励个人50%。

（3）开会统一安排住宿，并有会议证明者，可按实报销。

（4）住宿费一律凭单据报销。

（5）住宿费已由接待方提供的，则一律不再报销。

第二条　伙食补助费。

（1）出差每人每天的伙食补助标准按照一般地区和特区两种情况予以确定，参加会议、培训班等人员，已有伙食补助的不再计发伙食补助费，如没有发放伙食补助的可凭证明领取伙食补助。

（2）长期（1个月以上）驻外省市人员，每人每天伙食补助标准为按照当地生活标准予以确定。

（3）出差人员一律不发夜餐费和加班费。

第三条　其他费用。

订票手续费、电话费、电报费等凭单据按实报销，出差期间的游览和非工作需要的参观所开支的一切费用均由个人自理。

七、业务费用开支标准及批准权限

为进一步强化成本控制，降低业务费用开支，对于业务费用的支付标准和批准权限规定如下。

第一条　各部门经理（包括总经理助理）原则上不能宴请，必须宴请的按规定须事先报总经理审批。

第二条　宴请外宾5人以内，公司人员最多不得超过一比一；超过5人的，公司人员应酌减。宴请标准按公司规定。

第三条　宴请内宾标准按公司规定，陪同人员不得超过2人。

第四条　副总经理（含财务经理）、部门经理每月人均内部签单金额由于公司按实际情况酌情规定（如不超过2000元人民币），超过部分事先报总经理审批。

第五条　总经理每月内部签单金额由于公司按实际情况酌情规定（如不超过4000元人民币），超过部分应事先报董事会同意。

八、国外工作人员差旅费规定

第一条　国外工作是指公司在职员工被派遣到与公司有业务关系的海外企业，在那里工作3个月以上，并享受海外企业生活福利的对外劳务出口。

第二条　国外工作期间自出发之日算起，到回国日截止。

第三条　对国外工作人员出国准备金的支付，原则上依照公司的国外差旅费规定予以支付。归国准备金按国外公司的差旅费规定予以支付。

第四条　国外工作人员及妻子的出国差旅费原则上由国外公司支付，其随用物品的运输费亦由国外公司负担。

第五条 迎送国外工作人员的有关费用，依照公司国外出差规定的有关条文办理。

第六条 经国外公司允许，且公司认为确有必要时，国外工作人员可让家属随行。

第七条 国外工作人员的工作报酬公司不予支付，全部由国外公司支付；奖金、留守补助等也相同。

第八条 家属生活费由国外公司支付，具体支付标准如下。

1. 妻子

相当于出差员工在国外公司报酬的30%。

2. 子女

一个子女时，相当于出差员工在国外公司报酬的10%；两个子女以上时，相当于出差员工在国外公司报酬的20%。

第九条 留守补助是指为维持国外工作者家属在国内的生活，向其支付的生活补助。其具体支付标准如下。

1. 对其妻子及子女

按有关法律规定，应分别支付相当于本人在国外工作报酬的50%和25%，如子女为两人以上时，则支付50%。

2. 对除妻子及子女以外的抚养人口

按有关法律规定，支付其本人在国外工作报酬的相应比例作为留守补助。

第十条 国外工作人员因故暂时回国，必须得到国外公司的同意，并事先向本公司报告。回国的差旅费按上述第四项规定办理。

第十一条 国外工作人员归国后的报酬须参考其在国外公司的业绩，以及同职位的报酬予以确定。

第十二条 公司为国外工作者及其随行家属投保海外旅行伤害保险，其具体投保额度如下。

（1）公司部门主管为×××美元。

（2）一般员工为×××美元。

（3）妻子为国外工作者本人的1/2。

（4）子女为国外工作者本人的1/4。

第十三条 对于违反国外公司有关规定且给公司带来不良影响的国外工作人员，应强制其回国，或直接在当地解聘。

第十四条 国外工作人员未经公司许可，不得辞去在国外公司的工作。

第十五条 本规定未涉及事项，由公司部门主管会议决定。

第十六条 本规定自发布之日起施行。

九、公司海外出差费规定

第一条　本规定旨在确定公司职工赴国外出差时的出差费支付事项。

第二条　海外出差期间限为出发日至到达本土日。

第三条　本规定中的海外是指除中国以外的国家或地区。具体分为如下两类。

1. A 类地区

美国、加拿大、欧洲、日本、大洋洲和中南美。

2. B 类地区

东南亚、中亚、中东、非洲和韩国。

第四条　海外出差均由公司总经理或董事长决定。

第五条　出差指令单位须填写海外出差申请表，且提交给总经理或董事长审批。

第六条　出差指令单位应按本规定后述有关条款的规定向出差者预付海外出差费。

第七条　海外出差费包括交通费、准备费、住宿费、补助、出国手续费及杂费。

第八条　交通费根据海外出差申请表直接付给海外旅行公司或其他代理机构。出差地的交通费事先预付，回国后结算。出发与归来时的国内交通费按国内出差费的规定办理。

第九条　乘坐飞机、船舶或火车的等级规定如下。

1. 飞机、船舶

公司中层及其以上管理人员或高级技术人员为头等舱；其他人员为经济舱。

2. 火车

公司中层及其以上管理人员或高级技术人员为软卧，其他人员为硬席卧铺。

第十条　准备费按以下标准支付。

（1）当海外出差时间延长时，按实际时间补足准备费差额。

（2）回国后如一年内再度赴国外出差，不支付准备费；如两年内再度赴国外出差，支付 50% 的准备费。但如两次出差地不同，则按高额补足差额。

（3）如出差地为两个地区以上时，均按高额地区支付。

（4）当出差日数超过 60 天时，按海外工作的有关规定处理。

（5）出差人员接到海外出差指令并领取准备费，但因故中止出差，应将准备费或所购物品退还公司；出差时间推后，亦照此办理。

第十一条　出差补助和住宿费支付标准。

（1）出差补助和住宿费支付美元。

（2）出差天数为 31～60 天时，整额支付；16～30 天时，支付 80%；15 天以内时，支付 60%。

（3）在飞机上过夜，支付 50% 的住宿费。

（4）到达后在火车或汽车上过夜，支付 50% 的住宿费。

（5）补助费包括餐费、娱乐、日用品、清洁、理发及因私交通费。

（6）组团海外考察，补助费减半。

第十二条 订票、入关及体检等出国手续费据实支付。

第十三条 杂费、通信费、招待费、研究费及资料费等应据实支付，但必须填报使用说明并附收据凭证。

第十四条 在同一地区连续滞留 14 天以上，超过天数的补助和住宿费按所定标准的 80% 支付。

第十五条 公司为海外出差者投保旅行生命保险。

第十六条 出差过程中全额支付工资，出差人回国后 3 日内付给其本人。

第十七条 出差者因公司业务需要暂时回国，报销其国内外旅费，但不支付海外出差补助。

第十八条 因私人突发事故回国，经总经理批准后，由公司负担旅费。

第十九条 由对方或国内其他企业负担差旅费者，公司不再支付交通费、住宿费及补助。

第二十条 出差者应在回国后一周内填报出差费用明细表并附相关凭证，经主管上级提交总裁审查，然后到财务科报销。

第二十一条 本规定未涉及的各种手续，可依照公司的国内出差有关规定办理。

第二十二条 在海外出差期间，原则上必须遵循公司的就业规定。

第二十三条 两人以上共同出差时，由总经理指定一人为主管。主管负责管理下属，对同行者在出差期间的所有行为负责；就紧急事项与公司联系，在发生意外时，负责处理善后事项。如需要，总经理还可指定一人为代理主管。

第二十四条 出差者在出国前，必须事先与出差地的有关人员联系，充分做好出差准备。

第二十五条 出差者必须提交以下报告。

（1）业务报告，原则上隔日提出一份。

（2）调查报告，原则上 3 天一次。一般可由主管提交综合报告。

报告可用航空信发出，亦可利用电子信箱或国际商业信函，须经过上级批准，方可使用国际电话。

第二十六条　出差者回国后，必须提交出差费使用报告。

第二十七条　在出差过程中如生病或发生意外事故，应直接与公司联系，遵照公司的处理指令。

第二十八条　在出差地的休息，原则上遵循当地习惯。

第二十九条　应在出发前由行程安排人员预约海外住宿地。

第三十条　由公司统一采购出差时携带的礼品。

第三十一条　对本规定未涉及事项或有疑义事项，由财务部提交，总经理裁决。

第三十二条　本规定自发布之日起实施。

十、国外出差旅费报支办法

第一条　公司员工奉命或因业务需要出差国外时，必须填具"出差申请书"记明出差日程、出差目的地及出差要务等，呈报总经理或董事长核准。

第二条　国外出差人员凭核准的出差申请书、预算的出差费概算，于出国前向财务单位预借旅费。

第三条　国外出差人员渡航费，董事长、总经理按头等舱位实额支给，其他人员均按二等舱位实额支给。

第四条　国外出差人员的出差旅费（每日）按下列标准支给。

职　级	董事长	常务董监事 董监事 总经理 副总经理 协　理	经理、副经理 正管理师 正工程师 管理师 工程师	正副科长 副管理师 副工程师	其他人员
金额（美元）	80	70	60	50	40

注　1. 上列金额系赴东南亚、日本的旅费标准。赴欧美者，按级另加20%。

　　2. 仅供住宿者，按上列标准每日减支10美元。

第五条　前条之出差旅费包括在出差地的交通费、住宿费、杂费等。

第六条　国外出差去程当日不论何时起程，概以一天计算，回程当日不论何时返回，均不予计算出差日数。

十一、远途出差旅费支给办法

第一条 公司员工奉命或因业务需要远途出差，必须事先填报"出差申请书"（格式另定），记明出差日程、出差目的地及出差要务等，呈报部门经理（主任）或分公司经理核准后方可出差。

第二条 远途出差之员工须在"出差申请书"填附"出差旅费概算表"后，向财务单位预借差旅费。

第三条 未经呈报批准的出差人须补办手续后方可支给出差旅费。

第四条 出差人员因急病或不可抗力之因素无法在预定期限返回销差而必须延长滞留，必须根据出差者之申请，经核实无误后方可支给出差旅费。

第五条 出差人员必须于返回后3日内填具"员工出差旅费报告单"请领差旅费。

第六条 出差人员的交通工具除可利用公司车辆外，以利用火车、公路车为原则。但因特急事情，经总经理核准，可利用空运交通工具。

第七条 出差人员的交通费凭乘车证明据实计算支给。因乘坐出租汽车、三轮车而无法取得乘车证明者，应呈请部门经理核准后，方可据实支付。

第八条 使用公司交通车辆或借用车辆者不得申领交通费。

第九条 员工远途出差旅费，具体按下列标准支给。

（单位：元）

职级	董事长	常务监察人 常务董事	监察人 董事	总经理 副总经理 协理	正管理师 正工程师 部门经理	管理师 工程师 部门副经理	副管理师 副工程师 正副科长	其他 人员
差补	600	500	450	400	350	300	250	200
住宿费	实支	实支	实支	实支	500	400	350	300

第十条 远途出差如利用夜间（晚上9时以后，早上6时以前）车次，住宿费减半支给，但不支给白天的出差补贴。

第十一条 出差津贴自出发日起算至回公司之日，按日给付，但午后出发或午前回公司者减半支给。

第十二条　出差人员每日必须将工作情况做成出差日报向各直属主管报告。

第十三条　按出差人员在外住宿日数定额支给住宿费，出差人员住宿费必须取得住宿费凭证（发票）；住宿在自宅（含其他私人住宅或旅舍）未取得住宿费凭证者减半支给住宿费。

第十四条　与经理以上人员随行，其住宿费不够时须呈报上级人员核准，凭住宿费支给凭证支给与上级人员同等的住宿费。

第十五条　公司各分支机构人员因业务需要或受命到总公司述职，比照远途出差支给出差津贴及住宿费，但支领外勤津贴人员不得支给住宿费。

十二、员工公出单

员工公出单

姓　名		单位			科　　组			
级　职		公出 时间	自　年　　月　　日　　时　　分 至　年　　月　　日　　时　　分					（外出时交守卫转送人事单位存查）
公出地点								
事　由								
审核		负责人						

十三、员工出差申请单

员工出差申请单

部门：_____   年　月　日

出差人	职务		职务代理人	职务		代理人	（签字）	
	姓名			姓名				
出差拟办事项								
暂支旅费			出差时间					
出差地点								
主管签章						人事部登记		

十四、员工出国申请表

员工出国申请表

年　月　日

出差人		所属部门		职　务	
出国事由					
预定出国日期				预定归国日期	
实际出国日期				实际归国日期	

年		预定停留地点	预定访问客户	拟接洽内容
月	日			

预估旅费		备注	

审批意见	财务部		人事部		主管领导	

十五、业务员出差报告表

业务员出差报告表

访问客户		报 告 事 项		订货及收据
时间	客户名称			
	地　址			
	电　话			
	目　的			
	接洽人			
时间	客户名称			
	地　址			
	电　话			
	目　的			
	接洽人			
时间	客户名称			
	地　址			
	电　话			
	目　的			
	接洽人			
时间	客户名称			
	地址			
	电话			
	目的			
	接洽人			
备注				

经理：_____　　　主管：_____　　　出差人：_____

十六、员工出差通知单

员工出差通知单

年 月 日

姓 名		所属部门	
出差地点及对象		预计起讫日期	
出差事由			
核 章		主 管	出差人

十七、出差费用计算表

出差费用计算表

出 差 费 用 计 算 表			
		部门	〔签章〕
借 支		元	有无收据
机票费用		元	有无
交通费		元	有无
住宿费		元	有无
餐 费		元	有无
交际费		元	有无
邮电费		元	有无
资料费		元	有无
翻译费		元	有无
其 他		元	有无
合 计		元	
扣 除		元	
退回、不足		元	
备 注			

十八、差旅费请领单

差旅费请领单

年　月　日

起至地点：自　经　至				
出差日期：　　月　日至　　月　日共　　天				
事由：				
月	日	项　目	摘　要	金　额
合计				
附：　　　　　　　单据　张				

总经理：_____　　部门经理：_____　　出差人：_____

十九、差旅费清单

差旅费清单

姓　名		部　门		职　务				预支旅费签收
出差事由								签收人：
月	日	起止地点	交通费			住宿费	伙食费	其他	执行任务简况	

月	日	起止地点	飞机	汽车	火车	住宿费	伙食费	其他	执行任务简况	签收人：
合　计										

总经理：_____　财务部：_____　部门经理：_____　出差人：_____

二十、差旅费支付明细表

差旅费支付明细表

年　月　日

出差人		出差日期		核付金额	

出差事由：

日　期		起讫时间		起讫地点		交通费	膳食费	住宿费	杂　费	合　计	工作要领
月	日	起	讫	起	讫						

总经理：＿＿＿＿　财务部：＿＿＿＿　部门经理：＿＿＿＿　出差人：＿＿＿＿

二十一、销差报告通知单

销差报告通知单

销差日期：＿＿年＿月＿日

姓　名		所属部门	
出差地点 与事由		起　讫 日　期	
出差工作内容			
核　章		主管（签字）		出差人	

二十二、部门领导出差动态表

部门领导出差动态表

填表部门： 填表日期： 年 月 日

部门	领导姓名	出差日期	返回日期	出差地	出差事由	批准人
备注						

制表部门：

二十三、部门年度出差计划表

部门年度出差计划表

上报部门： 填报日期： 年 月 日

月份	上旬（人）	中旬（人）	下旬（人）	小计（人）
1 月				
2 月				
3 月				
4 月				
5 月				
6 月				
7 月				
8 月				
9 月				
10 月				
11 月				
12 月				
总计				

二十四、业务员出差日报表

业务员出差日报表

第　次报告　　　　　　　　　　　　填表日期：　年　月　日

月　日	上午下午　时　分寄出地点		负责人	信内附	支票　张

收　款　状　况					订　货		
客户名	现金	支票	收款金额	收款日期	客户名	品名	数量
本日活动地点							
明日活动地点							
目前现金余额							
业务员姓名							

二十五、员工出差记录表

员工出差记录表

填表日期：　年　月　日

部门	姓名	职务	出差地点	出差事由	出差起止时间

第四章 人事奖励与福利管理制度

第一节 人事奖惩与激励管理制度

一、员工奖惩管理制度

第一章 总 则

第一条 目的。

为鼓励和鞭策员工勤奋工作，奋发向上，做出更大成绩，防止和纠正员工的失职行为，保证顺利实现企业和员工的发展目标，根据公司人事管理制度制订本规定。

第二条 适用范围。

本制度适用于公司所有员工。

第二章 奖惩的原则

第三条 奖惩原则。

奖惩有据，奖惩分明，有功必奖，有过必惩。

第四条 奖惩依据

（1）公司生产经营管理考核指标的完成情况。

（2）企业的各项规定制度和员工的岗位描述的执行情况。

第五条 本规定和员工的绩效考核有机地结合起来，每项次奖惩（罚款除外）都记入员工的档案。

第六条 以奖为主，以惩为辅，对员工采取的惩处以"如不惩处则将影响优良风纪"为限。

第三章　奖励管理

第七条　奖励的意义。

（1）使员工得到心理或物质的满足。

（2）使员工由此增加工作积极性，从而更加奋发地工作，创造更好的绩效。

第八条　奖励的方式分为物质奖励、精神奖励及工作本身的奖励。

1. 物质奖励

物质奖励主要有加薪、奖金、奖品。

2. 精神奖励

精神奖励主要有通令嘉奖、记功、记大功。

3. 工作本身的奖励

工作本身的奖励主要有职务晋升、调整合适的工作岗位、加重工作任务和扩大工作职权（特别述职）、参与某层级别的决策等。

奖励按程度不同依次为通令嘉奖、奖金（奖品）、加薪、记功、记大功、职务晋升及专项奖。

第九条　每通令嘉奖 1 次，按本人考核工资的 10% 给予奖励，年终绩效考评时在总分中加 2 分；凡累计通令嘉奖 3 次，改为记功 1 次。

第十条　每记功 1 次，按本人考核工资的 20% 给予奖励，并颁发一次性奖金。年终绩效考评时在总分中加 4 分；凡累计获记功 3 次，记大功 1 次。

第十一条　每记大功 1 次，按本人考核工资的 40% 给予奖励，并按本人考核工资的 20% 给予加薪。年终绩效考评时在总分中加 6 分。

第十二条　凡累计记大功 3 次，职务晋升 1 级，并获得总经理特别奖励 1 次，同时记入公司荣誉员工册。年终绩效考评时在总分中加 10 分。

第十三条　专项奖金分为服务年资奖、创造奖、功绩奖、全勤奖、伯乐奖及总经理特别奖励。

企业可在财务上专设"经理奖励基金"科目，专项奖由此项列支。奖励事项如为多人共同合作完成的，其奖金按参加人数以一定的比例分配。

1. 服务年资奖

员工服务年资满 5 年、10 年、15 年，其服务成绩与态度均属优秀的，分别授予服务 5 年奖、服务 10 年奖、服务 15 年奖。

2. 创造奖

员工符合下列各项条件之一者，经审查合格后授予本奖。

（1）设计新产品，对公司有特殊贡献的。

（2）从事有益于业务的发明或改进，对节省经费、提高效率或对经营合理化的其他方面做出贡献的。

（3）所提的工作提案效果显著的。

（4）在独创性方面尚未达到发明的程度，但对生产技术等业务确有特殊的贡献的。

（5）上述各款至少应观察六个月以上的实绩，经判断的确效果很好，才属有效。

3. 功绩奖

（1）从事对公司有显著贡献的特殊工作的。

（2）对提高公司的声誉有特殊功绩的。

（3）对公司可能造成的损害能防患于未然的。

（4）遇到非常事变，如灾害事故等，能临机应变、措施得当、敢冒风险、救护公司财产及人员脱离危难，而具有功绩的。

（5）其他具有优秀品德，可为公司楷模，有益于公司及员工树立良好风气的。

4. 全勤奖

员工连续一年未请病假、事假或未迟到、早退者，经审查后授予全勤奖。

5. 伯乐奖

（1）推荐自己下属出任本人同级管理职位两人以上，并经公司考核达到公司要求的。

（2）推荐同级管理人员出任比本人高一级管理人员，并经公司考核达到公司要求的。

（3）推荐自己下属出任本人同级管理职位，并再次推荐出任比本人高一级管理人员，并经公司考核达到公司要求的。

6. 总经理特别奖励

可因企业实际情况而定。

第四章　惩　戒

第十四条　惩戒的意义。

（1）要使员工达到或保持应有的工作水准。

（2）保障公司和员工双方的最高利益。

第十五条　惩戒的种类和方式

（1）惩戒的种类。

①违纪过失是指职工违反企业有关纪律、规定制度的行为。

②责任过失是指管理人员因失职而使自己负有直接责任和领导责任的部分工作

受到损失的行为。

（2）惩戒的方式。

①罚款是根据所犯过失行为的程度划分罚款级别和额度。

②惩罚的基本原则是不能既罚又打，即罚款后不做行政处分。

第十六条 每警告 1 次，扣除当月考核工资的 5%，年终绩效考评时自总分中扣除 2 分；6 个月内累计获警告 3 次，改为记过 1 次。

第十七条 每记过 1 次，扣除当月考核工资的 10%，年终绩效考评时自总分中扣除 4 分；6 个月内累计获记过 3 次，改为记大过 1 次。

第十八条 每记大过 1 次，扣除当月考核工资的 20%，年终绩效考评时自总分中扣除 6 分；6 个月内累计获记大过 3 次，给予记黄牌处分 1 次。

第十九条 每黄牌处分 1 次，按本人考核工资的 50% 降薪，自下月起为期 6 个月。年终绩效考评时自总分中扣除 8 分；凡累计黄牌处分 2 次，改为记红牌处分 1 次。

第二十条 每红牌处分 1 次，降 1 级职务。年终绩效考评时自总分中扣除 10 分。如本人是员工，按本人考核工资的 100% 降薪，自下月起为期 6 个月。

第二十一条 凡累计红牌处分 2 次，管理人员免职重新定岗定级，员工按本人考核工资的 100% 降薪，自下月起为期 1 年。

第二十二条 凡累计红牌处分 3 次，视情节予以辞退或开除。

第五章 员工绩效考评结果奖惩

第二十三条 年终员工绩效考评分为卓著、良好、达到要求、有待改进及不能胜任 5 个级别。

1. 卓著

按累计记大功 3 次予以奖励。

2. 良好

按记大功 1 次予以奖励。

3. 达到要求

不奖不罚。

4. 有待改进

按记黄牌处分 1 次予以惩戒。

5. 不能胜任

按记红牌处分 1 次予以惩戒。

第六章　奖惩的方法

第二十四条　奖惩均实行积分制。即每个奖惩项目都有自己的分值，奖励项目为正分，惩戒项目为负分，每累计若干分对应相应的奖惩等级，以其实施奖惩。

第七章　奖惩的客体

第二十五条　奖惩的客体分为工作项目和纪律项目。

（1）工作项目以公司考核标准中的生产经营管理指标为准。

（2）纪律项目以公司各项规定制度项目为准。

（3）奖惩处理按本制度的方式进行。

第八章　奖惩的程序

第二十六条　奖励和行政处分程序。

（1）直接上级、检查人或见证人对被奖励人（被惩戒人）下达奖励单（违纪过失单、责任过失单），奖励单（违纪过失单、责任过失单）一式两份，提出奖励（惩戒）的事由并签字，并将奖励单（违纪过失单、责任过失单）送达被奖励人（被惩戒人）部门经理。

（2）部门经理核查后签署意见交至总经理办公室主任处，总经理办公室主任予以登记，转交人事部经理。

（3）人事部经理安排进行核实并提出奖励（惩戒）内容，视奖项（惩项）和奖励（惩戒）审批权限决定审批人。

审批人批准后由人事部具体执行，将奖励单（违纪过失单、责任过失单）送至被奖励人（被惩戒人）的直接上级，由直接上级落实被奖励人（被惩戒人）签字事宜；奖励单（违纪过失单、责任过失单）留被奖励人（被惩戒人）一份，另一份交回人事部。人事部负责将奖励（惩戒）事项通知财务部，同时并将奖励（惩戒）记入该人的人事档案，以备年终绩效考核使用。

第二十七条　罚款处理程序。

直接上级或检查人直接开具罚款单，一式3份，说明罚款员工和事由，1份交当事人，1份交财务部，1份留存。当事人必须在12小时内向财务部交纳罚款，否则双倍，自当事人工资中扣除。同时，员工如对惩戒不服可向直接上级或向工会投诉。

第九章 奖惩权限

第二十八条 奖惩权限依企业实际情况而定,建议主管级别(含)以上的管理人员都有权处理一定的奖惩事项。

第十章 奖惩管理

第二十九条 员工奖惩管理工作由总经理办公室主任领导。
第三十条 员工奖惩管理的核实和手续办理由人事部统一归口管理。
第三十一条 员工奖惩工作在人事部的业务指导下进行,各相关单位做好配合工作。

第十一章 颁布与执行

第三十二条 本规定报总经理批准后施行。
第三十三条 公司既有的类似规定、制度如与本规定相抵触,以本规定为准。
第三十四条 本规定自发文之日起执行。

二、员工奖惩实施细则

第一章 总 则

第一条 为了增强员工的主人翁责任感,鼓励其积极性和创造性,维护正常的生产和工作秩序,提高生产和工作效率,促进企业的发展,结合自身的实际情况,制订本实施细则。

第二条 每个员工都必须遵守国家政策、法律及法规,社会公德和劳动纪律,严格执行企业各项规章制度和技术规程、规范,勤俭节约,爱护公物,努力学习和掌握本职工作所需要的文化技术知识和业务技能,团结协作,积极参加企业管理,确保所承担工作任务的完成。

第三条 实行奖惩制度,必须把思想工作同经济手段结合起来。在奖励上,要坚持精神鼓励和物质鼓励相结合,以精神鼓励为主的原则;对违反纪律的员工，坚持以思想教育为主、惩罚为辅的原则。

第四条 本办法适用于公司全体员工。

第二章 奖 励

第五条 对于有下列表现之一的员工，应当给予奖励。

（1）完成生产任务和工作任务，提高工作质量和服务质量，降低成本，节约原料，为企业建设做出显著成绩者。

（2）改进和提高企业经营管理，提高经济效益，对企业做出较大贡献者。

（3）在生产、科研工作中，对保证和提高产品质量，改善劳动条件、提高工作效率、缩短工期等方面有发明、技术改进或提出合理化建议，取得重大成果或显著成绩者。

（4）维护安全生产，防止或避免事故发生，使公司利益免受重大损失者。

（5）坚持原则，对维护正常的生产秩序和工作秩序、维护社会治安有显著成绩者。

（6）维护国家财经纪律，抵制歪风邪气，不徇私情，事迹突出者。

（7）一贯忠于职守、积极负责、廉洁奉公、舍己为人，事迹突出者。

（8）其他应当给予奖励者。

第六条 对员工的奖励分为记功、记大功、晋级、通令嘉奖，以及授予先进生产（工作）者、劳动模范等荣誉称号。在授予上述奖励时，可发给一次性奖金。

第七条 记功、记大功和授予先进生产（工作）者的荣誉称号，由其所在部门提出建议，经公司总经理审批决定。

（1）发放奖金一般一年一次，在企业劳动竞赛奖的奖金额内列支。

（2）在上级批准的晋级指标内，给员工晋级奖励。晋级奖励由部门经理提议，公司管理层讨论，人事部门审核，经公司总经理审批决定并备案。

（3）通令嘉奖是由其所在部门提出书面材料，报公司人事部、总经理办公室评定。

（4）授予劳动模范的员工，应报公司人事部、总经理批准。

第八条 对员工给予奖励，须经所在部门全体员工讨论或评选，并按照第七条规定的内容给予奖励。员工获得奖励，由公司向全体员工公布和通知本人，并记入本人档案。

第九条 员工有发明、技术改进或合理化建议，按照《发明奖励条例》《合理化建议和技术改进奖励条例》给予奖励，不再重复发给奖金。

第三章　处　分

第十条　对于有下列行为之一的员工，经批评教育不改的，应分情况给予行政处分和经济处罚。

（1）违反劳动纪律，经常迟到、早退，旷工，消极怠工，擅离职守，酒后上班，工作时间干私活办私事，完不成工作任务的。

（2）无正当理由不服从工作分配和调动，不听从指挥或者无理取闹，聚众闹事，打架斗殴，影响生产秩序、工作秩序和社会秩序的。

（3）玩忽职守，违反技术操作规程和安全规程，或者违章指挥造成事故，使其他员工生命和公司财产遭受损失的。

（4）工作不负责任，经常出现废品、返工、质量事故，损坏设备工具仪器，浪费原材料、能源，造成经济损失的。

（5）滥用职权，违反政策法规和企业规章制度，违反财经纪律，偷税漏税，截留上缴利润，滥发奖金，挥霍浪费企业资财，损公肥私，使企业在经济上遭受损失的。

（6）有贪污盗窃、走私贩私、搞黑包工干私活、从事不正当经济活动、赌博和以权谋私、行贿受贿、敲诈勒索及其他违法乱纪行为的。

（7）犯有其他严重错误的。

员工有上述行为，情节严重，触犯刑律的，交由司法机关依法惩处。

第十一条　对员工的行政处分分为警告、记过、记大过、降级、撤职、留用察看及开除。在给予上述行政处分的同时，可以给予一次性罚款。

第十二条　对于受到撤职处分的员工，必要的时候可以同时降低其工资级别。降级处分，分为长期降级和限期降级两种。降级的幅度一般为一级，最多不超过两级。限期降级的，一般为一年，最多不超过两年，在限期内确实改正好的，经部门会议讨论和总经理决定之后，可以恢复原工资级别。

第十三条　对员工给予留用察看处分，察看期限为1~2年。留用察看期间停发工资，发给生活费，生活费标准应低于本人原工资，但不得低于本市生活最低保障线，由公司根据具体情况确定。留用察看期满后，表现好的，恢复为正式员工，重新评定工资（不得高于原工资标准）；表现不好的，可以延长1年留用察看；在延长留用察看期间表现还不好的，予以开除。

员工因犯罪被判处刑罚（包括监外执行）的，除过失犯罪按留用察看对待外，一律予以开除。员工被劳动教养的，在劳教期间，行政上应给予留用察看处分，停发工资。按劳动教养机关规定标准发给本人生活费。劳教期满后，根据劳动教养机关的鉴定，表现好的可回本单位工作，重新评定工资（不得高于原工资标准）；表现不好的，予以开除。

员工因违反治安管理条例被拘留的，在拘留期间停发工资。

第十四条 对员工给予开除处分，须经其所在部门经理提出，由总经理批准，并报公司人事部备案。

第十五条 对于有第十条第（1）、第（2）项行为的员工，如迟到、早退、擅离职守、工作时间办私事，除按有关规定扣发奖金外，每迟到、早退1次的，其所在部门内点名批评；2次的停工1天，学习公司规章制度，并扣发当日工资；3次的停工（扣发工资）1周；4次以上的，给予警告或以上处分。

员工无正当理由旷工1天以上、3天以内，给予警告处分，连续旷工3天者，按自动离职处理，予以除名。

当班时间擅自离开工作岗位或请假未被批准而自行不上班的，按旷工处理。

经常酒后上班，教育不改的，给予警告或以上处分；喝酒上班，工作中造成人身伤亡、设备损坏及经济损失等，要负责赔偿，自身事故不算工伤。情节严重的，要追究刑事责任。

工作中不服从分配，不听指挥，经教育不改，情节严重者，班组长可以停止其工作（不超过1天并经过部门经理批准），按旷工处理。

工作调动通知本人后，必须按调令规定时间报到工作，无正当理由不报到的，按旷工处理。

聚众闹事，打架斗殴，影响生产（工作）秩序和社会秩序的，除承担经济责任外，并视情节轻重给予警告及以上处分，直至追究刑事责任。

第十七条 对于有第十条第（3）、第（4）项行为的员工，应责令其赔偿经济损失，赔偿金额由公司根据具体情况确定，从员工本人工资中扣除，每月扣除金额不超过本人月标准工资的20%。如果能够迅速改正错误，认识好或表现积极的，赔偿金额可以酌情减少。

第十八条 对于有第十条第（5）项行为的员工，除追究经济责任给予经济处罚外，还要给予必要的行政处分。

第十九条 对于有第十条第（6）项行为的员工，除追缴所得非法收入外，还要视情节轻重给予必要的行政处分，直至追究刑事责任。

第二十条 给予员工行政处分和经济处罚，必须弄清事实，取得证据，经过一定会议讨论，征求同级工会意见，允许受处分者本人进行申辩，慎重决定。

第二十一条 对犯错误的员工必须及时处理，从证实职工犯错误之日起，开除处分不得超过5个月，其他处分不得超过3个月。超过规定时间不进行处理，要追究领导责任。

犯错误员工在停职检查交代问题期间停发工资。

员工受到行政处分、经济处罚或者被除名，应当形成书面材料，通知本人并向全体员工公布，同时还要将书面材料存入本人档案。

第二十二条　在批准员工的处分以后，受处分者如果不服，可以在公布处分之后 10 日内向上级领导提出申诉。但在上级领导未做出改变原处分的决定以前，仍然按照原处分决定执行。

第二十三条　员工被开除或被除名以后，一般在企业所在地落户，如果本人要求迁回原籍，应当按照从大城市迁到中小城市，从沿海地区迁到内地或者边疆，从城镇迁到农村的原则办理。

符合本规定的，公司应事先同迁入地的公安部门联系落实后，再办理迁移手续。

第二十四条　员工受警告、记过、记大过处分满 6 个月，受限期降级处分的期满以后受长期降级处分和受撤职处分满 1 年，受留用察看处分被批准恢复为正式员工以后，在评奖、晋级等方面，应当按照规定条件与其他员工同样对待。

员工受减发工资、限期降级处分以后，确有改正错误表现的，应根据具体情况，经过经理会议讨论，征求人事部意见，按审批权限适时地减轻或提前解除其处分；受减发工资和限期降低工资等级处分的员工，受处分期间仍然表现不好的，可适当延长处分期限（包括改为长期降级）。

第二十五条　对于弄虚作假骗取工资、奖励、津贴的，除追回所得非法收入外，还应当按照情节轻重给予必要的处分。

第二十六条　对于滥用职权，利用处分员工进行打击报复或者对应受处分的员工进行包庇的人员，应当从严予以处分。

第四章　附　则

第二十七条　本实施细则，如与国家法律、法规规定有抵触时，按国家法律、法规的规定执行。

第二十八条　本实施细则自总经理批准之日起实行。

三、员工奖励制度

第一条　奖励的目的。

既要使员工得到心理及物质上的满足，又要达到激励员工勤恳工作、奋发向上、争取更好业绩的目的。

第二条　奖励的方式。

分经济奖励、行政奖励和公司特别贡献奖三种。这三种奖励可分别施行，也可合并执行。

1. 经济奖励

经济奖励包括奖金、奖品。

2. 行政奖励

行政奖励包括嘉奖、记功、记大功。

3. 公司特别贡献奖

公司特别贡献奖包括荣誉及其他物质奖励，由董事会视具体情况确定奖励内容。

第三条 员工有下列事件之一者给予嘉奖，并颁发奖金，奖金随当月工资发放，并且通报全公司。

（1）工作努力，业务娴熟，能完成交办的重大或特殊任务者。

（2）品行端正，恪尽职守，堪为全体员工楷模者。

（3）其他对公司或社会有益的行为，具有事实证明者。

（4）全年满勤，无迟到、早退、病假、事假者。

（5）所提出的合理化建议，在应用中取得良好效果者。

第四条 员工有下列事件之一者予以记功，并颁发奖金，奖金随当月工资发放，并且通报全公司。

（1）全年能超额（10%～30%）完成上级下达的工作任务者。

（2）遇有灾变或意外事故，能够奋不顾身，不避危难，极力抢救并减少公司损失者。

（3）检举揭发违反公司规章制度或侵害公司利益的行为，为公司挽回形象或财产损失者。

（4）通过自身努力，避免了质量事故、安全事故和设备设施事故者。

（5）全年累计获嘉奖3次者。

（6）对维护公司荣誉、塑造企业形象方面有较大贡献的，因个人行为受到社会赞同和舆论表扬者。

（7）所提出的合理化建议，在应用中取得较好效果者。

第五条 员工有下列事件之一者予以记大功，并颁发奖金，奖金随当月工资发放，并且在全体员工大会上宣布。

（1）全年累计获记功5次以上且未受到惩戒处理者。

（2）全年能超额（大于30%）完成上级下达的工作任务者。

（3）承担巨大风险，挽救公司财产，较第四条第2项表现更为突出者。

（4）连续3年年终考核列为优等者。

（5）对维护公司荣誉、塑造企业形象方面有重大贡献者。

（6）通过自身的努力，避免了重大质量事故、安全事故和设备设施事故者。

（7）所提出的合理化建议，在实际应用中取得重大效果和创造重大经济效益者。

第六条　对为公司建设与发展做出巨大贡献者，经公司董事会研究另行给予"公司特别贡献奖"。奖励内容和奖金额度由董事会一事一人一议，公开通报奖励。

第七条　任用与提升员工时，在同等条件下，优先选择受过奖励的员工，对德才兼备者还可破格提升。

第八条　凡与本职工作有关的奖励，由其直接上级提出；凡与本职工作无关的奖励，由见证人提出；均须填写《奖励单》。奖励的核实由人事部负责，奖励实施的办理见《员工奖励程序》。

四、员工惩戒制度

第一条　惩戒的目的。

惩戒的目的在于促使员工必须达到并保持应有的工作水准，惩前毖后，从而保障公司和员工的共同利益和长远利益。

第二条　惩戒的标准按照规定的标准（规章制度、岗位描述、工作目标、工作计划等）检查员工的表现，对达不到标准的员工，视情节轻重给予相应的处罚。

（1）检查员工遵守公司的各项工作纪律、规章制度的情况，一切违反有关纪律、规章制度的行为构成违纪过失，填《违纪过失单》。

（2）考查员工岗位描述以及工作目标、工作计划的完成情况，凡对本人负有直接责任或领导责任的工作造成损失的视为责任过失，填《责任过失单》。

第三条　惩戒的方式。

惩戒的方式有经济处罚与行政处分两种。

1. 经济处罚

经济处罚主要为罚款。

2. 行政处分

行政处分为警告、记过、记大过、辞退、开除。

以上两种惩戒可分别施行，也可合并施行。

第四条　员工有下列行为之一者，视为违纪，罚款相应金额。

（1）迟到、早退在半小时之内者。

（2）接听电话不使用规范用语者。

（3）上班时间串岗聊天者。

（4）说脏话、粗话者。

（5）工作时间在工作场所衣冠不整，着奇装异服影响公司形象者。

（6）参加会议迟到者。

（7）私自留客在食堂享用免费工作餐者。

（8）私自留客在员工宿舍留宿者。

（9）未按公司指定位置摆放车辆或堆放杂物者。

（10）在食堂就餐乱倒饭菜者。

（11）在工作区内乱扔杂物，破坏环境卫生者。

（12）工作时间做与工作无关事情者。

第五条 各部室第一负责人有下列行为之一者，视为违纪，并罚款相应金额。

（1）未能及时传达、执行公司下发的文件者。

（2）在所管辖区域内有长明灯、长流水者。

（3）下班后所辖区域的门窗未关，所用电器（空调等）电源未切断者。

（4）本部室及所辖区域环境卫生脏乱差者。

（5）部室内发生重大事情，如物品丢失等，未能及时上报有关部室或主管领导者。

（6）对本部室员工进行行政检查监督不力者。

（7）一周内本部室员工有 5 人次（含）违纪者。

第六条 员工有下列事件之一者给予警告处分，同时给予相应金额的经济处罚，如造成损失须负赔偿责任，并通报全公司。

（1）未经批准擅离职守怠慢工作者。

（2）妨碍现场工作秩序经劝告不改正者。

（3）培训旷课者。

（4）培训补考不合格者。

（5）不能按时完成重大事务，又不及时复命，尚未造成损失者。

（6）因指挥、监督不力造成事故情节较轻者。

（7）因操作不当，造成仪器、设备损坏者。

（8）私自移动消防设施者。

（9）一个月内违纪 3 次（含）以上者。

第七条 员工有下列事件之一者给予记过处分，同时给予相应金额的经济处罚，如造成损失须负赔偿责任，并通报全公司。

（1）工作时间酗酒者。

（2）在公司期间聚众赌博者。

（3）各种辱骂和相互谩骂者。

（4）不服从上级领导工作安排及工作调动者。

（5）无故未能如期完成上级指示或有期限命令，致影响公司权益者。

（6）不服从主管人员合理指导，屡劝不听 3 次以上者。

（7）培训考试作弊者及为作弊提供方便者。

（8）培训无故旷课者。

（9）在工作场所喧哗、嬉戏、吵闹，妨碍他人工作而不听劝告者。

（10）对能够预防的事故不积极采取措施，致使公司利益受到 2000 元以内经济损失者。

（11）泄露公司秘密事项，对公司利益造成损害但情节较轻者。

（12）年度内累计警告 3 次者。

第八条 员工有下列事件之一者给予记大过处分，同时给予相应金额的经济处罚，如造成损失须负赔偿责任，并通报全公司。

（1）对下属正常申诉打击报复经查属实，但情节轻微者。

（2）故意损坏公司重要文件或公物者。

（3）携带公安管制刀具或易燃、易爆、危险品进入公司者。

（4）在职期间受治安拘留，经查确有违法行为者。

（5）伪造病假单证明或无病谎开病假证明者。

（6）殴打同事或相互殴打者。

（7）虚报业绩者，瞒报事故蓄意获取成绩、荣誉和个人私利者。

（8）故意造成同事失和或造成领导失察责任，或致使他人工作受阻、公司利益直接或间接受到损害者。

（9）对能够预防的事故不积极采取措施，致使公司受到 2000～10000 元的经济损失者。

（10）对同事恶意攻击，或诬害、做伪证、制造事端者。

（11）年度内累计记过 3 次者。

第九条 员工有下列条件之一者，予以辞退或开除，同时通报全公司。其中，情节严重者移交司法机关处理。

（1）订立劳动合同时使用虚假证件，或用虚假意思表示，使公司遭受损失者。

（2）连续旷工 5 天（含）以上，或 1 年内累计旷工 10 天（含）以上者。

（3）玩忽职守，致公司蒙受 1 万元（含）以上经济损失者，须负赔偿责任。

（4）对下属正常申诉打击报复，经查事实情节严重者。

（5）对同事施行暴力威胁、恐吓，妨害企业秩序者。

（6）泄露公司秘密事项，对公司利益造成严重损害者（同时移交司法机关处理)。

(7) 滥用职权，恣意挥霍公司财产，造成较大经济损失者（同时移交司法机关处理)。

(8) 损公肥私，泄露公司机密，给公司造成较大损害者（同时移交司法机关处理)。

(9) 偷盗、侵占同事或公司财物，经查属实者（同时移交司法机关处理)。

(10) 在执行公务和对外交往中索贿、受贿，收取回扣数额较大者（同时移交司法机关处理)。

(11) 在公司内煽动怠工或罢工者。

(12) 造谣惑众，诋毁公司形象者。

(13) 未经许可兼任其他企业的职务或兼营与本公司同类业务者。

(14) 在职期间刑事犯罪者。

(15) 伪造、变造或盗用公司印信，严重损害公司权益者（同时移交司法机关处理)。

(16) 参加非法组织，经劝告不改者。

(17) 年度内累计记大过 3 次者。

第十条 员工造成公司财物损坏和丢失，由有关部门对责任人进行调查认定，根据具体的情况酌情处理。

第十一条 员工被处罚时，根据其直接上级领导的责任大小，给予该直接上级连带责任处罚。

第十二条 管理人员年度被记大过者，将并处降职或撤职处分，由人事部重新考核定岗。

五、员工建议管理制度

第一条 目的。

为大力发掘全体员工内在的思考力和创造力，充分利用其聪明才智，推动企业的持续发展，制订本办法。

第二条 建议人资格。

(1) 凡公司员工皆可提出建议。

(2) 建议可以个人的名义或数人的名义提出。

第三条 建议内容。

(1) 生产技术的进一步改善，公司业务上的对策或具有经济价值的事项等。

(2) 建议内容不得涉及个人薪金、人事方面的问题。

第四条 建议方法。

（1）写好的建议投入提案箱，于每月 1 日开箱并于月底前审查完毕。

（2）建议内容不需获得各级主管的许可。

（3）每 3 个月召集全体职员开会讨论 1 次，评定奖级，当场给奖。

第五条 审查委员会的职责及组成。

1. 审查委员会的主要职责

调查提案内容，检讨、协调各单位之间的意见，并决定评价。

2. 审查委员会的组成

（1）主任委员由常务董事或总经理担任。

（2）副主任委员由副总经理或部门经理担任。

（3）委员由 4 名主管级人员担任。

第六条 主任委员及委员的职责。

1. 主任委员的职责

（1）主持委员会的工作。

（2）主任委员有事时，由副主任委员代理。

2. 委员的职责

出席审查委员会会议，公正、迅速审查提案，决定是否采用。其具体职责如下。

（1）所有建议的事前调查及资料的准备。

（2）有关委员会的各项事项的执行。

（3）与建议制度有关的企划推进、统计及公共关系。

（4）其他与建议制度有关的事项。

第七条 建议的审查及询问。

（1）原则上委员会会议于每月底召开，或者并入总经理办公会议办理。

（2）审查的决议原则上须经全体委员同意，并经主任委员决定。

（3）如在审查过程中需要有关人员说明时，须与建议涉及的单位共同研究。

第八条 奖励办法。

（1）对于积极提合理化建议的员工应予奖励，原则上于次月 10 日进行。

（2）各项提案根据其评分给予奖励。

（3）另设实施绩效奖。

（4）公司各部门依建议案件（以决定采用的建议为计算基准）与人数的比例，确定前 3 名，由公司颁发"团体奖"，并作为单位考绩的参考。

第九条 审查决定后的通知及公告。

（1）每月底公布审查的结果，并通知建议人。

（2）经采用者在公司通讯上予以公布。

第十条 建议的保留或不采用之处理。

（1）经委员会认定尚待研究的暂予保留，延长其审查期。

（2）不采用的建议如审查委员会认为稍加研究改进者即可充分发挥效果的，应告知建议人，并予以协助修改。

第十一条 建议的实施。

（1）委员会应将决定采用的建议，区分部门，填写建议实施命令单，于建议审查后的次月15日以前交各部门组织实施。

（2）经办部门经理应将实施日期及其要领填入建议实施命令单，于月底前送回委员会，如遇有实施上的困难时，应将事实报告主任委员。

（3）经决定采用的建议，在实施时如与有关部门的意见不合时，由主任委员裁决。

（4）建议实施后，评价如超过原先预期的效果时，由委员会审查后再追补奖金。

（5）实施的最后确认由审查委员会负责，但实施责任应属各部门，有关建议实施的重大事项由委员会处理。

六、提案效益奖管理条例

第一章 总 则

第一条 为落实公司关于提案建议和技术革新、技术开发项目的管理办法，调动广大员工的工作积极性和创造性，推动公司提案建议和技术革新、技术开发工作的开展，促进生产技术的进步，改善经营管理，增强企业活力，制订本条例。

第二条 提案建议和技术革新、技术开发工作是企业管理的重要组成部分，是提高企业素质的重要手段。各部门要积极发动、支持和鼓励员工开展这项活动。条例由总工程师办公室和科技项目评审委员会组织实施。

第二章 奖励范围

第三条 本条例实施奖励的范围包括以下两个方面。

（1）被采纳取得效果的合理化建议。

（2）取得成果的技术革新、技术开发项目。

第四条 合理化建议和技术革新、技术开发项目应该在如下方面发挥效用。

（1）改善经营管理，提高产品质量和经济效益。

（2）应用新技术、新设备、新材料及新工艺，推广新的科技成果，对引进的先进设备和技术进行消化、吸收改造，取得明显的经济效益。

（3）开拓新的业务、增加企业收入。

（4）应用新技术取得明显的经济效益。

（5）改善劳动组织，减轻劳动强度，改进设备维护、业务操作方式方法，提高劳动生产率。

（6）节约能源及其他费用开支，降低生产成本。

（7）降低工程造价，节约基建投资。

（8）解决公司在生产中急需解决的重大技术难题。

第三章　奖励的申报和审查

第五条　合理化建议和技术革新、技术开发项目的成果经评审鉴定后，对于需要申报奖励的项目，已在上级主管部门立项的由总工程师办公室按有关规定向上申报；未在上级主管部门立项的由公司各部门填写《科学技术进步奖申请报告》，并报总工程师办公室。

第六条　向上报奖的项目由上级主管部门审查，其余项目由公司科技项目评审委员会负责审查。

第七条　公司科技项目评审委员会将从各部门申报的项目中选择优秀的项目向上申报科学技术进步奖。

第八条　未向上报奖或上报而未获奖的项目，由公司科技项目评审委员会组织评定奖励。

第四章　奖励标准

第九条　对符合奖励条件的合理化建议或技术革新、技术改造项目，按其产生经济效益的大小参照下列数额给予一次性奖励。

（1）年节约或创造经济效益在 10 万元以下者，奖金数额为 1000～5000 元。

（2）年节约或创造经济效益在 10 万～50 万元者，奖金数额为 5000～20000 元。

（3）年节约或创造经济效益在 50 万～100 万元者，奖金数额为 2 万～3 万元。

（4）年节约或创造经济效益在 101 万～500 万元者，奖金数额为 3 万～5 万元。

（5）年节约或创造经济效益在 501 万~1000 万元者，奖金数额为 5 万~10万元。

（6）年节约或创造经济效益超过 1001 万元者，奖金数额为 10 万元以上。

第十条 对于经济效益不容易估算的项目，评审委员会可按其作用大小、技术难易、创新程度、推广价值，给予科学、客观、公正的评判，确定相应的奖励等级。

（1）奖励等级为特等时，奖金数额为 5 万元以上。

（2）奖励等级为一等时，奖金数额为 1 万元。

（3）奖励等级为二等时，奖金数额为 6000 元。

（4）奖励等级为三等时，奖金数额为 4000 元。

（5）奖励等级为四等时，奖金数额为 2000 元。

（6）奖励等级为五等时，奖金数额为 1000 元。

（7）奖励等级为六等时，奖金数额为 500 元。

第五章 附 则

第十一条 公司科技项目评审委员会必须公正、实事求是地对合理化建议和技术革新、技术开发项目进行评奖，评审人员及其他与项目无关人员不准在奖金中分成。

第十二条 对获奖项目及人员有争议的，须待争议解决之后才能给予奖励。

第十三条 本条例自颁布之日起开始试行。

七、合理化建议实施管理制度

第一条 目的。

通过规范合理化建议活动，进一步贯彻"以人为本"的新发展观，鼓励员工积极参与公司管理，充分发挥全体员工的集体智慧，提高企业的劳动生产率和经济效益，进一步提升企业的核心竞争力。

第二条 范围。

本制度适用于公司所有员工提出的改善管理、改进日常工作或生产的合理化建议，以及技术改进、革新和管理创新，经实际应用后有显著效益的行为。

第三条 职责。

（1）分管行政副总经理负责员工合理化建议实施管理的总体控制。

（2）评奖委员会负责合理化建议的总体评审、研究、采纳、实施、鉴定及奖励等工作。

（3）综合管理部负责合理化建议的宣传、组织、征集、登记、整理、传递、存档、成果发布、专项活动组织、相关价值计算及相关制度的完善等工作。

（4）财务部负责合理化建议实施成果的相关价值的计算。

（5）各部门负责发动本部门员工积极踊跃提出合理化建议，组织评审、实施、验证本部门范围内的合理化建议并申报奖励。

第四条　程序。

1. 定义

合理化建议是指改进和完善企业生产技术、产品质量、经营管理、业务流程等方面的方法、措施。

2. 特点

（1）进步性是指建议者或革（创）新者的方案、措施通过与本单位、本系统的原有工作的质比和量比，有所改进、完善和提高。

（2）可行性是指方案、措施在实践中可操作、可实施的，若仅指出问题的现象或提出建议、设想的名称而无实际解决问题的具体办法，则不能视为合理化建议。

（3）经济性是指方案、措施实施后能够创造或者带来一定的经济效益与社会效益。

3. 合理化建议的内容

（1）在经营管理理论、管理技术上有突破与创新，对提高生产经营管理、提高经济效益有指导作用。

（2）在管理组织、制度、机构等方面提出改革办法或改进方案，对提高工作效率和企业的应变能力或服务能力，理顺管理或业务流程有显著效果。

（3）应用国内外现代化管理技术和手段取得效益或效果。

（4）新材料、新技术、新配方、新工艺等科技成果的推广，引进技术、进口设备的消化吸收和革新。

（5）制造工艺，试验、检验方法及产品包装的改进。

（6）制造设备、技术工具、仪器及装置的改进。

（7）原辅材料、能源的节约及三废的利用。

（8）产品质量和工程质量的提高，产品结构的改进（不含新产品开发），成本的降低。

（9）新产品开发、营销、市场开拓的建议。

（10）加强思想政治工作和凝聚力的建议，以及其他任何有利于公司的改进事项。

4. 合理化建议不包含的内容

（1）夸夸其谈，无实质内容，为完成合理化建议的任务而无新意的建议。

（2）只指出问题、弊端的现象或仅提出建议、设想的名称而无解决问题的具体办法的大概思路。

（3）公司正在实施验收的项目。

（4）在正常工作范围内被指令执行的。

（5）公认的事实，或正在改善的事项，已被采用过或以前已有的重复建议。

5. 合理化建议管理流程

（1）部门内员工的提议。

对于员工所在部门可实施的合理化建议，原则上员工向所在部门主管提出，由部门办公会议评审是否可实施，要求在 15 天内回复提议人员。对于可实施的合理化建议，部门主管组织相关人员实施，并同时将提议填入《合理化建议提议表》，交公司评奖委员会和综合管理部各 1 份备案。实施连续见效 3 个月后，公司评奖委员会会同所在部门组织验证，并填写《合理化建议奖励申报表》交综合管理部。

（2）跨部门的合理化建议。

①申报、收集。公司员工有权提出针对非本部门的合理化建议或关于本部门的特殊合理化建议，建议应填写《合理化建议提议表》。提议表主要内容为提议原因或理由、建议方案或措施、预期效果。员工建议可送达公司合理化建议信箱或直接送交综合管理部。

②评审。综合管理部组织相关的专业人员评审建议的可操作性、经济性，做出此建议是否应予以采纳的初审结论，然后交公司相关领导审批。一般项目或内容的提案的审批不超过 15 天，重大项目或内容的提案的审批不超过 30 天，及时给予答复。

③实施。由评奖委员会总体牵头，各部门主管具体负责提案原始数据的收集，实施过程的跟踪，阶段性的反馈，应用与交流。公司各级部门在资金、材料及人力等多方面应给予支持。

（3）合理化建议实施见效 3 个月后，由综合管理部牵头组织评奖委员会对其结果进行有重点的论证，主要衡量是否给企业带来一定的效益和影响，决定是否将其变为新的操作规范或执行标准，使合理化成果固定下来。

（4）经评奖委员会论证有效益的，按建议项目的重要程度及其影响范围，进行物质奖励和精神奖励。

①物质奖励是先按项目一次性给予 100～2000 元的奖励，另对建议在实施 1 年内因改善而降低成本或增加收入的，按年节约或新创价值的一定比例计提奖

金，具体额度和比例由评奖委员会确定（单项奖励超过 5000 元的，报集团公司审批）。其中，个人完成项目是奖励本人，已调离岗位者，转发至本人；集体完成项目是按难度大小、实施难易、贡献大小进行分配。

②精神奖励包括公开表扬（如通报表扬、大会表彰、宣传窗、黑板报、报刊宣传等）及操作法命名等方式。

（5）价值计算参考标准如下。

①计算开始时间按该项建议得到实施后显现效益之日计算。

②计算方法为采用前后比较法，实施过程中所产生的各项费用采取月度分摊法或月度预提法。

③计算原理如下。

$$创造净价值 = 创新价值（差额） - 实施费用$$

④节约价值计算如下。

（a）工时节约价值 ＝（原定额工时 - 改进后定额工时）× 计算期前 1 年平均工时费用 - 工艺改进费用。

其中，工艺改进费用是实施费用的组成部分，包括为改进工艺所支付的一切费用及工艺改进后需增加的费用支出。工艺改进费用中属于添置的固定资产，按其折旧年限平均分摊，其他的则一次或逐年分摊。下同。

（b）原辅料、燃料、设备动力、辅助工具等节约价值 ＝（原实际平均单位消耗定额 - 改进后实际单位消耗）× 该物料单价计算期的实际产量（班）- 工艺改进费用。

其中，物料单价按计算期内实际的市场平均价格计算。

（c）减少废品节约价值 ＝ 成品或半成品单件价值（改进前 6 个月的平均废品率 - 改进后 6 个月的平均废品率）× 计算期实际产量（粒）- 工艺改进费用。

（d）基建工程节约价值 ＝（单项工程的审定预算 - 合理化建议和技术改进实施后的工程决算）- 施工改进等施工费用

其中，单项工程的审定预算以相关约定条款为准。

⑤新工艺创新价值计算如下。

创新价值 ＝（老工艺产品或半成品的平均单位成本 - 新工艺产品或半成品的单位成本）× 计算期的实际产量。

其中，新工艺产品的成本指工厂成本（料工费之和），半成品的成本指工厂内部核算成本，均包括工艺改革费用。

⑥新产品创新价值计算如下。

创新价值 ＝（计算期为 12 个月的平均销售单价 - 单位产品平均工厂成本 - 单位产品平均销售费用 - 单位产品税金）× 计算期实际销售量。

其中，单位产品税金＝销售单价×税率。

⑦价值计算具体由综合管理部和财务部执行。

八、会议提案改善方案

第一条 为促使各单位主管踊跃提供其有利于营运改进的意见，提高企业经营的效率，使企业召开的会议能疏通及统一与会人员的意志，避免会而不议、议而不决、决而不行的弊病，特制订本方案。

第二条 提案建议书的内容如下。

（1）有关改进管理事项。

（2）有关规章的修订。

（3）有关制造技术及品质的改良，操作方法、程序及机械配置的改进。

（4）有关设备的设计或修改。

（5）有关新产品的创意或包装的改良。

（6）有关生产经营成本的减低。

（7）有关物料的节省及废旧料的利用。

（8）有关工厂安全或机械、工具保养的改进。

（9）加强企业部门间的协调。

（10）有关调整业务的方案。

（11）其他有利于公司发展的兴革事项。

第三条 提案手续如下。

（1）使用规定的提案建议表格及书写用纸。

（2）提案建议书包括的事项，即为提案人、所属单位、案由、具体内容说明（必要时增添附件，注明提案实施前后的数值比较、图面或说明资料）及研究事项（由总经理填写）。

第四条 为顺利地处理提案，请照规定时间将提案的相关材料送达总经理办公室，以便汇编处理。

第五条 本方案经上报总经理批准后公布实施，修改时亦同。

九、提案项目申报立项制度

第一条 合理化建议由建议人填写"提案申报卡"，交总工程师办公室。

第二条 技术革新、技术开发项目由公司所属各部室填写项目申请书报总工程师办公室。若要申请经费，须填报"项目经费申请表"及可行性报告。

第三条 由总工程师办公室组织相关部门对所报项目进行评审筛选、汇总后报总工程师审批。

第四条　提案经批准立项后，由总工程师办公室向相关部门下达项目计划，项目承担部门按计划实施。

第五条　需要向上申请立项的项目，由总工程师办公室上报上级主管部门。

第六条　为了避免项目低水平重复开发，任何项目必须经部门同意后才能上报，经公司立项后才能实施。

第七条　技术革新、技术开发经费列入公司管理开支。财务部每年按自有收入的1%左右做出安排，由总工程师办公室掌握使用。

十、项目成果评审鉴定制度

第一条　成果申报。

公司批准组织实施的项目完成后，承担部门应填写《成果鉴定申请书》，并备齐下列技术资料报总工程师办公室。

（1）研究报告。

（2）测试和实验报告。

（3）技术设定方案、数据、图表及照片。

（4）质量标准。

（5）国内外技术水平对比分析报告。

（6）技术经济分析和效益分析报告。

（7）标准化审查报告。

第二条　成果的评审、鉴定。

总工程师办公室在接到成果鉴定申请书后1个月内进行审查，提出审查意见后报总工程师审阅，并答复申报部门是否同意评审鉴定。

十一、提案项目成果奖励制度

第一条　公司批准组织实施的提案项目的成果经评审鉴定后，选择优秀项目向上级主管部门申请专利奖。

第二条　对获专利的项目将按专利管理有关规定进行奖励。

第三条　未申报专利或经申报而未获专利的项目，由公司科技项目评审委员会予以评定奖励。

第四条　公司科技项目评审委员会每年组织对成果集中评奖一次，原则上按项目经济效益的大小予以奖励，也可根据项目创造性大小、水平高低、专业难易程度和对生产发展的贡献大小给予客观、公正的评奖。评奖标准按有关规定执行。

十二、员工奖励通知单

员工奖励通知单

受奖员工姓名		所在部门	
内　　　容	一、奖励原因： 二、奖励内容： □书面嘉奖（通报表扬）。 □奖励＿＿＿＿＿＿＿＿元。 □晋职＿＿＿＿＿＿＿（职位）。 □晋级＿＿＿＿＿＿＿（级别）。 □其他（请注明）＿＿＿＿＿＿＿＿ 三、所在单位负责人意见： ＿＿＿＿＿＿＿＿＿＿＿＿＿＿＿ 　　　　　签名：＿＿＿＿　日期：＿＿＿＿ 四、部门经理意见：＿＿＿＿＿＿＿＿＿ ＿＿＿＿＿＿＿＿＿＿＿＿＿＿ 　　　　　签名：＿＿＿＿　日期：＿＿＿＿ 五、总经理意见：＿＿＿＿＿＿＿＿＿＿ 　　　　　签名：＿＿＿＿　日期：＿＿＿＿		
奖励日期		受奖人签名	

十三、员工过失处理通知表

员工过失处理通知表

过失人姓名		过失人所在单位		文件页码	
内 容	一、过失详情： 二、鉴于上述情况，做出如下处理： □口头批评。 □扣除薪金：＿＿＿＿＿＿元。 □降职：＿＿＿＿＿＿＿＿＿＿ □降薪：＿＿＿＿＿＿＿＿＿＿ 三、过失单位负责人意见： ＿＿＿＿＿＿＿＿＿＿＿＿＿＿ 　　　　　签名：＿＿＿　日期：＿＿＿ 四、部门经理意见：＿＿＿＿＿＿＿＿＿＿ ＿＿＿＿＿＿＿＿＿＿＿＿＿＿ 　　　　　签名：＿＿＿　日期：＿＿＿ 五、总经理意见：＿＿＿＿＿＿＿＿＿＿＿ 　　　　　签名：＿＿＿　日期：＿＿＿				
处理日期		受处理人签名			

十四、员工奖惩记录表

员工奖惩记录表

填表日期：　　年　月　日

日期	姓名	奖惩事项

制表部门：人事部

十五、员工奖惩申报表

员工奖惩申报表

申报部门：　　　　　　　　　　　　　　　　申报日期：　　年　月　日

部门		工号	
姓名		职称	
奖惩原因		部门主管意见	
人事奖惩依据		总经理批示	

申报人：

十六、员工奖惩核定表

员工奖惩核定表

填表日期：　　年　月　日

姓名		职称		工作证号	
奖惩原因					
人事部核定					
部门主管核定					

十七、员工奖惩公告

员工奖惩公告

公告部门：　　　　　　　　　　　　　　公告日期：　　年　月　日

各部、室、组：

现将本年度受奖惩人员名单及奖惩事项予以公告，望全体员工周知

奖惩人员	部门	职务	奖惩事由	奖惩办法	备注
总经理批示				签名： 　年　月　日	

十八、员工奖惩月报表

员工奖惩月报表

填报日期：　　年　月　日

受奖惩者			奖惩方式	奖惩原因	批准日期
姓名	部门	职位			

部门主管：　　　　　　　　主办人员：　　　　　　　　填表人：

注　1. 各部门依照权责划分办法在授权范围内对所属员工有奖惩时，应于每月终汇填本表两份，分送总管理处人事部及主管部门备查，当月内如无奖惩事项，亦应填送此表，并于奖惩原因栏内注明"无奖惩"字样。

2. 奖惩方式栏系按部门主管核定的奖惩办法填入，比如"书面嘉奖""记功一次""书面申诫""记过一次"等。

3. 奖惩原因一栏叙述宜简明扼要，注意时间、地点、事物及有关人员责任等。

4. 本表由各部门依式自行印制备用，纸张大小一律以 A4 复印纸为准。

十九、员工年度奖励统计表

员工年度奖励统计表

统计日期：　　年　月　日

姓名	部门	职务	特等功次数	一等功次数	二等功次数	三等功次数	嘉奖次数

填表人：

二十、员工年度处罚统计表

员工年度处罚统计表

统计日期：　　年　月　日

姓名	部门	职务	口头批评	通报批评	警告	记过	记大过

填表人：

二十一、员工年度奖项申报审批表

员工年度奖项申报审批表

填表日期：　　年　月　日

申报部门		申报种类	
申报说明			
申报意见			
审批意见			

二十二、员工合理化建议表

员工合理化建议表

提案编号：

提案人		所属 部门		提案日期	年 月 日	评定 日期	月 日
提案名称及内容							

评 定 成 绩	评定标准	评审意见	最高评分	实际评分
	经济效益		50	
	提案完整性		10	
	创造性		10	
	应用范围		10	
	研究观察花费时间		10	
	改善成本		10	
	合　计		100	

评审者其他建议	

奖金金额评定

　1. 经济效益显著者，其所得经济效益×20%

　2. 经济效益不明显者，评分×分值＝奖金

董事长	总经理	审查主任委员	审查小组	评定员

二十三、员工合理化建议考核汇总表

员工合理化建议考核汇总表

被考核人： 部门： 职务： 填表日期： 年 月 日

	序号	合理化建议内容	日期	发现问题	解决问题	被采纳建议	考评得分
个人建议							
	序号	合理化建议内容	日期	发现问题	解决问题	被采纳建议	考评得分
下属建议							
个人合计得分							

第二节　人事福利保险管理制度

一、员工福利管理制度

第一条　保险。

按照保险的相关规定，公司在员工试用期满后，为其办理城镇社会保险。

第二条　困难补助。

职员个人或家庭有特殊困难，可申请特殊困难补助，补助金额视具体情况而定，从公司专项资金中拨款。

第三条　过节费。

公司将根据国家规定的节假日（比如元旦、春节、妇女节、清明节、劳动节、端午节、儿童节、中秋节及国庆节等）发放适当的过节费或物品。

第四条　外出郊游。

每年的春季或秋季，组织员工外出郊游。

第五条　劳护用品费。

每个季度以现金形式发放。

第六条　满勤奖。

以工资形式每月同工资一起发放。

第七条　工作年休假。

所有员工享受工作年休假，具体天数由公司在年终统一发文规定。

第八条　住院慰问。

员工因伤病住院期间，公司视具体情况组织人员慰问。

第九条　本制度如有未尽事宜，可以随时做出合理的调整。

第十条　本制度解释权归人事部，自公布之日起执行。

二、员工福利管理规定

第一章　总　则

第一条　福利是公司在岗位工资和奖金等劳动报酬之外给予员工的报酬。建立一个良好的福利待遇体制能够增加员工对企业的归属感，从而增加企业的凝聚力。

第二条 本规定所列福利均根据国家规定及企业自身情况而定。

第三条 本规定适用于集团公司、各二级法人公司及事业部。

第二章 福利的种类及标准

第四条 福利的种类。

1. 补贴福利

此项福利指公司根据国家有关政策和规定及企业的实际情况，发给员工的补贴和津贴，包括国家规定的政策性补贴、家属补贴、住房补贴、交通费、洗理费、托儿费、午餐津贴、社会工龄津贴、企业工龄津贴、学历津贴、技术津贴、保健费、冬季取暖费、夏季防暑降温费等。

2. 健康福利

公司按照国家相关政策、法律、法规，为了保证员工的身体健康，更出色地为企业服务而设立的福利项目，包括医疗保险和住房公积金。

3. 退休福利

公司按照国家相关政策、法律、法规，为了解除员工的后顾之忧，让退休的员工安度晚年而设立的福利项目，即养老保险。

4. 休假福利

公司按照国家相关政策、法律、法规，为了照顾员工的生活而设立了产假、婚假、探亲假、丧假、工伤假等。

5. 教育培训福利

公司为使员工的知识、技能、态度等方面与不断进步的经济技术、外部环境相适应而设立的福利项目，包括员工在职或短期脱产免费培训、公费进修等。

6. 设施福利

公司为了丰富员工的业余生活，培养员工积极向上的道德情操而设立的项目，包括创建文化、娱乐场所，组织旅游，开展文体活动等。

第五条 福利的标准。

各项福利的标准由公司按照国家的有关法律、法规，并且根据公司的自身实际情况而定。

第三章 福利待遇的发放

第六条 补贴福利每月随岗位工资一起按时发放。

第七条　女员工产假期间工资由公司每月按时发放。

第四章　附　则

第八条　本制度由人事部制订并负责解释。

第九条　本制度报总经理批准后施行，修改时亦同。

第十条　本制度施行后，凡既有的类似制度自行终止，与本制度有抵触的规定以本制度为准。

第十一条　本制度自颁布之日起，开始施行。

三、辞职员工的工资福利结算制度

第一条　辞职员工领取工资、享受福利待遇的截止日为正式离职日期。

第二条　辞职员工结算款项。

1. 结算时应得的项目

（1）结算工资。

（2）应得到但尚未使用的年休假时间。

（3）应付未付的奖金、佣金。

（4）辞职补偿金。按国家规定，公司按员工在公司工龄每年补贴 1 个月，最多不超过 24 个月的本人工资。

（5）公司拖欠员工的其他款项。

2. 结算时应扣除的项目

（1）员工拖欠未付的公司借款、罚金。

（2）员工对公司未交接手续的赔偿金、抵押金。

（3）原承诺培训服务期未满的补偿费用。

如应扣除费用大于支付给员工的费用，则应在收回全部费用后才予办理离职手续。

四、员工福利体系管理制度

第一条　公司的福利目标。

（1）符合企业的长远战略发展目标。

（2）满足员工的正常生理和心理需求。

（3）符合企业的报酬政策及制度。

（4）考虑员工眼前需要和长远需要。

（5）激励大部分员工，使企业对员工产生凝聚力。

（6）符合成本原则，企业有承担能力。

（7）符合国家的政策、法律、法规。

第二条　公司的福利成本的管理内容。

（1）根据利润计算出公司可能支付的最高福利费用。

（2）与外部福利标准进行比较，尤其是与竞争对手的福利标准进行比较，以尽量不低于同行平均福利水平为原则。

（3）做出主要福利项目的核算及占总成本的比重。

（4）确定每一个员工的福利项目成本。

（5）制订相应的福利项目成本计划。

（6）尽可能在满足福利目标的前提下降低成本。

第三条　公司的福利沟通方法。

（1）用问卷法了解与调查员工对福利的需求。

（2）用视听资料介绍有关的福利项目。

（3）找一些有代表性的员工面谈，了解某一层次或某一类型员工的福利需求。

（4）公布一些福利项目让员工自己知晓。

（5）利用各种内部刊物或其他宣传媒体介绍有关福利项目。

（6）收集员工对各种福利项目的反馈。

第四条　公司实施福利调查内容。

（1）制订福利项目前的调查。调查员工对某一福利项目的看法、态度与需求。

（2）员工年度福利调查。了解员工在一年内享受了哪些福利项目，各占多少比例，满意程度如何。

（3）福利反馈调查。调查员工对某一福利项目实施的反应如何，是否需要进一步改进，或是否要取消。

第五条　公司的福利实施。

（1）根据目标和各个福利项目的计划有步骤地实施。

（2）预算必须落实。

（3）有一定的灵活性。

（4）防止漏洞的产生。

（5）定时检查实施情况。

五、员工权利保障制度

第一条 员工享有法律规定和公司制度赋予的咨询权、建议权、申诉权与保留意见权。公司对这些权利予以尊重和保障。

第二条 员工有权对下列情况提出申（投）诉，以得到公正待遇。

（1）认为个人利益受到不应有的侵犯。

（2）对公司的有关处理决定不服。

（3）对公司的经营管理措施有不同意见。

（4）发现有违反国家法律法规和公司规章制度的行为。

第三条 申（投）诉的具体方式如下。

（1）逐级申诉，或向公司人事部门、集团监察委员会直至总裁提出申（投）诉。

（2）可以用书面或面谈两种方式申（投）诉。

（3）《申（投）诉书》必须填具真实姓名，否则可能难以得到解决。

（4）受埋申（投）诉者应在 5 个工作日内给予回馈。

（5）对处理结果及反馈意见不满意的可继续向上一级申诉。

六、员工探亲待遇的规定

为妥善解决员工与远居异地亲属的探亲问题，根据国家相关政策，结合企业实际，制订本规定。

第一条 探亲条件、对象。

凡是在单位工作满 1 周年的正式员工（不含返聘人员），与配偶或本人父母户口不在一起且异地居住，又不能利用公休假日团聚的（两地相距 360 千米以上，或因交通条件的限制 2 天内不能往返的），可按规定享受探望配偶或探望父母的待遇。但是，员工与父亲或母亲一方能在公休假团聚的，不能享受探望父母的待遇。

第二条 探亲假期。

（1）员工探望配偶的，每 1 年给假 1 次，假期为 22 天。

（2）未婚员工探望父母的，原则上每年给假 1 次，假期为 22 天。

（3）已婚员工探望父母的，每 4 年给假 1 次，假期为 22 天。

（4）如员工与父母及配偶分居三地，员工当年内具备两种探亲条件时，只能享受 1 次探亲待遇。

以上假期，路程时间另计，公休假及法定假日包括在内。

第三条　假期工资。

员工在规定的探亲假期内，按照本人的基本工资加职务津贴（扣除岗位工资，无岗位工资的按本人月工资）发放假期工资。

第四条　探亲路费。

符合探亲条件的员工，探望配偶或探望父母时的往返直线旅途交通费（包括车船费）由公司负担。

（1）高级员工乘火车可报销卧铺费或经批准乘飞机（火车软卧）的费用。

（2）中级以下（含中级）员工乘火车一律报销硬席座位费。连续工龄满20年或年满40周岁以上的员工，探亲乘火车连续24小时以上的可报销硬席卧铺费。

（3）乘坐轮船的，报销三等舱位费。

（4）乘坐长途公共汽车的，按当地长途客运公司规定票价报销。

（5）市区内交通费用由本人自理，不予报销。

第五条　住宿费。

（1）员工探亲往返途中（按距离最短、交通最便利计）必须中途转车、转船，并在中转地点住宿的，每中转1次，可凭车船票报销1昼夜的普通床位的住宿费。

（2）员工探亲往返途中连续乘长途汽车，夜间停驶必须住宿的，其住宿费凭据报销。

（3）员工探亲途中遇到意外交通事故（如塌方道路受阻、洪水冲毁桥梁等），造成交通暂时中断延误归期的，必须及时电告本单位，等待交通恢复期间的住宿费可凭当地交通管理机关证明和住宿费单据报销。

第六条　特殊情况。

（1）员工由于各种原因当年不能探亲，而其探亲对象又不享受探亲待遇的，经员工本人申请，由所在单位批准，探亲对象可到员工工作所在地探亲，员工所在单位按规定报销其往返直线旅途交通费。员工本人则不再享受此次探亲周期的探亲待遇。

（2）女员工到配偶或父母居住地生育的，所在单位按规定报销其往返直线旅途交通费，员工本人不再享受此次探亲周期的探亲待遇。

（3）符合探望父母条件的已婚员工，每4年为1个探亲周期，在正常情况下其本人的探亲假应在探亲周期的第4年享受。

（4）员工利用探亲假期绕路处理其他与探亲无关的事宜，则按事假处理，所有费用自理。

第七条　探亲假的审批程序。

（1）符合探亲条件的兼并改制企业员工，需要提供原单位人事部门（或相关证明人）出具的最后一次探亲周期证明。

（2）符合探望父母条件的员工，应先提供探亲对象所在地乡镇以上政府或当地派出所出具的本人生存证明（须附对方联系电话），由本单位人事部门核实、登记。

（3）符合探望配偶条件的员工，应先提供结婚证明、配偶单位出具的未探亲证明（须附对方联系电话），以及配偶的户口证明、身份证复印件，由本单位人事部门核实、登记。

（4）员工探亲按"应事先提交探亲申请，由本人单位领导签署意见，上级人事部门核实探亲条件及周期，报主管领导批准"的程序办理探亲手续。

第八条　探亲假的管理。

（1）各用人单位应合理安排员工的探亲假期，不得妨碍生产和工作的正常进行。

（2）对员工探亲假要按规定程序审批、登记，严格执行请假、销假制度。对无故超假的按旷工处理。

第九条　属企业特需人才有探亲对象暂不具备第一条规定条件的，经公司总经理批准后也可享受同等探亲待遇。

第十条　未尽事宜，由人事部负责补充和解释。

第十一条　本规定自颁布之日起实行，原相关规定即日起废止。

七、员工家属生活补助费支给办法

第一条　为安定员工生活，提高工作效率，制订本办法。

第二条　公司为在职的已婚男性员工每月发放相应数额的配偶生活补助费，但配偶在公司服务的则不予发放。

第三条　公司为在职的男性员工的子女未满 20 周岁者，检查验证其户籍誊本可按月请领相应数额的眷属生活补助费。但子女虽未满 20 周岁而已就业或有工作者，不准请领。

第四条　家属生活补助费在每月发放薪酬时一起发给。

第五条　本办法如有未尽事宜将随时修改。

第六条　本办法经董事会审核，总经理批准后公布实施，修改时亦同。

八、员工抚恤规定

第一条　本规定依据公司人事管理规则制订。

第二条　公司正式员工的抚恤除法律另有规定外，均依本规定办理。

第三条 工伤的抚恤。

员工因执行职务而致伤，需要暂停工作接受医疗，在停工留薪期内，除由公司负担医药费外，原工资福利待遇不变，但以 2 年为限。逾期的无法正常工作、经评定伤残等级并经劳动能力鉴定委员会确认需要生活护理的，按照国家《工伤保险条例》的相关规定执行。

第四条 工亡的补助金和抚恤金。

员工因执行职务而死亡（包括患职业病死亡）者，凡服务未满 5 年的，按照最后月份基本工资一次发给 4 年的工亡补助金，满 5 年以上的，每满 1 年增给 1 个月基本工资的一次工亡补助金。工亡员工供养亲属抚恤金按国家《工伤保险条例》和有关规定执行。

第五条 特别抚恤。

员工因下列情形之一而致伤或死亡的，除照上述第三、第四条规定办理外，并要由直接主管叙明事实，总经理或董事长另行议恤，依最后月薪酌情给予两年以内的特别抚恤金。

（1）明知危险而奋勇救护同事或公司财物的。

（2）不顾危险，尽忠职守，抵抗强暴的。

（3）于危险地点或时间工作尽忠职守的。

第六条 在职死亡的抚恤。

员工在职死亡，凡服务未满 1 年的，按照其最后月份本薪一次发给 5 个月抚恤金，满 1 年以上的，每满 1 年增给 1 个月抚恤金，最高以年为限。

第七条 停薪留职期间死亡的抚恤。

员工于停薪留职期间内死亡时，其停薪留职原因为公伤假的，按第四条或第五条规定申请抚恤。其停薪留职原因为特别病假的，要按第六条规定申请抚恤。

第八条 丧葬费。

员工死亡另给丧葬费，丧葬费为 6 个月的统筹地区上年度职工月平均工资。

第九条 领受顺序。

领受工亡补助金、抚恤金、丧葬费的亲属，须具有确实证明，除非遗嘱另有指定。其领受依有关法定顺序为配偶、子女、父母、孙子、同胞兄弟姊妹。

第十条 共同承领。

领受工亡补助金、抚恤金、丧葬费的亲属，同一顺序内有数人的，应共同具名平均承领。如有愿意放弃的，应出具书面声明。

第十一条 申请手续。

申请抚恤金应于死亡 1 年内由亲属填写抚恤金申请表及申请抚恤金保证书，连同死亡证明书、户籍誊本及保证书向公司申请。如果有不可抗拒事故发生，其期限准予延长。申请抚恤金时应由人事、会计部门审核各项凭证后呈总经理签发。

第十二条　受领抚恤金的权利。

受领抚恤金的权利不得扣押、转让给别人。

第十三条　代殓的处理

死亡者如无亲属时，要由其服务部门提供丧葬费，指定人员代为殓葬。

第十四条　亲属迁宿处理。

员工死亡时其租配有宿舍的，其亲属未住满半年的，按比例给予房屋津贴。

第十五条　工伤的定义。

因执行职务而致伤害或死亡的认定，均以"因执行职务而致伤害"审查准则为依据。

第十六条　本规定经人力资源部通过后实施，修改时亦同。

九、员工健康检查办法

第一条　为促进员工健康，加强预防各种疾病，使公司员工具备良好的身体素质，能正常地为公司服务，制订员工健康检查规定。

第二条　公司员工健康检查每年举办一次，有关检查事项由人力资源部办理。

第三条　一般检查由人力资源部负责与市立医院接洽，员工分别至该院接受检查。工厂的员工由人力资源部接洽医师至厂内进行身体检查。

第四条　X光摄影由人力资源部与防病中心接洽，公司巡回返车其至公司或工厂办理。经防病中心通知必须进一步检查者，应前往指定医院摄大张X光片，以助判断疾病。

第五条　有关体检费用概由各部门自行负担。

第六条　经诊断确有疾病者，应早期治疗。如有严重病况时，由公司出面令其停止继续工作，返家休养或前往劳保指定医院治疗。

第七条　人力资源部每年年终就检查的疾病名称、人数及治疗情形等做统计，作为制定职工保健医疗有效措施的参考。

第八条　本办法经总经理核准后施行，修正时亦同。

十、员工医疗补贴规定

第一条　为保障员工的身体健康，促使医疗保健落到实处，制订本规定。

第二条　公司按照国家医疗保险条例为在公司就业的正式聘用员工缴纳基本

医疗保险费，额度为员工月工资总额的 7%，或发放等额的补贴医药费；员工子女医疗补贴 1 个，即每月 40 元；员工父母实行医疗半费补贴 1 个，即每月 20 元。

第三条　公司的试用人员每人每月补贴 30 元。

第四条　正式员工因病住院，其住院的医疗费凭区以上医院出具的住院病历及收费收据，经公司有关领导批准方可报销。报销时应扣除当年已发医药补贴费，超支部分予以报销，批准权限如下。

（1）收据金额在 5000 元以内由财务经理审核，主管、副总经理批准。

（2）收据金额在 5000～20000 元的由财务经理审核，总经理批准。

（3）收据金额在 20000 元以上，由主管、副总经理审核，总经理批准。

第五条　试用人员因病住院，其住院的医疗费用按第四条报销办法处理，并且扣除当年医药补贴后，超支部分按 60% 报销。

第六条　员工因工负伤住院治疗，其报销办法同第四条。

第七条　员工父母因病住院，可向公司申请补助，由财务经理核定，总经理批准后，在职工福利或工会互助金中实行一次性补贴。

第八条　由公司安排员工每年例行身体健康检查，其费用由公司报销。

第九条　医疗费补贴由人事部每月造册，通知财务部发放。

十一、员工工伤补助费支给办法

第一条　公司为安定员工生活，使其能认真工作，免有后顾之忧，制订本办法。

第二条　工伤补助费的支给。

（1）医疗给付。

（2）残疾给付。

第三条　医疗给付。

员工因公受伤急需医疗者，发给医疗补助费。

第四条　已参加劳工保险的员工因公受伤，可凭据由公司补助下列医疗费用。

（1）于送往劳保局指定医院前，因情况危急先行送往就近医院治疗所付费用。

（2）急救所做紧急处理，如输血或特效针药等费用。

（3）主治医师认为必需的针药，而劳保不能给付者。

第五条　因受劳工保险条例的限制不能参加劳保的员工，其医疗费用的支给比照劳保规定由公司发给。

第六条 残废给付。

员工因公受伤经医疗后诊断为残疾者，依照公司退休办法的规定支领退休金。

第七条 试用人员不适用本办法，但视实际情况酌予补助。

第八条 工伤补助费的发给应检附医院证明及收据申请核付（申请书由人事部制发）。

第九条 本办法经董事会通过审核，总经理批准后公布实施。修改时亦同。

十二、员工因公伤害补偿规定

第一章 总 则

第一条 目的。

本规定旨在明确职员在执行业务过程中受到伤害时，公司予以补偿的具体办法。

第二条 补偿范围。

补偿的对象限于在执行业务过程中因故受到伤害的员工及其家属。受伤害员工因同一原因接受其他伤害补偿时，公司仅向其支付相当于余额的补偿。

第三条 例外。

因本人故意或重大过失造成伤害时，由有关部门认定事实，不给予伤害补偿，或给予部分补偿。

第二章 补 偿

第四条 补偿种类。

（1）疗养补偿。

（2）休养补偿及休养薪金。

（3）长期伤病补偿及长期伤病薪金。

（4）后期处理薪金。

（5）伤残补偿及伤残薪金。

（6）家属补偿及家庭补助。

（7）殡葬费。

（8）退职薪金。

第五条 疗养补偿。

疗养补偿指因公受伤或患病时，公司向其支付的必要的疗养费。

疗养费直接付给职员医疗的定点医院或疗养院。

在治疗过程中，所需的转院交通费由公司负担。如需家属陪同时，则由公司需要支付一定的补偿。

第六条　休养补偿及休养工资。

为辅助治疗，需休养时，公司除给予休养补偿外，附加休养薪金。休养薪金仅限于休养期，其数额为本人伤前月基本工资的100%。

第七条　长期伤病补偿及长期伤病薪金。

如因公受伤害者经疗养3年后尚未治愈，除给予长期伤病补偿外，附加长期伤病薪金。

长期工伤病工资为本人伤前岗位基本工资的100%。

第八条　后期处理薪金。

受伤害者经治疗后，如需要医疗后处理（如外科手术后处理、安装假肢、义眼等），应向其支付后期处理薪金。

后期处理薪金为所支付医疗费用额的10%。

第九条　伤残补偿及伤残薪金。

因公受伤造成身体残疾时，经评定伤残等级，并由劳动能力鉴定委员会确认是否需要生活护理，除给予伤残补偿外，附加伤残薪金（伤残薪金按伤残鉴定的等级分级支付）。

第十条　家属补偿及家庭补助。

员工因公伤时，除对其家属予以一次性补偿金、抚恤金和丧葬费等补偿外，另行给予家庭生活补助。

以上两项补偿规定，应一次性支付。

第十一条　殡葬费。

员工因伤害死亡时，公司按国家有关规定负担殡葬费。

第十二条　退职工资。

因公受伤职员如退职时，公司向其支付退职工资。

退职工资的支付标准是其退职前工资按天数支付。支付天数按本人在公司服务连续时间实际年龄分段（18～22岁为588～540天；23～26岁为528～492天；27～30岁为480～444天；31岁以上为432天）。

第三章　申请手续及支付方法

第十三条　申请手续。

员工因公受伤后，应迅速将医师证明材料和申请表报请上级主管，提交安技部门。

第十四条 支付方法。

非薪金性补偿，直接支付给本人或其家属。

薪金性补偿分月随薪金支付，必要时也可临时支付。但伤残薪金、家庭补助及退职薪金可在申请后立即支付。

第四章 附 则

第十五条 附加说明。

对试用员工的因公受伤补偿也按本规定办理。

十三、员工因公交通伤害赔偿规定

第一条 本规定旨在消除员工上下班途中因交通问题而带来的不安全感，提高公司员工的福利保障水平。

第二条 员工在上下班途中因交通事故及其他事由造成伤害时，可按本规定获赔偿。但是，公司管理人员、顾问不在此列。

第三条 本公司与保险公司签订人身伤害保险合同，由保险公司负责具体的赔偿支付事务。

第四条 本规定的支付范围限定在下列情况，但发生伤害与死亡在所投保险合同限定时间之外的不在此列。

(1) 员工死亡时，应赔××万元（100%）。

(2) 员工终身残疾时，应赔××万元（80%）。

(3) 员工两眼失明时，应赔××万元（60%）。

(4) 员工失去上肢或下肢时，应赔××万元（60%）。

(5) 员工两耳失聪时，应赔×万元（60%）。

(6) 员工一眼失明时，应赔×万元（20%）。

(7) 员工失去鼻子时，应赔×万元（20%）。

(8) 员工一耳失聪时，应赔×万元（14%）。

(9) 员工失去一只耳朵时，应赔×万元（8%）。

(10) 员工失去一个手指时，应赔×万元（7.5%）。

(11) 员工失去一个脚趾时，应赔×万元（6.8%）。

第五条 第四条以外的伤害，参照上条赔偿标准决定。同一事故造成两项以上伤害时，最高赔偿额为××万元。

第六条 如直接伤害影响已有伤害或疾病，应给予相应的追加赔偿。

十四、员工医疗期规定

第一条　为了保障企业职工在患病或非因工负伤期间的合法权益，根据《中华人民共和国劳动法》第二十六、第二十九条规定，制订本规定。

第二条　医疗期是指企业职工因患病或非因公负伤停止工作治病休息不得解除劳动合同的时限。

第三条　企业职工因患病或非因公负伤，需要停止工作医疗时，根据本人实际参加工作年限和在本单位工作年限，给予3个月到24个月的医疗期。

实际工作年限1年以上的为3个月；在本单位工作年限5年以下的为6个月；5年以上10年以下的为9个月；10年以上15年以下的为12个月；15年以上20年以下的为18个月；20年以上的为24个月。

第四条　医疗期3个月的按6个月内累计病休时间计算，6个月的按12个月内累计病休时间计算，9个月的按15个月内累计病休时间计算，12个月的按18个月内累计病休时间计算，18个月的按24个月内累计病休时间计算，24个月的按30个月内累计病休时间计算。

第五条　企业职工在医疗期内，其病假工资、医疗救济费及医疗待遇按国家的有关规定执行。

第六条　企业职工非因公负伤致伤和经医生或医疗机构认定患有难以治疗的疾病，在医疗期内医疗终结，不能从事原工作，也不能从事用人单位另行安排的工作的，应当由劳动鉴定委员会参照工伤与职业病致残程度鉴定标准进行劳动能力的鉴定。被鉴定为1级至4级的，应当退出劳动岗位，终止劳动关系，办理退休、退职手续，享受退休、退职待遇；被鉴定为5级至10级的，医疗期内不得解除劳动合同。

第七条　企业职工非因公致残和经医生或医疗机构认定患有难以治疗的疾病，医疗期满，应当由劳动鉴定委员会参照工伤与职业病致残程度鉴定标准进行劳动能力的鉴定。被鉴定为1级至4级的，应当退出劳动岗位，解除劳动关系，并办理退休、退职手续，享受退休、退职待遇。

第八条　医疗期满尚未痊愈者，被解除劳动合同的经济补偿问题按照有关规定执行。

第九条　本规定自公布之日起实行。

十五、员工劳保医疗保健制度若干规定

第一条　劳保医疗保健对象。

（1）凡是公司正式员工、临时工（计划内用工）、离退休员工都可享受公司

劳保医疗保健。

(2) 凡是公司正式员工（合同工）供养的直系亲属（按国家劳保规定并由公司工会核准并存档登记）可按规定享受公司劳保医疗保健。

第二条 医疗劳保实施办法。

取消原来的公费医疗办法，按照不同的工龄、年龄，把医疗费发给员工本人，实行看病取药个人负担，同时慢性病按病种控制医疗费用，并自行缴纳医疗保险。

(1) 35 年工龄以上，或年龄男 55 岁、女 50 岁以上者，每月发给 300 元。

(2) 25～35 年工龄，或年龄男 45～54 岁者，女 40～49 岁者，每月发给 200 元。

(3) 15～25 年工龄，或年龄 30～44 岁者，每月发给 150 元。

(4) 工龄 5 年以上者，年龄 25～29 岁者，每月发给 100 元。

(5) 工龄未满 5 年者，年龄 25 岁以下者，每月发给 80 元。

(6) 员工供养的直系亲属的医药费不实行包干。实行按人事部规定：员工供养的每位直系亲属，其看病门诊费可报销手术费、普通药费、输血费的 50%，但其 50% 部分不能超过员工本人当月包干的医药费。员工供养的直系亲属，经医院确诊确需住院，其住院期间医药费按劳保规定报销 50%。

(7) 长期患有慢性病者，经医院证明，经工会确认后当月医疗费可实报实销。员工因突发性疾病或慢性病住院，凭医院证明，经部门领导和工会主席批准，给予实销实报。上述两项如本年度累计医药费超过本人包干医药费时，应扣回当年包干医药费。

(8) 员工因公负伤，凭医院证明并经部门领导和工会主席批准，医药费用给予实销实报，不作为该员工医药费包干之内。

(9) 员工患病住院标准如下。

①享受政府副处级以上待遇的人员可住单人病房。

②其他人员一律按照普通病房的开支标准报销。

③员工患病住院须经批准方可使用价格昂贵的药品。

(10) 员工因患病须到外地住院治疗，须办理以下手续。

①市属公立医院出具的转院治疗证明。

②公司医疗室主治医生批准。

③部门领导及工会主席批准。

(11) 特殊情况的检查、治疗所发生的费用须经公司领导批准方可报销。

第三条 附则。

（1）由人事部提供员工基本情况，行政部制作员工医疗证，证上附有本人近照并签公章，列明出生年月、参加工作年月、职务职称。员工凭此证才可到公司医疗室就诊。

（2）医疗室的人员工资、设备器材等所有费用均由公司负责，但药物实行独立核算，医疗室按医药成本收回医药费。

（3）分公司财务人员负责分公司下属员工劳保医疗费的发放及报销工作；机关各部由部门经理负责审核本部员工医药费报销，由部门指定一人作账记录，按月向财务部门结算。

（4）严禁弄虚作假、冒名顶替，违反者按不同情节罚款，甚至给予行政处分。

（5）医药费包干每年结算，每年6月份由财务部、行政部和医疗室共同审核发放包干医疗费。

第四条 实施。

本规定公布之日起，开始实施执行。

十六、女员工和未成年员工特殊保护制度

第一条 公司对女员工和未成年员工实行特殊劳动保护。

未成年员工是指年满16周岁未满18周岁的劳动者。

第二条 禁止安排女员工从事矿山井下、国家规定的第四级体力劳动强度的劳动和其他禁忌从事的劳动。

第三条 不得安排女员工在经期从事高处、低温、冷水作业和国家规定的第三级体力劳动强度的劳动。

第四条 不得安排女员工在怀孕期间从事国家规定的第三级体力劳动强度的劳动和孕期禁忌从事的劳动，对怀孕7个月以上的女员工，不得安排其延长工作时间和夜班劳动。

第五条 女职工生育享受不少于128天的产假。

第六条 不得安排女职工在哺乳未满一周岁内的婴儿期间从事国家规定的第三级体力劳动强度的劳动和哺乳期禁忌从事的其他劳动，不得安排其延长工作时间和夜班劳动。

女职工产假如遇实际困难，由本人申请，经总经理批准（机关女职工经处室领导批准），可将哺乳假延至婴儿一周岁。此期间工资按本人标准工资75%发给，并据此比例计发房补、物粮补贴、书报费、洗理费。浮动工资、积累奖、级差奖、考核奖及一切生产性奖金一律停发。在调整工资、升级时，这段时间可参

照出勤处理。

第七条 不得安排未成年工从事矿山井下、有毒有害、国家规定的第四级体力劳动强度的劳动和其他禁忌从事的劳动。

第八条 公司对未成年工定期进行健康检查。

十七、员工保险制度

第一条 公司从业人员一律参加社会劳动保险。

第二条 参加社会劳动保险，新进公司的员工应于新入职的同时亲自填写保险表一式两份，交人事部代办参保手续。应纳保费由公司补助60%，员工自行负担40%。员工自行负担部分，由发薪的部门按月在其应领的薪水内代为扣缴。

第三条 参加劳动保险后，员工应享的各项权利及应得的各种给付，应由公司人事部门代其向保险公司洽办。保险人除依法应享有的给付外，不得再向公司要求额外的赔偿或补助。

十八、员工海外差旅意外保险规定

第一条 公司国际部为海外地区工作人员投保的意外保险，员工到职即予加保，离职人员则须退保。保险费由总公司负担。

第二条 保险期间。

凡公司工作人员为公司事务旅行时即被加保。即工作人员代表公司离开办公地点、家庭或其他地方开始算起，直到他回家或回到办公地点为止。

第三条 保险内容。

被保险人因意外身体伤害而致死亡、失肢、失明或永远残疾时可得到赔偿。

第四条 保险给付金额。

最高为年薪的5倍，最高每人15万元或每团300万元。

第五条 不包括事项。

经常工作地点与住家间的往返、休假或请假旅行均不予保险，但"回国休假"时家庭所在地与派驻所在地间的旅行则包括在内。搭乘公司所有、公司租用或专为公司利益飞行的飞机均不在此保险内。

第六条 给付时间。

在当地无法赔偿时，由总经理决定后，经国际人事部门授权当地公司给付。但人事部将先要求提供受伤状况的书面报告（如系死亡，包括死亡证明）以及确因公务旅行而受到伤害的证明。

十九、员工互助金申请单

员工互助金申请单

申请日期：　　年　月　日

参加人姓名	职务	参加日期	参加金额	累计投入	申请金额	所属部门	申请人签字

籍贯	性别	出生	身份证统一编号	户籍地址

事由	时间		后果	确定日期	
	经过			类别	
	地点			细节	

所属部门核定	部门名称：　　　　部门公章： 主　　管：　　经　办： 　　　　　　　　年　　月　日	人事部核定	主管办： 公章： 　　　　　　年　月　日

二十、员工抚恤金申请书

员工抚恤金申请书

填表日期：　　年　月　日

申请人	姓名	年龄	性别	籍贯	职务	与死亡员工关系	住址
死亡员工	姓名	年龄	性别	籍贯	职务	与申请人关系	住址
死亡经过							
死亡证书							
法律条文							
抚恤金额							
总经理签章		财务部门签章		服务部门签章			
备注							

二十一、员工进修补助申请表

员工进修补助申请表

填表日期：　　年　月　日

姓名	职务	就读学校	专业	文化程度	平均分数	申请金额（元）	批准金额（元）
合　计							

主管：　　　　　　福利委员会主任：　　　　　　经办人：

二十二、员工子女教育奖助金申请单

员工子女教育奖助金申请单

填表日期：　　年　月　日

姓名	性别	职务	所　在　部　门	来　公　司　时　间

子女姓名	申请金额（元）	就读学校/年级	学业平均分数	表现及受奖情况	证明文件
合计					

实领：　　　　　　申请人签章：

主管：　　　　　　经办人：

二十三、员工家属生活补助申请表

员工家属生活补助申请表

填表日期：　年　月　日

姓名	家属姓名	关系	职业	年龄	拟补助金额（元）	理　由

主管：　　　　　　　审核人：　　　　　　　经办人：

二十四、员工重大伤病补助申请表

员工重大伤病补助申请表

填表日期：　年　月　日

姓名		性别		年龄	
部门		职位		工号	
编号		职务		到期期限	
申请事由					
证明文件					
申请金额					
备注					

总经理：　　　　　　　财务部：　　　　　　　填表人：

二十五、员工福利委员会借支申请表

员工福利委员会借支申请表

填表日期：　　年　月　日

编　号		借支人姓名	
借支日期		借支金额	
偿还记录					

申请人：　　　　　财务部：　　　　　审核人：　　　　　保证人：

二十六、员工福利委员会费用请领表

员工福利委员会费用请领表

请领单位：　　　　　　　　　　　　　　填表日期：　　年　月　日

费用说明			请领日期	
	请　购　项　目	单价	数量	金额
合计				

申请人：　　　　　　　　财务部：　　　　　　　　审核人：

二十七、员工福利委员会费用报销表

员工福利委员会费用报销表

填表日期： 年 月 日

费用说明		报销日期	
请购项目	单价	数量	金额

审核人： 填表人：

二十八、员工婚丧喜庆补贴申请表

员工婚丧喜庆补贴申请表

填表日期： 年 月 日

部门		姓名		性别		职称	
申领事由				证明文件			
备注				申领金额			

总经理： 部门经理： 申请人：

第五章 人事招聘与培训管理制度

第一节 人事招聘与录用管理制度

一、员工招聘管理规定

第一条 为了适应公司不断发展壮大的需要，及时为公司提供各种所需人才，坚持任人唯贤、人尽其才、才尽其用的原则，实现公司合理的人事配置，制订本规定。

第二条 公司的招聘形式分为社会公开招聘及内部招聘两种。招聘人才既看学历、资历，更注重个人品格、实际经验和工作成绩。在不影响其他部门工作的前提下，应优先考虑录用内部应聘人员。

第三条 招聘程序。

1. 申请

用人部门填写《人员招聘申请表》，经部门经理签字批准后交至人事部。

2. 审核

人事部核查申请部门的编制情况及用工计划，如不属于计划内招聘，应在一个工作日内退回《人员招聘申请表》。申请部门须向公司总经理申请特批，批准后再提交给人事部。

3. 发布信息

人事部根据《人员招聘申请表》要求，在一个工作日内开始通过适合方式、各种有效途径向公司内部员工和社会发布招聘信息，并负责收集和整理应聘资料。

4. 内部应聘

内部员工应聘，应填写《内部应聘申请及审核表》并上交人事部。

5. 面试

人事部根据《人员招聘申请表》，对获得的简历进行初选，将初选合格的简历转交用人部门，用人部门挑选适合的简历，通知人事部安排面试。人事部负责安排面试日程，通知用人部门，并对应聘者进行仪表、求职动机与工资期望、所学专业及成绩、语言表达能力等方面的初试。然后由用人部门经理及项目经理对应聘者进行专业知识面试，必要时通过现场操作考查其专业知识的深度及广度。人事部、用人部门经理和项目经理在《面试情况登记表》中填写面试意见。如属于内部招聘，用人部门还应与应聘人的部门主管进行咨询和协商，以免影响其他部门的正常工作。

6. 录用

用人部门决定录用后，填写《员工录用表》，并报请相关部门主管批准后，提交给人事部，由人事部向应聘人发出《录用通知书》。

二、 员工聘用管理规定

第一条 为了规范公司的员工聘用管理，以利于人力资源开发，制订本规定。

第二条 公司部门主管、副主管的录用及薪酬，由总经理报请董事长核定，组长及一般员工的录用由经理报请总经理核定。

第三条 公司员工录用除技术人员可由各单位向总经理呈报，自行选聘，再报请总经理核定外，其他员工概由公司统一选聘。

第四条 公司所属各部门需要人员时，应填具申请书，由各部门经理呈请总经理或董事长核准后，交人事部公开招聘。

第五条 公司新进的员工，无论是公开招聘的还是内部员工引荐的，均应先递交个人简历或履历表一份，经初选合格后另行通知考试。

第六条 公司新进员工的考试有面试、笔试及测验三种方式。

第七条 应试者的笔试合格后，依照其成绩高低及专业需要，通知参加面试。

第八条 面试考官的注意事项。

（1）要尽量使应聘人员感到亲切、自然轻松。

（2）要了解自己所要获知的答案及问题要点。

（3）了解自己要告诉对方的问题。

（4）要尊重对方的人格。

（5）将口试结果随时记录于"口试记录单"内。

第九条 公司各级员工的任用，均以品德、学识、能力、经验及工作的需要为原则。

第十条 参加考试成绩优良者，由申请部门经理决定录用后，即交由人事部通知报到试用。

第十一条　试用人员入职手续。

（1）交学历、相关工作经历和证件的复印件各一份、半身免冠照片6张。

（2）填写员工资料表。

（3）填写服务志愿书一份。

（4）填写保证书一份。

第十二条　凡经选聘合格的人员，应按通知指定的日期到公司报到，因故未能按期报到者，须申请延缓报到，否则即以弃权论处。

第十三条　公司各级新进员工试用期为1～3个月，亦可根据实际情况予以调整。

第十四条　经正式录用的员工，均由公司发给聘任书。

第十五条　本规定适用于公司全体员工。

第十六条　本规定呈报董事长核准后实施。

三、公司内部招聘制度

第一条　内部招聘是指公司因为业务拓展和强化有关部门的需要，在现有员工中进行招聘、筛选。

第二条　内部招聘由人事部负责组织、实施和协调。

1. 人事部负责内部招聘广告的发布和对应聘人员的初选、统计和汇总，同时进行档案审查，并填写《公司内部招聘资格审查表》，其内容包括专业技能水平审查、工作经验审查、员工以往绩效考核成绩审查及奖惩记录审查等。

2. 在人事部组织下，由用人申请部门经理对初选人员进行专业考核。专业考核结束后，该部门应将考核试题、答案及应聘人员试卷、得分或其他考核记录，入选人员名单等移交人事部。

第三条　经考核确定合格者，由人事部确定候选人，同时将其资格审查表、其所在部门负责人的意见及考核成绩汇总递交给拟聘岗位的直接上级，由拟聘岗位的直接上级负责提名，并由其隔级上级批准。

第四条　人事部在征得应聘人员所在部门负责人同意后，方可办理该员工的人事异动手续，进行岗位调动。若该部门负责人不同意又无其他合适人选时，由人事部上报总经理，由总经理最终确定（若申请补员的部门和该员工所在部门为同一部门，则由该部门负责人最终确定）。

第五条　被录用人员上岗前须先进行首次述职和岗前培训。

四、公司招聘员工体检规定

第一条 体检目的。

公司招聘新员工，必须依据本规定对其进行体检，为企业聘用身体健康的员工，同时为以后企业内部员工队伍健康管理打下良好的基础。

第二条 体检原则。

健康的体魄是新员工承担繁忙工作的前提条件，所以对应聘者的体检必须严格认真地进行。

第三条 体检项目。

体检项目一般应包括身高、体重、胸围、握力、视力（包括眼疾和色盲）、血沉、X光透视、肺活量、生理状况及一般内科检查。

第四条 健康表。

根据体检结果要填制两张健康证明表，一张由企业有关部门存档，另一张由医疗部门保存。

第五条 健康评价。

根据体检结果，对应聘者的健康状况分为健壮、健康、应注意健康及体弱多病四类。

其中健壮和健康为合格，应注意健康和体弱多病为不合格。做出上述评价的人员是企业承认的体检医生。

五、员工的招聘方式和程序

第一条 内部招聘。

招聘工作应该首先考虑公司内部人员。例如，销售经理可以从现有的销售主管之中进行提拔，也可以从市场策划部等其他部门转入；销售主管可以从现有的销售人员之中进行提拔；而销售人员也可以从行政人员之中进行转换。公司内部招聘具有以下优点。

（1）熟悉公司的企业文化，对公司的认同感强于新聘人员。

（2）熟悉公司的产品知识，了解公司产品和公司的运行情况。

（3）内部升迁能够造成公司升迁通道畅通的印象，能够更有力地激励公司员工。

（4）有助于培养具备综合能力的人才。

第二条 通过职业人脉进行招聘。

主要包括平时接触过的业务经理、推销员。经理人在任何地方遇到将来有可能成为公司有利用价值的人，都应该向他们索要名片，把这些名片放在"潜在人选"的档案里，需要招聘人员的时候就可以从中挑选。

第三条　部属推荐。

大多数员工不会推荐他们认为不合适的人选，因为他们在推荐人才时必须立下保证书，如果推荐不当就可能危及他们自己的工作。因此，可以鼓励公司的员工养成睁大眼睛，注意优秀人才的习惯。

第四条　回笼公司以前的人员。

企业用人在于任人唯贤、唯才是举，不应该排除那些曾经在公司任职的人员，除非此人是因为受到处罚而离职的。

这种回笼的人员有两点好处，就是他们熟悉公司产品和公司的运作情况，比新人能够更快地适应工作。

第五条　公开招聘。

1. 网上招聘

通过知名网站的论坛发表招聘广告，持续时间较长。

2. 知名媒体上发布招聘广告

在知名媒体上发布招聘广告的面广，但需要花费一定的费用，一般在公司需要大规模引进人员时采用。

3. 参加招聘会

招聘会具有即时性强的特点，能够较快地寻找到合适的应聘人员，但是时效较短。

4. 执行招聘方式

当总经理审批通过了拟聘人员的名额、薪金预算及招聘方式之后，就可以按照招聘计划执行招聘了。进行公开招聘，可以收到应聘者的数量不等的简历。对简历进行一定筛选，可以选出较为合格的人员，并通知他们进行面试。

第六条　筛选简历并安排面试时间。

1. 挑选简历

从简历中挑选符合资格者安排面试，可以设定主选简历和备选简历，在主选简历不能满足招聘需求时，再从备选简历中挑出备选人员进行面试。

（1）是否随简历附应征信。除简历之外还写应征信的人，说明他已经较为谨慎地筛选了招聘广告，比照招聘广告的要求，他认为自身的能力能够胜任招聘的职位。

（2）手写的简历。有的人由于不熟悉计算机操作，或是个人没有打印设备，投递手写简历；有的人却是由于自身具有良好的书法根底和文笔，特意手写简历。第二种人所投递的手写简历和附应征信的简历一样，有一定的共同点，比较有针对性，都是建立在应聘人员对应聘职位较为有信心的基础上的，这些都可以减轻简历筛选人员的部分工作。

（3）简历是否简明。简历不应过长，最长不得超过两页。过长的简历说明应聘人员缺乏概括和简洁能力。

（4）简历是否草率，是否有错别字。文字草率，里面还夹杂着错别字的简历可以直接扔掉。对自己的简历都不认真对待的人，也不会花时间去好好工作。

（5）简历中是否有较长时间的空当。缺失的这段时间到哪里去了？在做些什么？失业了吗？是没有去找工作，还是找不到工作？为什么不能写明？对于一个应聘者来说，诚实比能力更重要。

（6）简历中换工作的频率是否过快。更换工作频率太快的人对于外界环境的依赖性较强，他们经常抱怨自己所到的每一个企业有这样那样的问题，这种人进入公司只是给公司增加了一个只会提建议的人员而已。

（7）简历中是否对自己的工作任务和职责做了较为清晰的描述。一个负责任的工作人员对于自己以前的工作任务和职责都应当清楚地了解，如果一个人对于自己工作的任务和职责都不能清晰地描述，那么他的责任心也值得怀疑。

2. 安排面试的时间

挑选出来合适的简历，就安排面试时间，通知应聘者来进行面试。安排面试要考虑到主选方案不能实现招聘工作目标的可能性，要将备选方案也安排进去。

面试的时间视招聘职位而定，一般一个应聘者的面试时间控制在 30～120 分钟。

第七条 面试及筛选。

虽然应聘人员已经投递过简历，但是在他来面试的时候还是不要忘记让他填写一份《应聘人员资料登记表》。

第一轮面试的目的在于筛选应征者。在该轮面试中，面试人员应当向应聘人员介绍行业、公司及招聘工作职务的情况，然后了解应聘者对相关行业、公司以及应聘职位的了解程度，观察应聘者的应变能力，进行客观评估。

六、面试项目标准规定

第一条 思维能力。
说理充分，论证严密，分析、归纳正确，思维的逻辑性强，思维面广。
第二条 言语表达能力。
言语表达清楚、准确、简洁、流畅、有逻辑性，能够用语言将自己的思想、观点、意见或建议顺畅地表达出来；相反，言语表达不清、缺乏逻辑性，说明言语表达能力差。

第三条　计划组织能力。

办事有计划，组织协调能力强，可行性高；相反，办事无计划，无组织协调意识，说明计划组织能力差。

第四条　人际合作能力。

有很强的合作意识，有一定的合作技巧，注意沟通；相反，无合作意识，合作技巧简单，较封闭，说明人际合作能力差。

第五条　责任感与进取心。

回答问题诚实、负责，办事自信，有进取意识；相反，回答问题绕弯子，办事不负责、无进取心。

第六条　个性稳定性。

情绪稳定，沉稳耐心，有一定的承受力；相反，情绪容易激动，性格急躁，对外部压力特别敏感，说明个性稳定性差。

第七条　举止仪表。

文化素养高，举止得体，穿着整洁，无多余动作；相反，文化素质差，穿着不当，多余动作较多，说明举止仪表差。

第八条　理解表达能力。

语言的逻辑性、遣词用句的准确性、表达的简洁性较好，对面试者所提的问题理解正确、声音洪亮。

第九条　社会协调性。

理解并尊重他人意见，不固执己见（与有独立见解区分开），愿意帮助或协助他人做事，喜欢集体活动，与周围人和谐相处。

第十条　积极进取心。

有进取心，自我约束能力强，在工作上兢兢业业、刻意追求，不安于现状，努力把工作做好，工作中常有创新；相反，进取心不强或没有什么进取心的人，必然是无所事事、安于现状，不求有功，但求能敷衍了事，因此对什么事都不热心，这样的人是难以做好本职工作的。

第十一条　求职动机与工作期望。

了解求职者为何希望来本单位工作、对哪种职位最感兴趣、在工作中追求什么，判断本单位所能提供的职位或工作条件能否满足其工作要求和期望。

第十二条　专业知识与特长。

了解应试者掌握专业知识的深度和广度，其专业知识与特长是否符合所要录用职位的专业要求，以此作为专业知识笔试的补充。了解应试者的工作经历，查询其过去工作的有关情况，以考察其所具有的实际工作经验和专业程度。

第十三条 综合分析能力。

是否能够抓住问题或事物的本质进行认识，是否说理透彻、分析全面、条理清晰。

第十四条 反应能力。

反应能力，即交谈反应能力。通过考察交谈反应能力观察其头脑的机敏程度。应考人对主试人所提的问题能迅速、准确地理解并尽快做出相应的回答，而且答案简练、准确，反映出他头脑的机敏程度高，反应能力强；反之，则反应能力弱。借此来判断其在将来的工作中能否迅速准确地理解上级的指令和意图，是否能准确地判断面临的问题并恰当地处理突发事件。

第十五条 自我控制能力。

在遇到批评指责、压力或受到冲击时，能否克制、容忍、理智地对待；干工作是否有耐心和韧劲。

第十六条 精力和活力。

在面试中，可以通过了解被试者喜欢什么运动、每天运动量等，考察其精力和活力。

第十七条 兴趣与爱好。

了解应试者休息时间喜好从事哪种活动，喜欢阅读哪些书籍，以及喜欢什么样的电视节目，有什么样的嗜好等个人的兴趣与爱好，这对录用后的职位安排同样也是有益的。

第十八条 判断能力。

提出并形成可供选择的多种行动方案，做出以逻辑假设为根据的反映真实信息的决策能力。

第十九条 判断能力。

准备做出决策、实施判断、采取行动或身体力行的能力。

第二十条 独立性。

主要根据自己的判断而不是根据他人的意见采取行动。

第二十一条 坚韧性。

在有压力或反对的条件下坚定地工作。

第二十二条 领导能力。

能用适当的处理人际关系的方式和方法领导个人（包括下属、同僚和上级）或团队去完成工作任务。

第二十三条 主动性。

积极努力地去影响一些重大活动，计划性强，期望值高。

第二十四条　积极性。

在工作中所从事的具体活动和承担的责任与个人所期望从事的活动和承担的责任相符的程度。

七、新进人员试用制度

第一条　新进人员试用期一般为 3 个月，届满前一周由人事单位提供《考核表》，并登记被考核人试用期间出勤资料，依人事权限划分成顺序，逐级考核。

第二条　人事单位根据考核表发给《试用期满通知》。

第三条　人事单位发出《试用期满通知》后，依照不同的批示，分别办理下列事项。

（1）试用不合格者，另发给通知单。

（2）调（升）职者，由人事单位办理异动作业。

（3）薪酬变更者，由人事单位填制《薪酬通知单》并办理调薪。

第四条　以上事项办理完毕后，考核表应归入员工个人资料袋中，由人事部保管。

第五条　新进人员在试用期中表现不合要求，部门经理认为有必要停止试用时，可立即提前办理考核，并签写相应表单，报请人事部经理核定并停止试用。

八、新进人员任用办法

第一条　制度依据。

本办法依据公司人事管理规则相关之规定制订。

第二条　人员的增补。

各部门因工作需要增补人员时，以部门为单位提出“人员增补申请书”。依可能离职率及工作需要，由各部拟需要员工人数，呈报总经理核准，并于每月固定日期将上月份人员增补资料列表送总经理办公室转报董事长。

第三条　人员甄选主办部门。

经核准增补人员的甄选，大专以上学历者由总管理处经营发展中心主办，高中以下学历者由各公司（事业部）自办，并以公开登报招考为原则。主办部门核对报名应考人员之资格应详加审查，对不合报考资格或不拟采用者，应将其报名的书表寄还，并附通知委婉说明未获初审通过之原因。

第四条　甄选委员会。

甄选委员会对新进人员的甄选工作由主办部门筹组的甄选委员会负责，其具体负责办理下列事项。

（1）考试日期、地点。

（2）命题标准及答案。

（3）命题、主考、监考、阅卷等人员及工作分配。

（4）考试成绩评分标准及审定。

（5）其他考试有关事项的处理。

第五条 成绩的评分。

新进人员甄选成绩的评分标准分笔试和面试两项，其成绩分比例视甄选对象及实际需要由各甄选委员会规定，但面试成绩不得超过总成绩的40%。

第六条 录用情形上报。

各甄选主办部门于考试成绩评定后，将各应考人员的成绩及录用情形上报总经理办公室。

第七条 录取通知。

对于拟录取的人员，主办部门应通知申请部门填写《新进人员试用申请及核定表》，大专毕业以上人员呈报总经理核准，并列表送总经理办公室转报董事长，并在其核准后，即通知录取人员报到。备取人员除以书面通知列为备取外，并说明遇有机会得依序通知前来递补。对于未取人员除应将其书表返还外，并附通知委婉说明未录取原因。

第八条 报到时应缴的文件。

新进人员报到时应填缴人事资料卡、安全资料、保证书、体格检验表、户口誉本及照片，并应缴验学历证书、退伍证以及其他经历的证明文件。

第九条 试用。

新进人员均应先行试用1个月。试用期间应由各部门参照其专长及工作需要，分别规定见习程序及训练方式，并指定专人负责指导。

第十条 试用期满的考核。

新进人员试用期满后，由其负责指导人员或主管于《新进人员试用申请及核定表》详加考核（大专以上人员应附实习报告），并依第七条规定权限呈报审核。如确认其适才适任，则予以正式任用；如确认尚需延长试用，则酌予延长，但最多不超过3个月；如确属不能胜任或经安全调查有不法情事者，即予辞退。

第十一条 处分规定。

新进人员在试用期间应遵守公司的一切规定，如有受记过以上处分者，应即辞退。

第十二条 试用期间考勤规定。

新进人员在试用期间的考勤规定如下：

（1）事假达 5 天者应即予辞退。

（2）病假达 7 天者应即予辞退，亦可延长其试用期间予以补足。

（3）旷工或迟到 3 次者应即予辞退。

（4）公假依所需日数给假，其已试用的时间予以保留，休假复职后再予连续计算。

（5）其他休假比照人事管理规则之规定办理。

第十三条　停止试用或辞退。

经停止试用或辞退者，仅付试用期间的薪酬，不另支任何费用，亦不发给任何证明。

第十四条　试用期间的待遇。

新进人员在试用期间的薪酬依人事管理规则薪级表标准核支，试用期间年薪、考勤、奖惩均予并计。

第十五条　实施及修改。

本办法经经营决策委员会通过后实施。修改时亦同。

九、员工离职管理制度

第一章　总　则

第一条　为规范公司员工离职管理工作，确保公司和离职员工的合法权益，制订本管理制度。

第二条　公司员工除董事长外均适用于本制度；总经理离职除按本制度执行外，还须经公司股东会做出准予离职的决议方可离职。

第二章　离职定义

第三条　合同离职。

合同离职方式指员工与公司合同期满，双方不再续签合同而离职。

第四条　员工辞职。

员工离职方式指合同期未满，员工因个人原因申请辞去工作。

第五条　自动离职。

自动离职方式指员工因个人原因离开企业，包括不辞而别或申请辞职但未获得公司同意而离职。

第六条　公司辞退、解聘。

（1）员工因各种原因不能胜任其工作岗位，公司予以辞退。

（2）公司因不可抗力等原因，可与员工解除劳动关系，但应提前发布辞退通告。

第七条 公司开除。

违反国家相关法律、法规及公司制度，且情节严重者予以开除。

第三章 离职手续办理

第八条 离职员工不论是何种方式离职都要填写《员工离职申请书》，经部门主管、行政部主管、总经理逐级批准后方可办理离职手续。

第九条 普通员工离职应提前 15 天提出申请。中级以上管理人员、项目主管及技术人员应提前一个月提出申请。

第十条 经总经理批准可以离职的员工，应到人事行政部领取《员工离职审批表》，认真、如实填写各项内容。

第十一条 移交。

员工离职应办理以下交接手续。

1. 工作移交

工作移交指将本人经办的各项工作、保管的各类工作性资料等移交至部门主管所指定的人员。其主要内容有以下几个方面。

（1）公司的各项内部文件。

（2）经办工作详细说明（书面形式）。

（3）往来客户、业务单位的信息，包括姓名、单位名称、联系方式、地址及业务进展情况等。

（4）培训资料原件。

（5）企业的技术资料，包括书面文档、电子文档等。

（6）经办项目的工作情况说明，包括项目计划书、项目实施进度说明、项目相关技术资料等。

（7）上级认为应移交的其他工作。

2. 事物移交

事物移交指员工任职期间所领用物品的移交，主要包括领用的办公用品，办公室、办公桌钥匙，借阅的资料、各类工具（如维修工具、移动存储器、所保管工具等）及仪器等。

3. 款项移交

款项移交指离职员工将经办的各类项目、业务、个人借款等款项事宜移交至财务部门。

4. 公司认为应办理移交的其他事项

上述各项交接工作完毕，接收人应在《员工离职审批表》上签字确认，并经人事行政部及所在部门负责人审核后方可认定交接工作完成。

第十二条 当交接事项全部完成，并经部门经理、人事部经理、总经理分别签字后，方可对离职员工进行相关结算。

第十三条 离职员工的工资、违约金等款项的结算由财务部门、人事部共同进行。

第十四条 结算项目。

1. 违约金

因开除、解聘、自动离职和违约性辞职所产生的违约金，由人事部按照合同相关违约条款进行核算。包括《劳动合同》合同期未满违约金、《保密协议》违约金等。

2. 赔偿金

违约性离职对公司造成的损失，由人事部、财务部门进行核算。

（1）物品损失赔偿金。公司为方便工作为员工所配置的物品不能完好归还。

（2）培训损失赔偿金。员工接受公司外派培训，未能在公司工作满相应年限，应退赔全部培训费用。

3. 工资

工资的结算参照《公司薪酬管理制度》执行，由财务部门进行核算。

第十五条 公司内部建立的个人档案资料不归还离职员工本人，由人事行政部分类存档。

第四章 附 则

第十六条 本制度由人事行政部负责拟定、解释、执行。

第十七条 本制度自总经理批准之日起执行。

十、员工解聘与辞职制度

为了规范企业内部员工解聘与辞职工作，完善企业内部管理机制，制定员工解聘与辞职制度。

第一条 解聘。

员工有下列情形之一者，公司可与其解除劳动合同。

1. 试用期内不能胜任所应聘职位岗位工作者。

2. 严重违反劳动纪律或公司规章制度者。

3. 严重失职，营私舞弊，对公司利益造成重大损失者。

4. 泄露公司经营、业务秘密，造成重大损失者。

5. 利用公司的资源、设备为个人谋取私利者。

6. 不服从上级指挥，无故推诿拒绝完成本职工作，影响团队集体合作者。

7. 被依法追究刑事责任者。

8. 其他符合解聘条件者。

第二条 辞职程序。

1. 员工应于辞职前至少 1 个月向其部门经理及人事部提出辞职请求。

2. 员工所在部门的经理与辞职员工积极沟通，努力挽留绩效良好的员工，探讨改善其工作环境、条件和待遇的可能性。

3. 辞职员工填写离职审批表，经所在部门经理签署意见后报人事部审批；部门经理以上职位人员辞职，须报总经理审批。

4. 员工辞职申请获准，则办理离职移交手续，填写员工离职交接表。公司应安排其他人员接替其工作和职责。

5. 在所有离职手续办妥后，填写员工离职审批表、结薪单，到财务部领取工资。公司可出具辞职人员在公司的工作履历和绩效证明。

第三条 辞职程序的细则。

1. 离职谈话

（1）员工辞职时，该员工所在部门经理与辞职人进行谈话；如有必要，可请其他人员协助。谈话完成下列内容：

①审查其劳动合同。

②审查文件、资料的所有权。

③审查其了解公司秘密的程度。

④审查其掌管工作的进度和角色。

⑤阐明公司和员工的权利和义务。

⑥对绩效优良的辞职员工进行挽留。

（2）人事部经理与辞职员工进行谈话。

①调查了解辞职员工的思想状况和生活状况。

②回答辞职员工提出来的问题。

③征求辞职员工对公司的评价及建议。

离职谈话时，要做记录，并由人事部经理和辞职员工签名后存档。辞职员工因故不能来公司谈话，应通过电话交谈或与其委托人谈话予以办理。

2. 辞职手续

（1）辞职员工应移交的工作及物品。

①公司的文件资料（包括纸质文件和电子文件）。

②公司业务项目的资料。

③公司价值在 40 元以上的办公用品。

④公司工作证、名片、识别证及钥匙。

⑤公司分配使用的车辆、住房。

⑥其他属于公司的财物。

（2）清算财务部门的领借款手续。

（3）转调人事关系、档案、党团关系及保险关系。

（4）凡在公司从事涉及商业秘密的辞职员工，5 年内禁止到同类公司就职，否则公司保留运用法律进行追究的权利。

辞职人员办理辞职手续时，如果其不能亲自办理离职手续时，应寄回有关公司物品，或请人代理交接工作。

3. 工资福利结算

辞职员工领取工资，享受福利待遇的截止日为正式离职日期。

（1）辞职员工结算款项具体如下。

①凭人事部开具的《离职结算通知单》结算工资。

②公司尚未结清的辞职员工的其他款项。

（2）结算时，须扣除以下项目。

①员工拖欠未付的公司借款、罚金。

②员工对公司未交接手续的赔偿金、抵押金。

③原承诺培训服务期未满的赔偿费用。

如应扣除费用大于支付给辞职员工的费用，则应在收回全部费用后才予办理离职手续。

第四条　其他

（1）公司辞职工作以保密方式处理，并保持相关工作连贯、顺利地进行。

（2）辞职手续办理完毕后，辞职者即与公司脱离劳动关系，公司在 3 个月内不受理该辞职员工提出的复职要求。

十一、变更、终止、解除劳动合同通知书

劳动合同变更是指合同双方当事人就合同条款进行协商变动，双方按变更后条款执行。劳动合同的终止和解除，是指发生法定事由或者双方当事人约定的事由以后，劳动合同不再履行。根据《中华人民共和国劳动法》和国家有关部门

的规定，劳动合同的变更、终止和解除要遵循公平合理的原则。

第一条　经劳动合同当事人协商一致，劳动合同可以解除。劳动者有下列情形之一的，用人单位可以解除劳动合同。

（1）在试用期间被证明不符合录用条件者。

（2）严重违反劳动纪律或者用人单位规章制度者。

（3）严重失职，营私舞弊，对用人单位利益造成重大损害者。

（4）被依法追究刑事责任者。

第二条　有下列情形之一的，用人单位可以解除劳动合同，但是应当提前30天以书面形式通知劳动者本人。

（1）劳动者患病或者非因工负伤，医疗期满后不能从事原工作，也不能从事由用人单位另行安排的工作的。

（2）劳动者不能胜任工作，经过培训或者调整工作岗位仍不能胜任工作的。

（3）劳动合同订立时所依据的客观情况发生重大变化，致使原劳动合同无法履行，经当事人协商不能就变更劳动合同达成协议的。

第三条　用人单位在濒临破产进行法定整顿期间，或者生产经营状况发生严重困难，确需裁减人员的，应当提前30日向工会或者全体职工说明情况，听取工会或者职工的意见，经向劳动行政部门报告后，可以裁减人员。用人单位依据本条规定裁减人员，在6个月内录用人员的，应当优先录用被裁减的人员。

第四条　有下列情况之一的，用人单位不能解除劳动合同。

（1）患职业病或者因工负伤，并被确认丧失或者部分丧失劳动能力的。

（2）患病或者负伤，在规定的医疗期内的。

（3）女职工在孕期、产期、哺乳期内的。

（4）法律、行政法规规定的其他情形。

第五条　用人单位解除劳动合同，工会认为不适当的，有权提出意见；如果用人单位违反法律、法规或者劳动合同，工会有权要求重新处理；劳动者申请仲裁或者提起诉讼的，工会应当依法给予支持和帮助。

第六条　劳动者要求解除劳动合同的，应当提前30日以书面形式通知用人单位。但在试用期内的，或者发生用人单位以暴力威胁或者非法限制人身自由的手段强迫劳动的，以及用人单位未按照劳动合同约定支付劳动报酬或者提供劳动条件等情况时，劳动者可以随时提出解除合同。

第七条　终止和解除合同后，对劳动者的经济补偿金，由用人单位一次性发给。用人单位克扣或者无故拖欠劳动者工资的，以及拒不支付劳动者延长工作时间工资报酬的，除在规定的时间内全额支付劳动者工资报酬外，还须加发相当于其本人工资报酬25%的经济补偿金。

第八条　用人单位支付劳动者的工资报酬低于当地最低工资标准的，要在补足低于标准部分的同时，另外支付相当于低于部分 25% 的经济补偿金。经劳动合同当事人协商一致，由用人单位解除劳动合同的，用人单位应根据劳动者在本单位工作年限支付经济补偿金，每满 1 年发给相当于其本人 1 个月工资的经济补偿金，最多不超过 12 个月。工作时间不满 1 年的按 1 年的标准发给经济补偿金。

第九条　劳动者患病或者非因工负伤，经劳动鉴定委员会确认不能从事原工作，也不能从事用人单位另行安排的工作而解除劳动合同的，用人单位应按其在本单位的工作年限支付经济补偿金，每满 1 年发给相当于其本人 1 个月工资的经济补偿金，同时还应发给不低于其本人 6 个月工资的医疗补助费；患重病和绝症的还应增加医疗补助费，患重病的增加部分不低于医疗补助费的 50%，患绝症的增加部分不低于医疗补助费的 100%。劳动者不能胜任工作，经过培训或者调整工作岗位仍不能胜任工作，由用人单位解除劳动合同的，用人单位应按其在本单位工作的年限支付经济补偿金，工作时间每满 1 年，发给相当于其本人 1 个月工资的经济补偿金，最多不超过 12 个月。

第十条　劳动合同订立时所依据的客观情况发生重大变化，致使原劳动合同无法履行，经当事人协商不能就变更劳动合同达成协议，由用人单位解除劳动合同的，用人单位按劳动者在本单位工作的年限支付经济补偿金，工作时间每满 1 年发给相当于其本人 1 个月工资的经济补偿金。

第十一条　用人单位在濒临破产进行法定整顿期间或者生产经营状况发生严重困难，必须裁减人员的，用人单位按被裁减人员在本单位工作的年限支付经济补偿金，在本单位工作的时间每满 1 年，发给相当于其本人 1 个月工资的经济补偿金。

第十二条　用人单位解除劳动合同后，未按规定给予劳动者经济补偿的，除全额发给经济补偿金外，还须按该经济补偿金数额的 50% 支付额外经济补偿金。经济补偿金在企业成本中列支，不得占用企业按规定比例应提取的福利费用。

十二、公司内部招聘表

公司内部招聘表

部门名称		部门级别		所属上级部门	
招聘岗位		招聘人数		招聘方式	
到位时间要求		联系人		联系电话	
职位说明 （任务、职责）					
职位要求条件					
专业学历条件					
基本素质条件					
专业技能条件					
其他条件					
所属部门 意见	负责人签字：		所属管理 部门意见		负责人签字：
人事部 意见	签字：		总经理 意见		签字：

十三、人员需求数量估计表

人员需求数量估计表

填报部门：　　　　　　　　　　　　填表日期：　　　年　月　日

需要理由		主管人员（人）				职员（人）					工员（人）					合计
项目	说明	高层	中层	基层	小计	×岗	×岗	×岗	×岗	小计	×岗	×岗	×岗	×岗	小计	
因业务扩展																
因补充离职																
因组织变更																
备　注																

注　减少者用"—"符号表示；此表报人事部。

十四、年度招聘计划报批表

年度招聘计划报批表

填表日期：　　年　月　日

部门情况	录用部门	录用职位情况				考试方法		
		职称	人数	专业	资格条件	考试方法	招考范围	招考对象
公司核定的编制数								
本年度缺岗人数								
本年度计划裁减人员								
本年度拟录用人数								
备注								

十五、人员增补申请单

人员增补申请单

填表日期： 年 月 日

申请单位	部 科 车间 组	增补岗位	增补人数 人
申请增 补理由	□扩大编制 □短期需要	希望到岗日期： 年 月 日	

应具备资格条件	性别：□男 □女 婚姻：□已婚 □未婚 □不限 年龄： 岁 ~ 岁 学历：□小学 □初中 □高中 □大专 □本科 □硕士 □博士 英文：□稍可 □普通 □很好 其他外文：□稍可 □普通 □很好 经历： 个性： 技能：	增加（补充）人员工作内容		申请人
				单位主管
				副总经理
		人事部意见		总经理
备注				

制表：人事部

十六、招聘工作计划表

招聘工作计划表

填表日期：　　年　月　日

	岗位名称	需要人数	人员要求
招聘目标			
发布时间			
发布渠道			
招聘工作预算			
	职务	姓名	工作职责
招聘小组成员安排			

填表人：　　　　　　　　审核人：

十七、招聘渠道比较表

招聘渠道比较表

填表日期：　　年　月　日

招聘渠道	优　　点	缺　　点	确定的招聘渠道
人员招聘			
广告招聘			
网上招聘			
人才招聘会			
职介所			

填表人：　　　　　　　　　审核人：

十八、招聘进度情况表

招聘进度情况表

填表日期：　　年　月　日

部门			职位空缺				
申请人姓名	收到求职信	感谢信	拒绝信	面试通知函	面试	不录用	录用通知
合计							

十九、机构人员名额编制表

机构人员名额编制表

（单位：人）

区分	机构名称	经理	科长	组长	职员或专员
办公室	秘书室				
	财务室				
	……				
管理部	人事劳动				
	行政科（出纳）				
	计算机科				
	……				
营业部	营业科				
	开发科				
	业务科				
	……				
生产部	生产调度科				
	采购供应科				
	设备管理科				
	质量检验科				
	物资储运科				
后勤部	食堂				
	宿舍				
	门卫				
	车队				
	物业				
	……				

二十、个人简历表

个人简历表

姓 名		性 别		照 片
婚姻状况		出生年月		
民 族		身 高		
学 历		户 籍		
计算机能力		技术职称		
毕业学校				
专 业				
现所在地区				
语言能力				

教育/培训			
自 年 月至 年 月	院校名称/培训机构	专业/课程	证 书

技能/专长

工作简历

求职意向	
希望工作专业	
希望工作性质	
希望工作岗位	
希望工作职务	
希望工作地区	
希望到岗时间	
希望待遇要求	
备注	

二十一、应聘申请书

应聘申请书

应聘职位：　　　　　　　　　　　　　　　　填表日期：　　年　月　日

应聘人员		年龄		性别		婚否		政治面貌	
居住地址					联系电话				
自我评价		目 前 服 务 机 构						对本公司的希望	
思想品德评价	工作能力评估	担任职务		负担工作项目		欲离职原因			
				1				希望到职日期	
				2					
		职薪		3					
		本薪	元	4				年 月 日	
		津贴	元	5					
		合计	元	6					
本人抱负摘要		是否需要公司提供宿舍		希望待遇标准				其他希望	
备注									

二十二、应聘人员资料登记表

应聘人员资料登记表

姓名		性别		出生年月			照片
联系电话				婚否			
联系地址				邮政编码			
应聘职位				期望月薪			

教育经历	时间		毕业院校	专业证明人		证明人联系方式	

工作经历	时间	就职单位	职务	离职原因	证明人	证明人联系方式	

培训经历	时间	培训单位		培训内容		备注	

其他能力	外语	英语 □精通 □熟练 □一般 日语 □精通 □熟练 □一般 其他 □精通 □熟练 □一般
	计算机	

特长爱好	

本人承诺以上内容全部属实，若有不属实成分，贵公司可以随时结束和本人的合同。

应聘人：（签名）

二十三、员工应聘岗位申请表

员工应聘岗位申请表

填表日期： 年 月 日

应聘岗位				部门				照片
姓名		性别		年龄		民族		
籍贯		民族		身份证号				

文化程度		所学专业		健康状况		婚姻状况	
居住地址		邮政编码		联系电话			

教育经历	起止时间	学校名称	所学专业	外语语种	毕业时间

工作经历	起止时间	工作单位	职务	工作内容	月薪	离职原因

家庭成员	姓名	称谓	年龄	工作单位	职务	联系方式

申请人说明	

二十四、招聘人员测评表

招聘人员测评表

填表日期：　年　月　日

姓名	测 评 内 容			是否通过面试	备注

二十五、面试记录表

面试记录表

填表日期：　年　月　日

姓名		出生日期	
联系电话		家庭住址	
自我简介			
公司情况			
工作情况			
工作经历			
教育/专业			
业余爱好			
面试考官			
其他			

二十六、面试评估表

面试评估表

填表日期：　　年　月　日

姓名		性别		年龄	
项目	面 试 及 评 分				
	第一次面试		第二次面试		
	评分	评语	评分	评语	
外貌					
表达能力					
反应能力					
礼貌					
性格					
仪表					
行走					
普通话					
面试人意见					
人事部审核意见					
总经理意见					

二十七、面试结果推荐书

面试结果推荐书

填表日期：　　年　月　日

姓名			推荐日期	
外文知识	会话			
	书写			
智力水平				
专业知识				
创造性思维				
性格特征				
面试小组评语				

推　荐　意　见			
□聘用		推荐职位	
		推荐级别与薪金	
□待聘			
□辞谢			
赞成此意见者（面试小组成员）签名			
送达部门及主管			

二十八、招聘录用通知单

招聘录用通知单

<table>
<tr><td colspan="4">兹聘请_____为本企业职工。
欢迎加入本企业员工队伍行列，有关事项列后，请查照办理</td></tr>
<tr><td>报到日期</td><td>年 月 日 午 时 分</td><td>报到地点</td><td></td></tr>
<tr><td>待遇</td><td colspan="3">起薪月支 元，试用 个月，期满视工作绩效另行加薪</td></tr>
<tr><td>请携带资料</td><td colspan="3">1. 学历证件复印件
2. 离职证明
3. 体格检查表
4. 身份证</td></tr>
</table>

二十九、招聘致谢通知书

招聘致谢通知书

承蒙应征本公司_____一职，特此致谢。

兹因本公司需求人员数额有限，未能一并借重，敬请谅察。以后若有机会，仍请惠予鼎助为盼。

此 致

_____先生

_____公司 敬启

年 月 日

三十、试用期察看结果通知单

试用期察看结果通知单

填表日期：　　年　月　日

姓名		职位		察看期间：自　年　月　日 至　年　月　日
察看事实结果				
部门经理			人事部经理	
本人收到通知后签名				

三十一、招聘岗位申请表

招聘岗位申请表

填表日期：　　年　月　日

申请部门		申请日期		现有人员	
职位名称		需要人数		聘用数量	
上岗时间		工作时间			
招聘岗位职责					
岗位要求					

三十二、初试通知单

初试通知单

　　　　　　先生
—————— 女士：

　　一、谢谢您来信应聘本公司_____职位，您的学识与资历都给我们留下了良好的印象，为了彼此进一步加深了解，请您于____月____日（星期___）____时亲临本公司参加□专业笔试□性格测验□面谈。

　　二、希望您准时到达本公司，并携带下列有关资料：①身份证；②本通知单；③详填甄选报名单；④笔；⑤其他：_____。

　　三、如果您时间上不方便，请电话或来函与本公司人事单位联系。

　　此致

公司人事部（盖章）
____年__月__日

三十三、聘用人员任用核定表

聘用人员任用核定表

填表日期：　　年　月　日

姓名	性别	出生年月日	学历	专长	拟分派工作部门	担任工作	工作期间	聘任职位	拟支付薪金（资）	批示

总经理：　　　　　经理：　　　　　人事主管：　　　　　填表人：

三十四、到职通知表

到职通知表

姓名		性别		籍贯	
出生日期	年　月　日	年龄		血型	
学历		婚姻状况		身份证号码	
现住址				电话	
户籍住址				电话	

简历	单位名称	担任职务	起止日期	年资

任职单位		人事承办签章	人事主管签章	该人员报到手续大致办妥，谨此表向贵单位报到，请依"职前介绍表"逐项给予解释说明，并妥善保管本资料
担任职务				
职级	等级			
到职日期	年　月　日			

三十五、人事通知单

人事通知单

兹派_____等员工为本公司_____并核定薪金。

自_____年____月____日起生效

签发日期：　　　年　月　日

姓名	职务	等级	薪点	倍数	年薪金额

签发部门：

三十六、退休人员录用面试表

退休人员录用面试表

填表日期：　　年　月　日

录用单位			预定录用日期			年　月　日
姓名		性别		年龄		籍贯地址	
毕业学校		技能兴趣		专业特长		曾任职务	
现在退休费				希望年收入		
健康状况	本人自述：					
	面试观察：					
	健康检查：					
面试内容	面 试 意 见				面试时间	
性格倾向						
指导能力						
协调能力						
亲和能力						
企划能力						
说服能力						
交涉能力						
交际能力						
语言能力						
包容能力						
综合评价						
附件资料						

三十七、公司应聘人员甄选报告表

公司应聘人员甄选报告表

甄选职位		应聘人数	人	初试合格		人	面试合格		人
复试合格	人	需要名额	人	合格比率	初试 ％，面试 ％，录用 ％				

甄试结果比较	说　明		预　定	实　际
	具体条件			
	待　遇			

录用人员名单：

第二节　人事培训管理制度

一、员工培训制度

第一条　培训的宗旨。

1. 培训在企业工作中的地位

培训是企业工作的重要组成部分。新员工进入公司必须接受岗前培训，员工上岗后要进行岗位专业技能培训。培训工作在企业中始终是一项长期、持续的造血工程。通过形式多样、务实有效的培训，有利于提高员工的综合素质，提升管理者的管理水平，促进企业整体实力的增强。

2. 培训的目的

（1）帮助经理及时掌握公司内外部环境条件的变化，了解公司员工的思想状况、工作情况以及对相关知识、基本技能的掌握状况。

（2）使基层管理人员尽快掌握必要的管理技能，明确自己的职责，改变自己的工作观念，熟悉工作环境，习惯新的工作方法。

（3）使专业人员熟练掌握企业的知识和技能，及时了解工作领域里的最新知识与社会发展相适应。

（4）为员工提供再学习和深造的机会，以实现其个人的价值。

（5）对一般员工的培训是使其了解公司及产品，掌握工作规范和必要的工作技能，明确责权界限，按时完成本职工作。

（6）提高员工整体素质和业务水平，改善公司人才结构，为企业培养和储备人才，为企业的可持续发展提供保障。

（7）激发员工求知欲、创造性，发掘员工知识更新、能力更新的潜力。

（8）达到合格的管理者必须是合格的培训者的要求。

（9）加强企业内部的团队修炼，增加企业自身的凝聚力，增进员工对企业文化、经营理念的理解。

通过培训减少员工的工作失误，避免事故，提高工作质量和工作效率。

3. 培训的原则

（1）经常鼓励员工积极参加学习和培训。

（2）预先制订培训后期要求达到的标准。

（3）积极指导员工的培训和学习。

（4）培训和学习应是主动的而不是被动的。

（5）参加培训者能从培训中有所收获。

（6）采用适当的培训方式、方法，培训方式要力求多样化。

（7）对不同层次、不同类别的培训对象要采取不同的培训方式。

（8）通过培训为员工提供晋升的机会。

第二条 培训的分类。

1. 按培训周期划分

按此方法可分为年度培训和月度培训。

各部门按年度制订培训工作计划，经总经理批准后报人事部；由人事部汇总，根据公司总体的培训任务制订公司年度和月度培训计划，并组织实施和考核；各相关部门配合培训师实施。

2. 培训按时间划分

按此方法可分为不定期培训与定期培训。

3. 培训按方式划分

按此方法可分为脱产培训和不脱产培训。

4. 培训按培训对象划分

按此方法可分为总经理、副总经理、总监级人员的培训，部门经理和主管级以上人员的培训，一般员工的培训，特殊岗位人员的培训，新进人员的培训等。

第三条 培训的方法。

1. 总经理、副总经理、总监级人员的培训

（1）董事会决定总经理的培训，总经理决定副总经理、总监级人员的培训。

（2）总经理、副总经理、总监级人员的培训方式主要有外出学习考察、外出进修及聘请有关专家培训。

（3）对总经理、副总经理、总监级人员的培训内容如下。

①学习考察本行业先进企业的先进管理经验及先进技术。

②学习考察知名企业的先进管理经验。

③到知名管理学校或研究机构进修。

④参加资深培训机构或院校组织的操作性较强的有关总经理的素质培训和经营研讨班。

（4）根据情况可以与培训人员签订教育培训合同，尤其是培训费用较高者，必须签订合同。

（5）培训结束后，总经理、副总经理或总监级人员必须整理出学习材料，一份交总经理办公室存档，一份交人事部作为公司培训教材。

（6）总经理、副总经理、总监级人员的培训至少每年定期组织一次。

2. 部门经理和主管级以上人员的培训

（1）部门经理和主管级人员的培训主要通过人事部组织实施，也可以聘请专家培训。

（2）部门经理或主管级人员的培训一般针对下列情况进行。

①公司重大改革、政策调查等。

②重大的技术改进或质量体系变更。

③新的管理模式的建立和运行。

④不断发展的企业文化。

⑤最前沿的管理理论和经营理论。

⑥部门经理和主管级人员的培训考核结果将纳入绩效考核评估记录。

（3）部门经理和主管级人员的培训至少每半年定期举办一次。

3. 一般员工的培训

（1）一般员工的培训由人事部配合组织协调公司相关部门负责人进行培训。

（2）一般员工的培训内容如下。

①《员工手册》及其相关规章制度的培训。

②岗位技能、业务知识及新技术的培训。

③工作程序的培训。

④新开发的产品培训。

⑤不断发展的企业文化培训。

⑥综合素质培训。

（3）一般员工的培训根据工作需要每月安排组织一次。

4. 特殊岗位人员的培训

（1）公司应对某些重要岗位的在岗人员进行特殊培训，如财务人员、关键技术人员及专业营销人员等。

（2）特殊岗位人员的培训可以采取外部脱产培训和内部培训的方式。培训内容主要是本岗位专业技能。

（3）特殊岗位人员在进行脱产培训前，公司须与其签订培训教育合同。

（4）特殊岗位人员在外部培训结束后必须整理出学习材料，一份交总经理办公室存档，一份交人事部作为公司培训资料。外出参加培训人员应持有培训单位的考核证明与资料。

5. 新员工的培训

（1）新员工在上岗前必须统一接受人事部组织的新员工岗前培训，未经过统一岗前培训的新员工不准上岗。

（2）人事部负责对新员工进行企业文化、员工手册、规章制度、经营理念、管理模式、安全教育及素质教育等方面的培训。

（3）新员工所在试用部门配合人事部开展新员工岗前培训，由其部门负责人负责组织对新员工进行部门职能、岗位描述、工作程序、业务规范及专业技能等方面的必要培训。

（4）新员工经岗前培训考核合格后方可到所在部门上岗试用。

第四条　培训内容与责任部门。

（1）企业文化培训：人事部。

（2）《员工手册》及其相关规章制度培训：人事部。

（3）部门职责、岗位描述培训：人事部、所在部门。

（4）业务素质、专业技能培训：人事部、所在部门或相关部门。

（5）管理培训：人力资源部、所在部门或相关部门。

（6）新政策、新技术培训：人事部、所在部门或相关部门。

（7）产品知识培训：人事部或相关部门。

第五条　培训计划。

1. 培训计划的制订与审核

（1）各部门依照人力资源部划定的培训内容与部门责任，按年、按月拟订培训计划送人事部审核，并作为培训实施依据。

（2）人事部就各部门提出的年度、月度培训计划汇编年/月培训总计划，呈报上级领导核鉴。

（3）各项培训课程由人事部培训师审核或编制，并填写《培训实施计划表》呈报核后，通知有关部门及人员。

2. 培训计划的内容

培训对象、内容、时间及目的。

第六条　培训实施规则。

（1）人事部培训师应依"培训实施计划"，按期实施并负责全部培训事宜，如场地安排、教材分发、教具借调、通知受训单位。

（2）如有补充培训教材，应于开课前印刷完成，以便培训上课时使用。

（3）各项培训结束时应举行考核测验，由培训师负责监考，考核测验题目由培训师于开课前递交人事部审核。特殊专业培训应安排有关专业人员协助、配合。

（4）对受训学员应有签到记录，以便人事部检查上课人员出勤状况。

（5）受训人员应准时出席，因故不能参加培训者应提前办理请假手续。

（6）人事部定期召开检查会，评估各项训练课程实施效果，并记录评估内容，递交各有关部门参考，予以改进。

（7）各项培训考核测验因故缺席者，事后可以参加补考，补考测验不到者，一律以零分计算成绩。

（8）培训测验成绩列入绩效考核积分，对于成绩不合格者，培训师报人事部经理履行人事建议权。

第七条　培训过程。

（1）培训的管理过程。

（2）"计划实施评价处理"循环过程。

第八条　培训方法。

1. 传授式培训方法

传授式培训方法包括个别指导和开办讲座。

2. 参与式培训方法

参与式培训方法包括会议研讨、小组培训、角色扮演、案例分析、模拟演练、脑力风暴会、参观访问、事故处置训练、影视法及业务游戏。

3. 其他方法

第九条　培训职责。

1. 部门职责

（1）拟订培训政策、培训方案、编制培训预算。

（2）选定培训对象。

（3）安排新职工岗前培训计划。

（4）完成培训工作分析。

（5）提出培训建议，协助公司领导确定培训项目。

（6）组织安排培训工作，承担培训任务。

（7）衡量、评价培训工作。

（8）管理培训师日常工作。

（9）管理各种培训设施。

2. 领导职责

（1）负责拟订公司的总体培训政策、方案、预算。

（2）协助或独立策划项目。

（3）组织制订培训计划。

（4）审核培训教材、教案及相关资料。

（5）负责培训工作总结与分析考评。

（6）负责培训业务对外联络事务。

（7）协助培训讲师实施培训课程。

3. 培训师职责

（1）制订、汇总培训计划。

（2）编写、购买、整理培训教材、教案、相关资料。

（3）负责培训课程的实施与管理。

（4）负责学员的培训效果考核（试卷编印、考试评卷）包括培训后工作绩效考核统计。

（5）负责校对、分发各种打印培训资料。

4. 其他工作人员职责

（1）协助培训师做好各项培训准备。

（2）管理学员参加培训的日常考勤。

（3）协助打印、管理各种培训资料。

（4）协助培训师进行培训效果分析统计。

（5）负责教学书籍与器材的管理。

（6）协助处理培训活动的接待事务。

（7）做好培训的服务与保障工作。

第十条 培训教材与器材的管理。

（1）每次培训要有完整而系统的教材。

（2）建立健全教材的档案资料、备查并妥善保存。

（3）建立健全考核的档案资料，每次培训的考核题与成绩统计资料都要存档保存。

（4）教学器材要登记上账，明确器材使用交接手续，使用人员要妥善保管，出现问题及时上报。

（5）教材与器材的保管工作由专人负责保管和管理，暂时无专人时，由培训师负责。

第十一条 培训的考勤与课堂管理。

（1）学员要爱护培训场地一切设施。

（2）学员应遵守各项培训制度。

（3）学员上课时应将手机关掉或调到振动。

（4）课堂上不做与培训无关的事情，不得随意出入，认真做好笔记。

（5）参加培训人员都要严格遵守考勤制度，不迟到、早退、旷课。

（6）培训考勤列为考核一项，考勤不合格者，不能参加培训考核。

（7）如有特殊事情不能参加培训，必须向人事部请假，不请假者按旷课处理。

（8）考勤与课堂管理由培训师或其工作人员负责。

第十二条　培训的评估、检查及反馈。

1. 评估

（1）培训期间或培训结束后，人事部经理负责组织多方面、多角度的评估活动，并将评估结果记录存档（含合格和不合格者），必要时反馈给培训师、培训对象及其他相关人员。

（2）培训评估的考核结果将与绩效考核挂钩，员工接受培训的情况将列入员工绩效考核的内容之一，其培训考核的成绩、成果将按照一定的核算方式记入绩效考核的汇总评估结果。对于有明确专业技术规范、标准或有特殊需要规定的培训考核，应严格按相关的标准、要求组织考核，成绩不合格者，应参加下一轮培训、考核，直至合格通过。多次培训考核仍不合格者，应重新考虑其工作安排。

（3）除了对参加培训的员工进行必要的考核之外，部门的负责组织和培训者也要根据培训工作的实际效果进行考核、评估，以不断改善、提高培训工作的技巧和水平。

（4）评估原则为培训效果应在实际工作中得到检验（而不是在培训过程中）。

（5）评估方法包括调查法、问卷评估法及试卷评估法。

（6）评估记录，健全培训工作结果的档案资料。

2. 检查与反馈

（1）各部门应对参加培训的员工在工作岗位上的表现进行严格的督导检查，考查员工培训后的工作态度和工作绩效，将结果反馈人事部。

（2）人事部将学员在培训期间的表现、出勤、成绩及时反馈各部门。

第十三条　培训的奖惩规定与标准。

（1）对于培训效果佳、培训后员工业绩有明显提高的培训师，公司给予奖励。

（2）对培训项目设计、开发取得良好经济效益的人员，公司给予奖励。

（3）对积极参加培训，表现突出，成绩优秀，在工作岗位上业绩突出者，公司给予奖励。

（4）对培训态度不认真，不认真准备培训教案，课堂实施差，培训效果差的培训师，公司须给予惩罚。

（5）对参加培训课堂表现差、培训考核成绩差、工作业绩无提高的员工，公司须给予惩罚。

（6）奖惩标准，根据情况由人事部制订，并报总经理批准。

二、员工培训管理方案

第一条 总则。

（1）本方案以系统性为特征，目的是完善公司的员工培训。

（2）公司为储备人才的长期培训或短期培训，均须依本章所列之条例进行。

第二条 培训目标。

（1）培训目标是为人事部进行培训提供一定的参考。

（2）订培训目标时应注意如下事项：

①是否希望改进在职人员的工作效率。

②是否希望改进员工的工作表现。

③是否为在职人员未来发展或变动工作做准备。

④是否通过培训使员工获得晋升资格。

⑤是否能减少意外，加强安全的工作习惯。

⑥是否能改善在职人员的工作态度，尤其是减少不良的工作习惯。

⑦是否需要改善加工工艺，以打破生产技术上的瓶颈现象。

⑧是否培训新进员工以适应其工作。

⑨是否能教导新员工了解全部生产过程。

⑩是否能培养在职人员的指导能力，以便在工厂扩充时指导新进员工。

第三条 培训形式。

（1）教育培训必须选择正确的培训形式，方可达到培训目标。

（2）培训需要参考的问题如下。

①是否脱产培训。

②是否需要一个教室和一个专职教师。

③是否采用实地工作培训和教室授课相结合的方式。

④是否采用实地工作培训和函授课程相结合的方式达到培训目标。

第四条 培训方法。

（1）公司的业务培训教学可采用授课方法或示范方法。

（2）授课方法的注意事项如下。

①授课是传授知识的最好方法。

②示范是教导技能的最好方法。

（3）计划教学的注意事项如下。

①教学主题是否只需一次特别讲座或需一系列讲座。

②教学之后是否需要讨论。

③教学主题是否需要示范。

④操作上的问题能否在教室中解说明白。

⑤能否在工作中直接进行指导。

第五条　培训视听教具及设备。

（1）视听教具可以帮助说明授课意图和使受训者了解把握学习重点。

（2）采用视听教具的注意事项如下：

①是否需要一本教导手册。

②是否需要发给一份培训计划大纲。

③除了课本外，是否发给其他印刷教材。

④培训需要电影或幻灯协助，是否能获得所需的此类资料。

⑤是否能利用放大的机器设备或产品的图片和照片作为教学用。

⑥是否能利用机器设备或产品的模型来做教学示范。

（3）应根据培训的内容及形式选用培训设备；在确定培训设备时，应同时确定培训地点。

（4）确定培训设备和地点的注意事项如下。

①培训如果不能在工作场地进行时，是否有适当的教室、会议室或餐厅可以利用。

②培训是否可以在邻近的学校、营业厅等地举行。

③是否要让受训者自带一些用具及设备，以降低培训成本。

第六条　培训时间。

（1）教育培训时间的长短应根据业务需要而决定，并依学习资料、师资力量及学员素质而定。

（2）确定培训时间的注意事项如下：

①是否必须在上班时间实施培训。

②应确定每次讲习的具体时间和每周举行次数。

第七条　教师的选定。

（1）必须聘请一位以上的专家来执教。

（2）师资优劣是判定培训工作成败的重要因素，所以师资必须是相应培训科目的专家或经验丰富的人员。

（3）聘用教师的注意事项如下：

①受训者的上级领导是否有足够的时间和能力来施行教学。

②是否可以由技术精良的工人技师来担当教学。

第八条　受训人员的选择。

（1）选择受训人员除了基于培训目标外，受训人员之性格、体态、工作经验、态度等因素都应加以考虑。

（2）选择受训人员应注意以下几点。

①新进员工是否需要培训。

②新进员工参加培训是否作为入职的先决条件。

③是否要求受训者具有一些工作经验。

④员工在换岗或晋升时是否必须进行培训。

⑤是否为因工作中受伤的人员特设培训，协助他们转岗并继续在原单位服务。

⑥是否允许员工自动参加培训。

第九条 培训经费。

（1）凡在培训计划实施前，应计算全部费用并编列预算，以保障有充足的培训费用，以利计划的推行和依照编列之预算来检验培训的成果。

（2）培训经费的预算应注意以下几点。

①是否在培训场地、器械、材料等方面需花费费用。

②受训人员的工资是否计在培训费用之内。

③如果教师是公司员工，其薪金是否列在培训费用之内。

④筹备培训计划阶段的费用是否计算在培训费用之内。

⑤由于培训实习或试验而造成次品及误工费，是否应计算在培训费用中。

第十条 培训计划的核验。

（1）培训成果。必须核验是否达到原定的培训目标。

（2）核验培训计划必须注意以下几点。

①培训成果是否实现原定目标。

②是否有标准学习时间以供核验受训者的学习进度。

③能否备有学员在受训前及受训后工作能力的记录。

④学员进步情形是否需要记录。

⑤是否需对受训者所获知识与技能进行测定。

⑥是否需要受训者的直接主管对受训者进行长时期的定期性观察，判定其培训成效，并将结果反馈给培训部门。

第十一条 培训计划的公布。

（1）培训计划完成后，须公开发布，以便激发员工的进取意识。

（2）培训计划公布时应注意以下几点。

①计划向员工公布是在培训开始前还是在实施时。

②培训的时间、地点、方法是否形成文件下发。

③培训结束后是否发给结业证书。

第十二条 附则。

本教育培训计划如有未尽事宜，应随时做出修改。

三、企业员工培训管理制度

第一条　培训的宗旨和目的。

（1）加强人事管理，重视教育训练，不断提高员工的素质，提高劳动技能，养成高尚的品德，成为自强不息的人。

（2）让员工深切体会公司的企业文化，激发求知欲、创造欲，不断地充实自己，努力向上，为公司储备人才。

第二条　培训计划。

（1）公司人事部将依据本地方及行业主管部门对各岗位、各工种和各专业的要求以及下属分公司填制的《培训需求调查表》和《培训计划书》，编制公司年度、季度培训工作计划。

（2）公司人事部将依据人力资源考核、日常监督检查所发现的问题，制订内部培训计划，开展相关培训。

（3）新员工的岗前培训、上岗培训、在岗培训是公司的固定培训内容，必须严格执行。

（4）新员工的《岗前培训资料》由公司人事部具体负责编制，并根据公司的发展不断修改完善。员工的上岗培训和在岗培训资料，由员工直属上级负责编制，并报人事部备案；需要对培训资料进行修改、补充时，应及时通知人事部。

第三条　培训的具体规划及实施。

1. 内部培训

（1）入职培训。

①目的。通过入职培训，让新员工对公司情况有一定的了解，对公司各项工作有初步的认识和了解。所有新员工（管理人员）在入职的第一周都必须接受培训及考核。

②培训内容。公司概况、公司的主要领导及组织架构；公司的企业文化，以及经营方针、目标、企业精神等；公司的规章制度；公司对员工的期望和要求；介绍相关领导、同事。

③培训方式。以人事部及相关专业人员宣讲为主。

④培训时间。入职后第一周内，1～3个工作日。

⑤考核。培训结束后，将采用闭卷考核。80分为合格，不合格者公司将再次培训，再次培训考核不合格者将不予录用。

⑥试用期员工跟踪考察。入职员工培训合格后进入试用期，其直接上级应做好跟踪、检查工作，确定该员工能够按照《岗位职位说明书》和工作流程等进行工作。

（2）在岗和在职培训。

①目的。在岗和在职培训是指对员工就所从事的工作的岗位职责、工作流程、操作规范等有一个全面、系统、正确的了解、认识和掌握的培训，以保证公司各项工作更好地开展。员工岗前培训合格或者岗位、职位变动，均需进行上岗培训，培训合格方可调动。

②培训内容。其培训内容分为应知和应会两个部分。应知部分为岗位的基本情况（岗位职责、岗位的基本配置、设施的分布等）；应会部分为岗位的工作流程、操作规范、相关管理知识、服务意识、业务技巧、特殊情况的具体处理等。

③培训方式。宣讲、实际案例分析和实际操作相结合，由员工直接上级负责，人事部参与协助。

④培训时间及地点。根据培训内容和要求，由人事部协助安排。

⑤考核。培训结束后，将采用闭卷（或开卷）、实际操作、面谈的形式，不合格都将进行再次培训，再次培训不合格将不予上岗。

（3）日常培训。

①目的。不断提高、完善员工各项技能，使其具备多方面的才干和更高水平的工作能力；提高员工的工作热情和合作精神，建立良好的工作环境和气氛；及时将公司的管理制度传递给每一个员工。

②培训内容。完成工作计划的总结，即工作中的得与失，下一步如何避免工作失误；及时更新的岗位工作流程、操作规范、管理知识及服务意识；不断总结的工作技巧，特殊情况的处理方法等；公司颁布新的制度及管理办法；激励部门员工完成工作任务，宣传企业文化等；通过一些互动活动，促使员工之间互相团结，增强公司和部门的凝聚力，创建优秀的团队。

③培训方式。早会宣讲、部门会议、集体沟通等。

④培训时间及地点。每个部门每周至少一次，地点由各部门自定。

⑤考核。根据各部门工作的完成情况及整体部门的工作成绩、纪律遵守情况汇总考核，作为年终奖评定的标准之一。

2. 外部培训

①目的。通过外部培训拓宽视野，增强企业的竞争力，提高员工的管理、沟通能力和技能等综合素质。

②适用对象。主要针对公司部门经理级以上员工，对企业有突出贡献、表现突出、能力强的员工。

③培训内容。根据公司实际情况而定。

④培训方式。聘请专家进行培训（到人才市场听取免费培训，聘请咨询公司及校院专家进行培训），到兄弟单位、同行企业参观学习，到发达地区做得好

的同行中考察学习。

⑤培训时间及地点。根据公司实际情况具体而定，由人事部安排。

⑥考核。凡是参加外部培训的，均根据培训内容和考察写出培训心得、考察体会，报总经理和人事部确认后，方可报销其相关费用。

第四条　在职学历资格培训。

①适应对象。在企业工作年限一年以上，表现良好的管理员工。根据公司领导的安排，在不影响工作的前提下，学习与自己本专业相关的知识、技能或者学历教育。

②培训方式。利用业余时间学习，如晚上、周末等。

③考核。以相关资格证和学历证为准。

第五条　培训程序及奖励、惩罚。

（1）参加公司培训，必须先填写《员工培训申请表》，经部门经理、分管副总经理、人事部经理、总经理签字审批后，便可参加培训（人事部组织的内部培训除外）。

（2）对由于工作原因参加短期培训的员工不扣发工资，但培训完毕必须写培训心得体会，并向经理汇报，必要时向同部门员工乃至公司员工进行传播。

（3）参加公司外出考察、外出培训和学历培训，均可凭考察报告、心得体会、培训心得和学位证书、资格证书及相关发票，根据员工《考察报销标准》和《员工服务年限计算标准》到人事部备案，并签订《员工培训服务协议》后，均可报账。

（4）参加员工在职培训、外部培训、讲座等一贯认真的，或者考察报告、心得体会、论文优秀者，公司将每半年评选一次。

（5）把各公司各部门实施教育培训的成果列为平时绩效考核记录，由人事部记录在相应的人事档案中，并作为年终考评考绩的资料，以提供员工晋升、奖励、降职、调岗的依据。对成绩特别优秀的员工，可呈请考虑嘉奖。

（6）对公司举办的培训，无故不参加学习的，由公司发布并给予批评教育，缺勤时间按旷工处理。

（7）对参加非学历证书培训的员工，考试不合格或者无法取得资格证书的，学费自理，培训学习所占用的时间扣除相应工资数。

（8）由公司统一支付培训费用或已报销费用的，凡未能为公司服务达到期限的，培训费用按下列情况执行。

①员工自身提出辞职，从离职之月起，计算未满服务期限的违约金（未分摊培训费用的50%），并退还相应的培训费用。

②因违反公司的规章制度被公司除名，或者在合同期内擅自离职的，除应支

付未满服务期的违约金（未分摊培训费用的 50%）和退还相应的培训费用外，还应赔偿未满服务期的经济损失。

③除以上两项所述原因外，其他原因促使员工未能按公司要求达到服务期的，从离职之月算，退还相应培训费用。

第六条 培训记录。

所有的培训记录均由公司人事部统一备案保存，各部门组织部门也留存一份。培训记录包括《培训计划表》《培训记录表》《培训申请表》《员工培训服务协议》等。

第七条 附则。

（1）本管理制度由公司人事部负责解释。

（2）本管理制度自总经理签发之日起实施。

（3）本管理制度每年修订一次。

四、新员工培训管理方案

第一条 培训目的。

（1）为新员工提供正确的、相关的公司及工作岗位的信息，鼓舞新员工的士气。

（2）让新员工了解公司所能提供给他的相关工作情况及公司对他的期望。

（3）让新员工了解公司历史、制度、企业文化，提供讨论的平台。

（4）减少新员工初进公司时的紧张情绪，使其更快适应公司。

（5）让新员工感受到公司对他的欢迎，让新员工体会到归属感。

（6）使新员工明白自己工作的职责，加强同事之间的关系。

（7）培训新员工解决问题的能力及提供寻求帮助的方法。

第二条 培训内容。

1. 就职前培训

新员工到职前进行就职前培训，由部门经理负责。

①致新员工欢迎信（人事部负责）。

②让本部门其他员工知道新员工的到来。

③准备好新员工办公场所、办公用品。

④准备好给新员工培训的部门内训资料。

⑤为新员工指定一位资深员工作为新员工的导师。

⑥准备好布置给新员工的第一项工作任务。

2. 部门岗位培训

（1）新员工到职后第一天，由部门经理负责培训。

①到人力资源部报到，进行新员工须知培训（人力资源部负责）。

②到部门报到，经理代表全体部门员工欢迎新员工到来。

③介绍新员工认识本部门员工，参观本企业。

④部门结构与功能介绍、部门内的特殊规定。

⑤对新员工做工作描述，明确职责要求。

⑥讨论新员工的第一项工作任务。

⑦派老员工陪新员工到公司餐厅吃第一顿午餐。

（2）新员工到职后第五天，部门经理仍须负责培训。

①一周内，部门经理与新员工进行非正式谈话，重申工作职责，谈论工作中出现的问题，回答新员工的提问。

②对新员工一周的表现做出评估，并确定一些短期的绩效目标。

③设定下次绩效考核的时间。

（3）新员工到职后第 30 天。

部门经理与新员工面谈，讨论试用期一个月来的表现，填写评价表。

（4）新员工到职后第 90 天。

人事部经理与部门经理一起讨论新员工是否合适现在岗位，填写试用期考核表，并与新员工就试用期考核表现谈话，告知新员工公司绩效考核要求与体系。

3. 公司整体培训

人事部不定期进行公司整体培训，使新员工对公司有全面认识。

①公司历史与愿景、组织架构、主要业务。

②公司规章制度与福利、相关程序、绩效考核。

③公司各部门功能介绍、培训计划与程序。

④公司整体培训资料的发放，回答新员工提出的问题。

第三条　新员工培训反馈与考核。

（1）岗位培训反馈表（到职后一周内）。

（2）公司整体培训当场评估表（培训当天）。

（3）公司整体培训考核表（培训当天）。

（4）新员工试用期内表现评估表（到职后 30 天）。

（5）新员工试用期绩效考核表（到职后 90 天）。

第四条　新员工培训教材。

（1）各部门内训教材。

（2）新员工培训须知。

（3）公司整体培训教材。

第五条　新员工培训项目实施方案。

（1）首先在公司内部宣传"新员工培训方案"，通过多种形式让所有员工了解这套员工培训系统及公司对新员工培训的重视程度。

（2）每个部门推荐本部门的培训讲师。

（3）对推荐出来的内部培训师进行培训师培训。

（4）给每个部门印发"新员工培训实施方案"资料。

（5）各部门自发放之日起开始实施部门新员工培训方案。

（6）每一位新员工必须完成一套"新员工培训"表格。

（7）根据新员工人数，公司不定期实施整体的新员工培训。

（8）在整个公司内进行部门之间的部门功能培训

五、新员工岗前培训管理制度

第一章　总　则

第一条　凡本公司新进员工，必须参加本公司所举办的岗前培训，有关事项均按照本条例办理。

第二条　岗前培训的宗旨。

通过向新进人员介绍公司的概况、有关的规章制度等，使他们了解、熟悉公司的一般情况，从而适应公司的环境，胜任所从事的新工作。

第三条　岗前培训的内容。

（1）公司的历史。

（2）公司的组织结构。

（3）公司的业务工作。

（4）公司的管理制度。

（5）业务知识。

第四条　新进人员的岗前培训时间为 1～3 天，具体时间另定。

第五条　人事部应事先拟订好《培训计划表》《培训进展记录表》《工作技能评定标准表》。

第二章　培训阶段

第六条　岗前培训的程序。

新进人员的岗前培训分为公司总部的教育培训、各部门的教育培训及现场培训。

第七条　公司总部培训的重点。

（1）公司的状况。

（2）参观公司各部门。

（3）了解公司的产品。

（4）公司内部各部门的协调配合。

（5）了解市场上其他公司的相同产品的生产与开发。

（6）基本知识与素养培养。

第八条 培训负责人应将有关受培训人员的长处、缺点等材料提供给之后的技术训练和实地训练负责人，以供参考。

第九条 各部门的培训负责人必须是新进人员的未来主管或实地培训负责人。

第十条 各部门培训的重点在于实际操作技术，其具体要点如下。

（1）每天的例行作业及可能的临时性业务。

（2）从事未来工作的技能及从事工作的方法。

（3）时间运筹和时间管理。

第十一条 各部门培训负责人必须有丰富的培训经验，掌握相应的技术，必须强调与实地训练密切配合。

第十二条 实地训练即在一位专业人员的指导下试着从事即将开展的工作。指导人在一旁协助受培训者完成工作，告诉其技术操作的优缺点及应改进的地方。

第十三条 对于从事指导培训的人员，公司一律发给相应奖金，以使其精益求精，熟练、圆满地完成指导培训的工作。

第十四条 为有效达到培训的目标，应酌情安排、灵活运用上述培训阶段的计划，优质高效地予以实施。

第三章 培训的内容

第十五条 凡公司培训的内容，各公司、部门可根据自己本身的特点自行安排，同时须注意下列各项。

（1）基础知识和专业技能的教育培训。

（2）程序规划的教育培训。

（3）服务态度与业务信息的教育。

第十六条 必须确保新进人员通过培训具有相应的基本知识，包括公司的组织结构、目标、政策、经营方针、产品及特性、市场的分析等，使他们对公司的性质及发展有一个初步的了解，从而为其今后在公司的发展做好心理准备。

第十七条 应对新进人员进行程序规划的培训，培养他们对工作时间的管理和计划能力，通过适当的组织和协调工作，按一定的程序完成工作目标。

第十八条 培训要讲求效率原则，按一定的计划和步骤促进员工自我和公司整体的发展。

第十九条 关于态度与语言的培训，目的在于促使公司新进人员树立乐观、自信、积极的态度，以热忱服务、信誉至上的信念积极履行职责。

第四节 附 则

第二十条 本制度自公布之日起实施

六、员工在职培训管理方案

第一条 总则。

（1）本方案是依据公司人事管理制度而制订的。

（2）教育实施的宗旨与目的如下。

①为加强人事管理，重视并强化对员工的教育训练，以提高员工的素质，提高员工的知识水平与业务技能，使员工养成高尚的品德，成为自强不息的从业人员。

②使员工深切地认识公司对社会所承担的责任，激发其求知欲和创造精神，不断地充实自己，努力向上，夯实公司发展的基础。

（3）公司员工的教育训练分为不定期训练与定期训练两种。

（4）公司所属员工均应接受公司组织的培训，不得故意规避。

第二条 不定期训练。

（1）公司员工教育训练由各部门经理对所属员工组织实施。

（2）各部门经理应拟订教育计划，并按计划切实推行。

（3）各部门经理应经常督导所属员工增进其业务能力，充实其业务知识，必要时须指定限期阅读与业务有关的专门书籍。

（4）各部门经理应经常利用集会的机会，以专题研讨报告或个别教育等方式实施培训教育。

第三条 定期训练。

（1）公司员工定期训练每年两次，分为上半期（4、5月中旬）及下半期（10、11月中旬）举行，视其实际事务人员、技术人员分别办理。

（2）各部门由经理拟订教育计划，会同总经理办公室安排日程，并邀请各部门管理人员或聘请专家协助讲习，以期达成效果。

（3）定期教育训练依其性质、内容分为普通班（一般员工）及高级班（主管及其以上管理人员），但视实际情况可合并举办。

（4）高级管理人员教育训练分为专修班及研修班，由董事长或总经理安排，必要时设训，其教育的课程进度另定。

（5）普通事务班的教育内容包括一般实务（公务概况、公司各种规章、各部门职责、事务处理程序等）、公司员工的礼仪及品格教育以及新进人员的基本教育。

（6）普通技术班的教育内容除一般实务外，应重视技术管理、计算机等各种知识。

（7）高级事务班以业务企划为其教育内容，使参加培训者能经营管理企业，能领导、统御部属，并学习有关企业管理必修的知识与技能。

（8）高级技术班的教育内容为通晓技术法规、设计规范，切实配合部门的工作，控制材料费用，提高技术水准等。

（9）各级教育训练的课程进度另定。

第四条　考核。

各部门经理实施教育训练的成果列为平时考绩考核记录，以作为年终考绩的资料；成绩特优的员工，可呈请选派赴同行先进企业学习、交流。

凡受训人员于接到调训通知时，除因重大疾病或重大事故经该部门经理出具证明申请免予受训外，应于指定时间内向主管部门报到。

第五条　实施。

（1）教育训练除另有规定外，一律在总公司内实施。

（2）凡受训期间由公司供膳，不给其他津贴。

（3）本办法经董事长或总经理核准后实施，修改时亦同。

七、基层管理人员培训办法

第一条　基层管理人员的隶属关系。

基层管理人员是公司基层单位负责实际工作的班组长、领班人员。他们在公司内的关系如下。

（1）对上的关系为辅助上级。

（2）对下的关系为指挥监督下属。

（3）横向关系为与各部门同事协作。

第二条　基层管理人员的基本责任。

（1）按指令性计划、程序组织生产。

（2）保证产品的质量。

（3）降低生产成本。

第三条　基层管理人员的教育培训职责。

（1）对新员工讲解公司的规章制度、操作技术，并指导其工作。

（2）培训下属晋升新职位。

（3）培训候补人员。

（4）其他教育培训职责。

第四条 基层管理人员的人际关系。

（1）对下关系，家庭访问，举行聚会、郊游，为下属排忧解难，处理纠纷，诚心关心下属利益。

（2）对上关系，积极、客观地反映员工意见，传达上级要求，报告自己的意见和看法。

（3）横向关系，主动地与其他部门的同事通力合作。

（4）积极开展对外活动，树立良好的公关印象，形成良好的公共关系。

第五条 基层管理人员的必备能力。

（1）领导能力、管理能力。

（2）组织协调能力。

（3）丰富的创造力、敏锐的观察力。

（4）广泛的业务知识和较高的工作技能。

（5）诚实、公正的人品。

第六条 对基层管理人员的教育培训种类。

（1）候选人教育培训。

（2）培训发展计划。

（3）再培训计划。

（4）调职、晋升教育培训。

第七条 培训考核基层管理人员应注意的事项。

（1）出勤率。

（2）员工的士气。

（3）产品的质量。

（4）原材料的节约。

（5）加班费用的控制。

第八条 高级管理人员须通过授予权力和给予威信，及时提供奖励，增强基层管理人员教育培训的效果。

八、中层管理人员培训办法

第一条 对中层管理人员进行教育培训的基本目标。

（1）把握公司的经营目标、企业方针。

（2）培训相应的领导能力和管理才能。

（3）形成良好的组织协调能力、沟通能力，和谐的人际关系。

第二条　中层管理人员的注意事项。

（1）是否为下属的成长、晋升提供了足够的支持和机会。

（2）是否适当地分派工作，使下属有公平感。

（3）所制订的计划是否得到了下属的理解和支持。

（4）是否信守向下属许下的诺言。

（5）在发布命令、做指导时，是否做了妥善的考虑。

（6）是否使下属感到是在与管理者一道工作，而不是在别人手下工作。

第三条　中层管理人员应具备的条件。

（1）必须具有相关工作的知识。

（2）精通本职工作的管理方法。

（3）熟练掌握教育培训的技术。

（4）努力培养领导者应具备的非权力影响力。

第四条　中层管理人员应具备的能力。

1. 计划能力

（1）清晰指示工作的目的和方针。

（2）掌握有关事实。

（3）以科学有效的方式从事调查。

（4）拟订切实可行的实施方案。

2. 组织能力

（1）分析具体的目标、方针。

（2）分析并决定职务内容。

（3）设置机构，制订组织图表。

（4）选任人员。

3. 控制能力

（1）制订一个客观的标准或规范。

（2）严格实施标准并及时反馈。

第五条　中层管理人员应采用的命令方法。

1. 口头命令

（1）条理清楚，不说多余的话。

（2）明确指明实行的时间、地点、内容、执行人等。

（3）清楚下属是否清晰了解命令。

（4）指出实行时应注意的地方，并指明困难所在。

（5）发布命令、指示时应耐心。

2. 书面命令

（1）明确表明任务目标，逐条列举要点。

（2）提前指示实施计划应注意的地方。

（3）必要时以口头命令加以补充。

（4）检查所下达的命令是否已被下属接受。

3. 贯彻命令

（1）整理命令内容，使其明白清楚。

（2）严格遵循命令系统。

（3）确认下属已彻底理解命令、指示。

（4）使下属乐于接受命令，并改进他们的工作态度，增强工作积极性。

第六条 中层管理人员的人际关系。

（1）善于同其他管理人员合作，彼此协助。

（2）要了解同事，乐于接受批评建议。

（3）彼此交换信息、情报，不越权行事。

（4）保持与下属的良好关系。

（5）选择适当的场所，以亲切的态度使下属放松。

（6）确保为下属保密，使其乐于谈话。

（7）留心倾听，适当地附和和询问，使下属无所不谈。

（8）应注意不要轻易承诺。

（9）认识到人是有差异的，充分发挥每个人的个性，尊重下属的人格。

（10）把握工作人员的共同心理和需要。

（11）公平对待下属，获得下属信赖。

（12）培养下属的积极性，尊重他们的意见和建议，避免过分的监督。

（13）妥善解决下属工作和生活中的问题。

第七条 中层管理人员用人应注意的事项。

（1）根据每名员工的知识、能力安排合适的岗位，做到人尽其才，才尽其用。

（2）加强对请假、怠工等有碍工作的情况的管理，排除员工在工作上的障碍。

（3）给下属以适当的激励，使其对工作产生荣誉感，增强其工作兴趣。

（4）有效地实施训练，增强下属的工作能力。

（5）不戴有色眼镜看人，不以个人偏好衡量别人。

（6）冷静观察实际工作情况，不要使下属产生受人监视的感觉。

（7）利用日常的接触、面谈、调查，不可探究不必要知道的问题，不故意干涉过问下属的隐私，公私分明。

（8）充分发挥下属的积极性，不失时机地加以称赞，不可忽视默默无闻、踏实肯干的下属。

（9）对下属的权责不要做不必要的干涉，尽可能以商量的口气而不是以下命令的方式分派工作。

（10）鼓励下属提出自己的见解，并诚心接受，尊重下属的意见。

（11）鼓励并尊重下属的研究、发明，积极提倡创造性。

（12）使下属充分认识到所从事工作的重要性，自己是个不可或缺的重要一员，以自己的工作为荣。

（13）管理人员批评下属时应注意方式方法如下。

①在合适的时间，要冷静，避免冲动。

②在适当的场所，最好是个人与个人的情况下。

③适可而止，不可无端讽刺、一味苛责。

④不要拐弯抹角，举出事实。

⑤寓激励于批评中。

第八条　中层管理人员培养代理人应注意的事项。

（1）考察代理人的判断力。

（2）考察代理人的独立行动能力。

（3）培养代理人的组织协调能力和沟通能力。

（4）培养代理人的分析能力。

（5）培养代理人的责任感和工作积极性。

九、高层管理人员培训办法

第一条　高层管理人员有创新思想观念。

（1）从旧思想的羁绊中解脱出来，用科学的预测方法大胆创新。

（2）不怕他人的责难、讥讽，根除过去经验的束缚，接受新思想、新观念，创造性地开展工作。

第二条　高层管理人员的创新精神。

（1）引进新产品或改良原有产品。

（2）引进新生产方法，学会或创造公司经营的新技术。

（3）努力开拓新市场、新领域。

第三条　培养高层管理人员的创造新精神。

（1）高层管理者应具备的责任心、使命感。

（2）独立经营的态度。

（3）严谨的生活态度。

（4）诚实、守信的经营哲学。

（5）热忱服务社会的品质。

第四条 高层管理人员须以提高生产力和经营成果为目的，培养创造利润的思想观念。

第五条 高层管理人员应随时注意市场营销研究，以推动营销活动，促进效率的提高。

第六条 掌握营销研究的基本步骤。

（1）确定研究主题，决定研究的目标。

（2）决定所需资料及资料来源。

（3）选择调查样本。

（4）实地搜集资料。

（5）整理、分析收集的资料。

（6）撰写研究报告。

十、企业安全培训制度

第一条 安全培训严格坚持以人为本、依法培训；属地管理、企业负责；按需施教、保证质量；考培分离、客观公正；突出重点、全员培训的基本原则。

第二条 人事部企业培训中心全面负责安全培训工作，根据上级业务部门的安排和企业的实际需要，在培训需求调研的基础上，编制年度、季度和月度培训计划，认真组织管理教学。

第三条 全员安全培训。企业主要负责人、安全生产管理人员、特种作业人员及其他从业人员都必须参加安全培训。培训要以增强安全意识、掌握安全知识和现场操作技能为重点。特别要对派遣工进行严格的安全培训，考核合格后上岗。未经过安全培训或培训考核不合格者，一律不得上岗作业。

第四条 在岗职工安全培训。按照国家统编教学大纲的要求，所有在岗职工的安全培训都必须按照规定的课时安排脱产培训，确保培训时间。在岗职工每年接受安全培训的时间不少于 20 个学时。取得相应安全操作资格证的职工，必须每两年参加复审一次。

第五条 新工人上岗安全培训。新工人上岗安全培训时间不少于 72 个学时，考试合格后，必须在有安全工作经验的职工带领下工作满 4 个月，然后经再次考核合格，方可独立工作。地面作业的新职工上岗前安全培训时间不少于 40 个学时，考试合格后上岗作业。

第六条 安全培训的内容。培训内容包括公司概况、工作环境及生产作业存在的危险因素、所从事工种可能造成的职业健康伤害和伤亡事故、工种安全职责、操作技能及强制性标准、拒绝违章指挥和强令冒险作业的法律责任；紧急情况下停止作业和撤离现场的责任、义务和权利；应急预案和发生灾害的自救互救、急救的方法和避灾路线；安全生产规章制度和劳动纪律；灭火器等安全设备设施的使用和维护；出入生产场所的手续、通风安全系统、报警系统和安全指示标志；典型事故案例分析等。

第七条　丰富培训形式。结合企业安全生产实际和大多数员工文化水平较低的现状，充分利用电视、多媒体、动画、漫画等多种多样的直观方法进行培训，坚持安全培训与文化补习相结合、针对性教育与系统讲解相结合、形象化培训与老员工"传、帮、带"相结合。

第八条　加强师资队伍建设。安全培训的教师必须经过安全培训中心考核合格。教师要认真备课、上课，各课要突出重点，结合实际，有针对性、实用性，讲课要通俗易懂，条理清晰，技术性强。

第九条　联系企业实际加强企业安全文化建设，把安全培训与安全宣传教育密切结合起来，通过开展安全知识竞赛、安全技术比武、安全文艺宣传等活动，使安全知识的培训和宣传达到人性化、实效化的要求。

第十条　加强培训管理，认真执行各项培训管理制度，严格培训过程控制，建立经企业、培训中心及员工本人签名的培训档案。

第十一条　各单位利用班后业余时间有计划地组织在岗员工学习企业安全手册和岗位安全工作规程的必知必会知识与技能，确保员工具有高度的自我保护意识和安全生产素质。

十一、企业安全培训考核制度

第一条　安全培训考核由人事部全面负责，安全部门及其相关部门负责理论和实践操作考试（考核）的出卷、阅卷和统分工作。监考人员由人事部派人组成。

第二条　所有安全培训实行闭卷考试，理论考试每考场监考人员数量与实际操作考核每考场考核人员数量由公司实际情况而定。

第三条　培训考核合格后，上岗前各单位自主组织能力测验，不具备上岗能力的不得安排上岗，报人事部经理批准后，退回培训中心重新培训。

第四条　对所有参加上级培训部门和企业自主培训取得安全资格证的上岗人员进行跟踪考核，每月理论抽查考核工种不低于 3 个，每个工种不低于 20 人；现场抽查考核工种不低于 10 个，抽查考核人数不低于 50 人。

第五条　理论抽查考核由培训中心负责，各生产部门配合；现场抽查考核由安全部门与培训中心负责，每名督察人员现场考核不少于 2 人。

第六条　各部门对本部门各工种随机抽考，建立考核记录，抽查工种每月不低于 3 个，总人数不低于 20 人。

十二、企业安全培训奖罚制度

第一条 培训考核合格率高于95%（含）的，每期培训班奖励培训中心相应金额；考核合格率高于90%（含）低于95%的不奖不罚；考核合格率低于90%的，每期培训班罚培训中心相应金额。经培训中心培训考核合格但基层单位上岗能力测验不合格而退回重新培训的人员，每人罚培训中心相应金额。

第二条 每期培训班根据考核成绩按10%的比例择优择差对等奖罚，每人奖励或罚款相应金额。考核不合格人员，允许补考一次，考核仍不合格的不得安排上岗。

第三条 出卷人泄露试题、阅卷人判分不准确及监考人员不负责任的，第一次罚款相应金额，第二次罚款相应金额并在一年内取消出卷、阅卷或监考资格。

第四条 不按要求安排人员参加培训和各类考核的部门，每少一人罚部门相应金额，罚部门经理相应金额。因个人原因不参加培训和考核的，由个人承担对部门的罚款。

第五条 参加外委培训人员取得安全资格证后，在单位试用3个月，经单位出具上岗合格证明后，报销相关费用，否则费用自理。

第六条 不持证或持无效证上岗的，责令终止作业，强制参加培训并给予重罚。普通工种无证上岗的，每人处以相应金额的罚款；特种作业人员无证上岗的，每人处以相应金额的罚款；情节严重的部门停产整顿；有证未持证上岗的，每人罚部门相应金额。

第七条 部门不履行班后业余安全教育培训义务的，视情节和后果轻重，对主要负责人给予相应金额的罚款。

十三、企业培训中心管理办法

第一条 凡经企业培训中心培训的新进及在职员工均应遵守本管理办法。

第二条 企业员工接获培训通知时，应准时报到，逾时以旷工论处。因公而持有证明者除外。

第三条 受训期间不得随意请假，如确因公请假，须提出其单位主管的证明，否则以旷工论处。

第四条 上课期间迟到、早退依下列规定办理，因公持有证明者除外。

（1）迟到、早退达4次者，以旷工半日论处。

（2）迟到、早退达4次以上8次以下者，以旷工1日论处。

第五条 受训期间以在培训中心食宿为原则，但因情况特殊经培训中心核准者不在此限。

第六条 受训学员晚上 10 时以前应归宿，未按时归宿以旷工半日论处。

第七条 训练中心环境应随时保持整洁，由班长指派值日员负责维持。

第八条 训练中心寝室内严禁抽烟、饮酒、赌博、喧闹。

第九条 上课时间禁止会客或接听电话，但紧急事情除外。具体会客时间如下。

（1）中午为 12 ~ 14 时。

（2）下午为 17 ~ 20 时。

第十条 本办法由培训中心依实际需要制订。

十四、人事部经理培训日程安排表

人事部经理培训日程安排表

制表日期： 年 月 日

日　期	时　　间	内　　容
第一天	上午 9：00	培训动员
第二天	上午 9：00 ~ 11：00	人事管理基本原理
	下午 2：00 ~ 4：00	人事管理实践
第三天	上午 9：00 ~ 11：30	主管的职责和领导技巧及其信息传递
	下午 2：00 ~ 4：30	管理心理学基础知识
第四天	上午 9：00 ~ 11：30	培训重要性和主管必须成为培训者
	下午 2：00 ~ 4：00	如何处理劳动纠纷投诉
第五天	上午 9：00 ~ 11：30	消防知识
	下午 2：00 ~ 4：00	外事纪律
第六天	上午 9：00 ~ 11：30	职业道德
	下午 2：00 ~ 4：00	急救知识
第七天	上午 9：00 ~ 11：30	考试
备　　注	1. 本表所列为理论培训阶段的安排，实践培训阶段由各人写出培训计划后，根据部门实际情况安排 2. 随表附上培训讲义，请各位做好课前预习 3. 培训登记表必须在培训开始一周内填好，交培训中心保存	

十五、人事部经理培训课程评价表

人事部经理培训课程评价表

姓名：_____内容：管理理论课及如何当好主管

日期：_____年___月___日至___年____月___日

1. 内容是否与你的需要和兴趣相符

    是□   否□   某种程度上相符□   十分相符□

2. 具体课程评价

课　程　内　容	请在下表中按本人意见在该项打✓				
	非常好	良好	一般	略差	甚差
1. 总经理动员报告					
2. 管理心理学基础知识					
3. 如何处理好劳动纠纷投诉					
4. 人事管理基础知识					
5. 人事管理实践知识					
6. 经理的职责和领导技巧					
7. 培训的重要性和主管必须成为培训者					
8. 外事教育					
9. 职业道德					
10. 急救知识					
11. 消防知识					
总评价					

如某一项评为"略差"或"甚差"的请简要说明。

_____

3. 这个课程中你觉得可以获得哪些好处？

□学到与工作实际相符合的新知识。

□我可以将培训中学到的新知识应用在工作上的特别方法技术或技巧中。

□帮助我改变了对工作的态度，对提高工作效率很有帮助。

4. 你最大的收益是什么？（可选择多个）

□对确定我的一些看法有帮助。

□获得了新的概念和方法。

□使我了解我的职责所在和解决问题的方法。

□为我客观地了解我自己及工作提供一个好机会。

5. 这次培训的考试方法怎样？

□非常好　□很好　□好　□一般　□差

有何改进建议？

_____

_____

6. 将来你是否愿意参加同样性质的培训计划？

□愿意　□不愿意　□不肯定

7. 对于将来举办的类似培训计划有何建议：

_____

_____

_____

_____

填表人：　　　　　日期：

十六、员工培训审批表

员工培训审批表

填表日期：　　年　月　日

被培训员工		所属部门	
培训日期		培训地点	
培训费用		培训课时	
培训内容			
部门经理意见			
副总经理意见			
总经理意见			
备注			

十七、新员工岗前培训考评表

新员工岗前培训考评表

编号：　　　　　　　　　　　　　　　填表日期：　　年　月　日

姓名		专长		学历	
培训时间		培训项目		培训部门	

1. 新进人员对培训工作项目了解程度如何

2. 对新进人员专项知识（包括技术、语言表达）评核

3. 新进人员对各项规章、制度了解情况

4. 新进人员提出改善意见评核，以实例说明

5. 分析新进人员工作专长，判断其是否适合该工作，列举理由说明

6. 辅导人员评语

　　　　　总经理：　　　　　　部门经理：　　　　　　评核者：

十八、员工培训总结表

员工培训总结表

部门： 部 单位 填表日期： 年 月 日

课程名称				课程编号	
项目		举办日期	培训时数		参加人数
计划					
实际					
培训费用	项目	预算金额		实际金额	变动说明
	讲师费				
	教材费				
	其他				
	合计				
培训总结	学员意见				签名：
	讲师意见				签名：
	教育培训部意见				签名：

经办人：

十九、团体培训申请表

团体培训申请表

申请部门：   填表日期：   年   月   日

培训名称		培训时间	
培训执行人		培训地点	
培训部门		培训方式	
预定参加人员			
培训目标			
培训内容及课程概述			
培训所需经费预估			
审核意见			
领导批示			

二十、团体军事训练申请表

团体军事训练申请表

申请部门：　　　　　　　　　　　　　　填表日期：　　年　月　日

训练名称		训练时间		
训练教官姓名		训练地点		
受训部门		训练方式		
军事训练的内容		预定参加者		人
军事训练的目标				
军事训练所需经费预估				
审核意见				
领导意见				

二十一、专业知识培训申请表

专业知识培训申请表

填表日期：　　年　月　日

姓名		学历	
部门		专业	
培训项目		培训方式	
培训时间		培训地点	
培训单位		培训费用	
所在部门意见		签字：　　　　　　　日期：	
上级审核意见		签字：　　　　　　　日期：	
总经理审核意见		签字：　　　　　　　日期：	

二十二、员工在职培训记录表

员工在职培训记录表

部门：　　　　姓名：　　　代号：　　　　　　填表日期：　　年　月　日

序号	培训时本人担任职务	培训课程名称	课程编号	培训日期	时数	累积时数	成绩	评核记录
1								
2								
3								
4								
5								
...								

二十三、部门计划外培训申请表

部门计划外培训申请表

填表日期：　　年　月　日

申请人		申请部门	
培训费用预算		部门负责人签名	
培训费用来源		主管领导审批	
申请培训理由			
申请培训内容			
培训目标			
培训时间			
培训人员名单			

二十四、员工在职技能培训计划表

员工在职技能培训计划表

填表日期：　　　年　月　日

培训班名称		本年度举办培训班数		培训地点	
培训目的					
培训对象		培训人数		培训时间	
培训目标					
培训科目	科目名称	授课时间	教师姓名	教学大纲	教材来源	备注
培训方式	1. 上课实习同时进行：每日上课　　小时，实习　　小时 2. 上课与实习分别进行：上课周（月）每日　　小时 3. 全部培训时间在现场实习：每日　　小时 4. 讲授方式：讲课　座谈　讨论				
培训进度	周次	培训内容摘要		备注	
人事部意见					
领导批示					

二十五、在职员工培训测验成绩表

在职员工培训测验成绩表

部门： 培训课程： 测验日期：

编号	姓名	分数	签到	编号	姓名	分数	签到
1				6			
2				7			
3				8			
4				9			
5				10			

二十六、员工外派培训申请表

员工外派培训申请表

填表日期： 年 月 日

培训方式	
培训人数	
培训时间	
培训费用	
培训地点	
培训内容	
外派培训原因	
对培训学员的考核	
对培训组织的评价	
备注	

二十七、培训师登记表

培训师登记表

填表日期：　　年　月　日

姓名	学历	培训经历	此次培训内容	所需费用	学员评价	培训建议

二十八、培训师调查问卷表

培训师调查问卷表

填表日期：　　年　月　日

培训师姓名		培训内容		培训时间	
培训师职责					
学员评价					
组织者评价					
培训效果					

负责人：　　　　　审核人：　　　　　填表人：

二十九、员工个人培训记录表

员工个人培训记录表

姓名：　　　　　　　　　　　　　　　　　　　　所属部门：

	训练课程	时间（年、月）	共计（小时）	地点
进入本公司前				
进入本公司后				

三十、员工个人培训登记汇总表

员工个人培训登记汇总表

填表日期：　　年　月　日

	个人培训记录			
	培训内容	培训时间	培训方式	培训地点
入职前				
	培训内容	培训时间	培训方式	培训地点
入职后				

三十一、员工培训意见反馈表

员工培训意见反馈表

填表日期：　　年　月　日

培训名称及编号		培训学员姓名		培训时间		培训地点	
培训方式		培训资料		讲师姓名		主办单位	
培训学员意见	对本课程的时间安排						
	对本课程的安排场所						
	对本课程的教材内容						
	对本课程讲师的表达						
	服务						
	建议						
	培训内容在工作上的运用程度						
主办单位意见						领导签字：	

三十二、员工培训实施情况汇总表

员工培训实施情况汇总表

汇总部门：　　　　　　　　　　　　　　填表日期：　　年　月　日

被培训部门	培训项目	培训次数	培训人数	培训时间	培训费用	备注

三十三、员工培训评价表

员工培训评价表

填表日期：　　年　月　日

部门		姓名		职务	
培训课程名称					
请从下列方面对培训课程进行评估，在相应的评价□中打✓即可。					
培训地点		评价意见：□非常满意；□比较满意；□可以接受；□比较不满意；□非常不满意			
培训时间		评价意见：□非常满意；□比较满意；□可以接受；□比较不满意；□非常不满意			
培训者		评价意见：□非常满意；□比较满意；□可以接受；□比较不满意；□非常不满意			
每次授课的内容		评价意见：□非常满意；□比较满意；□可以接受；□比较不满意；□非常不满意			
培训工具的使用		评价意见：□非常满意；□比较满意；□可以接受；□比较不满意；□非常不满意			
每次授课的关联性		评价意见：□非常满意；□比较满意；□可以接受；□比较不满意；□非常不满意			
总体课程的关联性		评价意见：□非常满意；□比较满意；□可以接受；□比较不满意；□非常不满意			
备注					
填表人（签名）			核准人（签名）		

下 编

中小企业工作岗位管理职责

第一章 董事会及高层管理人员职责

第一节 董事会及其部门工作职责

一、董事会工作职责

1. 决定召开股东代表大会并向股东汇报工作。

2. 执行股东代表大会决议。

3. 选举董事会董事长、副董事长。

4. 审定公司发展规划和经营方针，批准公司的机构设置。

5. 审议公司的年度财务预算、决算报告、红利分配方案及弥补亏损的方案。

6. 审议公司增减资本及发行有价证券的方案。

7. 审定公司资产收购、拍卖方案。

8. 制订公司分立、合并、终止和清算的方案。

9. 任免公司正副总经理、子公司经理、合资公司董事及其他高级职员。

10. 确定职工工资标准及职工奖励办法。

11. 审批公司的行政、财务、人事、劳资、福利等各项重要管理制度和规定。

12. 监督、协调、指导公司的经营管理工作。

13. 聘请公司的名誉董事及各种顾问。

14. 其他应由董事会决定的重大事项。

二、董事长工作职责

1. 召集和主持股东代表大会。

2. 领导董事会工作，召集和主持董事会会议。

3. 签署公司的股票、债券、重要合同及其他重要文件。

4. 提名总经理人选，供董事会会议讨论和表决。

5. 在董事会会议闭会期间执行董事会决议，处理董事会权限内的事务，重要问题应向下次董事会会议报告。

6. 在发生战争、特大自然灾害等重大事件时，可对一切事务行使特别裁决权和处置权，但这种裁决和处置必须符合公司利益，并在事后向董事会会议报告。

7. 指导公司的重大业务活动。

8. 董事会主席因故不能履行职务时，可授权副主席或其他董事负责。

三、董事会秘书处工作职责

1. 负责董事会日常事务，承办董事会交办的工作。

2. 起草董事会的报告书、决议、纪要、通知等文件。

3. 调查研究、掌握情况，向董事会主席、副主席和董事通报公司的经营情况。

4. 负责董事会召开的各种会议的组织安排工作。

5. 负责处理董事会的公共关系事务。

6. 主持公司周年报告书的编制、出版。

四、董事会发展部工作职责

1. 负责公司的发展战略、方针、政策、规划和布局，报董事会会议通过。

2. 对公司的投资项目进行决策研究。

3. 负责对重要情报、信息的收集、整理、汇编和发送工作。

五、董事会监察部工作职责

1. 对公司及下属公司、企业实施制度监督、财务监督、纪律监督和法律监督。

2. 对公司及下属公司、企业执行股东代表大会和董事会决议监督，对公司由董事会任命的人员进行监督和对其所出现重大的违法违纪问题进行审查，并向董事会报告。

六、董事会证券部工作职责

1. 联系安排公司的股票发行和办理股东登记等有关事宜。

2. 掌握、研究有关股票市场运作的情况。

3. 负责股东有关股票问题的咨询工作。

七、董事会财务部工作职责

1. 日常工作直接对董事长负责。

2. 负责全公司系统的年度利润计划、资金计划和费用预算计划的拟定。

3. 负责公司系统的财务管理和核算制度的拟定。

4. 负责公司月、季、半年、全年的会计财务报告及其他有关报表的编制和签署。

5. 参与投资项目的可行性论证工作，并负责新项目的资金保障。

6. 负责总公司的年度利润分配方案以及下属企业的年度利润分配方案的拟定。

7. 负责组织证券和外汇投资业务。

8. 负责下属公司财务负责人的考核工作，拟定下属各财务负责人的任免名单。

9. 负责财务部、资金部和金融证券部的协调工作。

10. 协助财务总监开展上述工作。

11. 完成董事长交办的其他工作。

八、董事会秘书工作职责

1. 根据领导意图，分别在年中和年末提出工作计划与总结。

2. 负责以公司名义下发、上呈文件的文字把关。

3. 负责公司大事记的文字工作。

4. 负责会议通知、签到，做好会议记录。

5. 协助主任做好重要会议的会议纪要编发工作，并督促有关部门贯彻执行。

6. 负责安排总经理交办的重要对外活动。

7. 负责加工、处理领导交办的其他公文。

8. 完成领导交办的其他工作。

九、审计部门工作职责

1. 负责对国家规定的有关政策、法规执行的审计。

2. 负责对公司制定的各项规章制度执行情况及公司内制度是否建立健全的审计。

3. 负责财务计划编制、执行和年终决算的审计。

4. 负责财产物资管理、使用的审计。

5. 负责对财务收支及有关的经济活动进行审计。

6. 负责企业盈亏及资产、负债的真实性、正确性、合规合法性的审计。

7. 负责所属各分公司经理离任的审计。

8. 负责公司联营投资效益的审计。

9. 完成上级领导交办和审计机关委托的其他审计事项。

10. 每项审计任务完成后，在一周内写出报告，呈报领导。

11. 各分公司兼职审计员，应按照公司领导要求，配合公司审计员做好审计工作。

十、经济研究部门工作职责

1. 负责国内外经济的动态研究，直接对执委会主任负责。

2. 负责对国内外有关经济政策、信息的调查。

3. 研究跨国经营战略，组织海外贸易、投资的机会分析和可行性研究工作。

4. 组织各种与公司业务发展和内部管理相关的课题研究。

5. 负责公司系统各语种的翻译工作。

6. 负责收集公司的史料，撰写公司发展史和大事记。

7. 负责公司的图书、杂志和有关资料的采购、登记、保管、借阅。

8. 负责企业文化建设的筹划。

第二节　高层管理人员工作职责

一、行政副总裁工作职责

行政副总裁是负责公司日常行政工作的主管领导，其具体职能如下：

1. 公司日常工作的处理，直接对总裁负责。

2. 负责全公司系统思想、文化建设和精神文明建设。

3. 负责筹划各种增强职工凝聚力的宣传、教育活动。

4. 负责安排公司的对外接待工作和各种对外联谊活动。

5. 负责规范公司员工的行为举止、礼貌用语、衣着服饰，树立良好的公司对外形象。

6. 组织各类文娱、体育活动，活跃员工的业余生活。

7. 负责组织和实施公司的办公自动化工作。

8. 代理总裁进行事务处理。

9. 代理总裁会见重要客人和出席各类重要会议。

10. 指导与监督各部门业务工作，对违法乱纪、违反公司规章制度、泄露公司机密、盗窃和破坏公司财产的有关人员进行调查和处罚。

二、贸易副总裁工作职责

1. 负责公司本部门的贸易和下属贸易企业的日常管理工作，直接对总裁负责。

2. 负责进出口贸易方面发展规划的研究和拟定。

3. 负责贸易管理各种规定、制度的拟定。

4. 负责年度贸易计划以及贸易线内部利润指标分配计划的编制。

5. 做好国内外市场行情调研工作，研究和拟定海外贸易布点方案。

6. 向总裁提出贸易线各部门、下属各贸易企业经理、副经理人选，在编制范围内有权对上述各部门、各贸易企业的业务人员进行奖赏、提薪、惩罚、录用、解聘。

7. 每月向总裁（必要时上报董事长）提供各业务部门合同签订、履行情况及指标完成情况和资金需求预测及库存情况报告。

8. 协调好业务部门与财务、行政部门和工业线的关系。

9. 定期对业务人员进行业绩考核和专业培训。

10. 建立业务人员业绩档案。

11. 负责审批业务人员的借款单、差旅费等。

12. 负责公司本部贸易线和下属各贸易公司新项目开发的研究工作。

三、物业副总裁工作职责

1. 负责公司系统的房地产开发业务，直接对董事长、总裁负责。

2. 组织研究、拟定房地产开发业务方面的发展规划。

3. 负责房地产开发业务的各种管理规定、制度的拟定。

4. 负责房地产开发业务的内部机构设置。

5. 负责房地产年度开发计划以及各开发项目的报批、设计、施工计划的编制。

6. 向董事长、总裁提出房地产开发公司各部门经理、副经理人选，在编制范围内负责对上述各部门业务人员进行奖赏、提薪、惩罚、录用、解聘。

7. 每月向董事长和总裁提供各业务部门合同签订、履行情况、指标完成情况、资金需求预测及计划、楼宇预售和销售额报告。

四、总经理工作职责

1. 全面负责处理公司的总体事务，和公司全体员工共同努力，及时完成公司所确定的各项目标。

2. 制定公司的管理目标和经营方针，包括制定各种规章制度和服务操作规程，规定各级管理人员和员工的职责，并监督贯彻执行。制订市场拓展计划，带领销售部进行全面的推销。制定公司的一系列价目，详细阅读和分析每月报表，检查营业进度与计划的完成情况，并采取对策，保证公司业务顺利进行。

3. 建立健全公司的组织管理系统，使之合理化、精简化、高效化。主持每周总经理室的办公例会。阅读消防和质量检查情况汇报，并针对各种问题进行指示和讲评。传达政府或总经理室的有关指示、文件、通知，协调各部门之间的关系，使公司有一个高效率的工作系统。

4. 健全公司的财务制度。阅读分析各种财务报表，检查分析每月营业情况，督促财务部门做好成本控制、财务预算等工作，检查收支情况、应收账款和应付账款等。

5. 定期巡视公众场所及各部门的工作情况，检查服务态度和服务质量，及时发现问题、解决问题。

6. 培养人才，指导各部门的工作，提高整个公司的服务质量和员工素质。

7. 加强公司的维修保养工作和安全管理工作。

8. 选聘、任免公司副总经理、总经理助理、部门经理等，决定公司机构设置、员工编制及重要人事变革。负责公司管理人员的录用、考核、奖惩、晋升等。

9. 与社会各界人士保持良好的公共关系，树立良好的公司形象，并代表公司接待重要贵宾。

10. 关心员工，使公司具有高度的凝聚力，以身作则，并要求员工以高度热情和责任感去完成本职工作。

五、副总经理工作职责

1. 协助总经理抓好公司战略性的重大问题和根本性的工作（经营战略、管理组织、选人用人等），有效地做好技术性的日常工作（计划、指挥、协调、控制、激励、考核等），保证公司各项目标的完成。

2. 对公司实行全面的经营管理，对外代表公司，对内任免下属人员。

3. 制定公司的各项经营目标、管理章程、经济指标及各项规章制度。

4. 检查、督导各级管理人员的工作，协调公司各部门之间的关系，主持召开每周工作例会。

5. 审核和上报公司年度财经预算，向各部门下达年度工作指标。

6. 保持和发展公司与各界良好的公共关系，树立和提高公司的形象，开拓公司的经营业务。

7. 亲自接待重要客户，代表公司对其表示热烈欢迎并提供特殊的照顾和优惠。

8. 不定期与客人会面，了解客人的投诉和反映的各种意见，作为改善、提高管理和服务水平的参考。

9. 检查、督导公司的人事培训工作，加强人力资源建设，发现和培养人才。

10. 努力改善工作条件，做好劳动保护和环境保护工作，不断改善员工的工作环境和生活条件，加强公司的安全保卫工作。

六、总经理助理工作职责

1. 对总经理负责，协助总经理、副总经理抓好各项工作。

2. 掌握、了解市场的发展动态，及时向总经理反映情况，提供信息。

3. 为公司建立现代企业制度，探索改革当好决策参谋。

4. 协助总经理建立健全公司统一、高效的组织体系和工作体系。

5. 协调主管部门与其他部门的联系。

6. 认真完成总经理交办的其他任务。

七、财务总监岗位责任

1. 协助总经理制定公司发展战略。

2. 负责公司资金运作及其管理、日常财务管理分析、筹资方略、对外合作谈判等。

3. 负责项目成本核算与控制。

4. 负责公司财务管理及内部控制，根据公司业务发展的计划完成年度财务预算，并跟踪其执行情况。

5. 负责对各部门财务计划执行情况的检查和考核。

6. 按时向集团总部提供财务报告和必要的财务分析，并确保这些报告可靠、准确。

7. 制定、维护、改进公司财务管理程序和政策，以满足控制风险的要求，如改进应收账款、应付账款、成本费用、现金、银行存款的业务程序等。

8. 监控可能会对公司造成经济损失的重大经济活动，并及时向集团总部报告。

9. 监控公司重大投资项目，以确保未经批准的项目不实施，批准的项目在预算范围内进行并在控制之中。

10. 对资金筹措及负债管理负直接责任。

八、市场总监岗位责任

1. 协助总经理制定总体的市场战略、目标，并组织分析落实相应的公关策略和具体实施方案。

2. 全面负责公司的市场拓展业务，参与公司战略发展等重大问题的决策。

3. 负责制定本部门的管理制度和措施，并进行管理。

4. 负责搜集市场资料，进行深入的市场分析，提供市场运作方向性的建议。

5. 负责公司市场计划的制订与修改。

6. 负责与客户沟通、联络，巩固、扩大客户范围。

7. 组织对公司产品和竞争对手产品在市场上销售情况的调查，综合客户的反馈意见，撰写市场调查报告，提交公司管理层。

8. 组织对公司客户进行售后服务，提供必要的技术支持。

9. 负责协调涉及市场活动的各种关系。

10. 对销售合同的签订、履行和管理负主要责任。

九、运营总监岗位责任

1. 全面负责公司的市场运作和管理。

2. 参与公司整体策划，健全公司各项制度，完善公司运营管理。

3. 推动公司销售业务，推广公司产品，组织完成公司的整体业务计划。

4. 建立公司内部的信息系统，推进公司财务、行政、人力资源的管理。

5. 负责指导和考核下属各职能部门经理的工作。

6. 负责协调各部门工作，建立有效的团队协作机制。

7. 维持并开拓各方面的外部关系。

8. 管理并激励所属部门的工作绩效。

十、销售总监岗位责任

1. 协助总经理建立全面的销售战略，全面负责公司的业务拓展、管理销售人员的工作。

2. 组建公司销售团队，规范销售流程，制定销售制度，完成销售目标。

3. 制订销售预测、销售预算和相关人力计划，设计并实施促销计划。

4. 参与建立企业的分销体系及制订、执行业务计划。

5. 负责对区域销售进行评估、跟踪及管理。

6. 通过提供咨询的方式向最主要的客户销售企业产品并提供相关解决方案。

7. 负责代表公司对外谈判并签订销售合同。

8. 领导团队配合服务部门提供高质量的增值服务、技术服务、培训计划，加强与上游厂家的深入联系。

9. 深入了解本行业，把握信息，向企业提供业务发展战略与依据。

10. 拓展并推进主要客户的管理计划及活动。

11. 对销售合同的签订、履行和管理负总体责任。

十一、人力资源总监的岗位责任

1. 全面负责公司人力资源的管理与开发工作。

2. 制定公司人力资源管理的方针、政策和制度。

3. 组织制订公司人力资源发展的长期规划、中期规划和年度计划，并监督各项计划的实施。

4. 组织制定员工招聘、聘任、调动、考核、晋升、奖惩、职称和技术等级评定等人事管理的方针、政策、规章和标准，并监督执行。

5. 协调和指导本部门和各用人部门的人才招聘、员工培训、绩效考评、薪酬等工作的进行，确保公司人力资源的合理使用。

6. 计划和审核人力资源管理的成本。

7. 及时处理公司管理过程中的重大人事问题。

8. 完成总经理临时交办的各项工作任务。

十二、技术总监的岗位责任

1. 负责公司技术的管理、重大技术决策和技术方案的制订和实施。

2. 负责生产工艺编制和流程优化的组织、监控与执行。

3. 负责新产品项目所需的设备选型、试制、改进以及生产线布局等工作。

4. 研究当今同行业最新产品的技术发展方向，制定技术发展规划。

5. 与用户进行深层次的技术交流，了解用户在技术与业务上的发展要求，并解答用户提出的各类与产品技术相关的问题。

6. 对潜在或具体的项目用户进行跟踪，负责管理所在区域内的用户拜访、技术交流、方案制订及合同谈判。

7. 制订技术人员的培训计划，并组织安排公司其他相关人员的技术培训。

8. 组织技术合作、技术文件整理及控制的工作。

9. 负责日常的工作协调、员工沟通、绩效考核。

十三、生产总监的岗位责任

1. 负责生产系统的空间和时间的组织、计划、控制与管理。

2. 制订年度生产计划，进行生产调度、管理和控制。

3. 与供销商进行谈判，签订订货单，掌握客户需求。

4. 对生产、物流、服务及辅助系统进行设计、改进与评价。

5. 负责生产线的人员配置、组织管理、设备配备及工作进度安排。

6. 进行计算机辅助生产管理信息系统的设计、改善与实施。

7. 督促各部门负责人进行生产、质量控制、储运等工作。

8. 指导并激励各部门的工作绩效。

十四、行政事务部部长岗位责任

行政事务部部长是在管理处行政副主任领导下，负责人事培训及后勤管理工作。其职责如下：

1. 负责管理处保安员、保洁员、绿化工、维修工等的招聘、录用、转正、调配及离辞手续的办理工作。

2. 负责制订员工培训计划，并协同各部门对员工进行各类培训，提高员工素质和实际工作能力。

3. 负责管理处员工及劳务工考勤工作，经常检查记录各部门人员出勤情况。

4. 协助行政副主任做好对外接待和公关工作，维护管理处形象。

5. 负责接受客户投诉，并对投诉做出处理或提出处理意见报分管副主任。

6. 负责管理处员工宿舍、食堂及机动车辆的管理工作，为管理处工作的正常开展提供后勤保障。

7. 完成管理处行政副主任交办的其他任务。

第二章　行政部、办公室人事部人员岗位责任

第一节　行政部人员岗位责任

一、行政部副经理岗位责任

1. 在总经理领导下，主持行政部全面工作。根据本单位的计划和要求，研究制订行政部工作计划，并组织实施。

2. 组织安排好行政部办公室人员的工作，负责管理本单位固定资产、办公用品、印刷品、废旧包装品。做好公司保洁、绿化美化工作环境，保证单位员工餐厅、医务室、浴室、自行车库、洗衣房等部门正常运转，教育本部员工全心全意为经营服务、为全公司员工服务。

3. 主动汇报并积极提出后勤工作建议，认真落实总经理和主管经理的指示，不断提高后勤保障能力，对总经理负责。

4. 严格执行财务制度。认真审核进货计划、订货合同和行政部各项开支，采取有效措施，节制单位资金消费。

5. 认真贯彻执行行政部各项规章制度，奖罚分明，激励先进，认真解决员工的实际困难，充分调动一切积极因素，做好各项服务工作。

6. 正确处理内外关系，热情接待关系单位，积极协调各部门做好行政部各项工作。

7. 坚持定期召开部务会和员工大会，及时总结、讲评工作，不断改进后勤服务，圆满完成领导交给的各项任务。

8. 完成总经理交办的其他工作。

二、办公室主管的岗位责任

1. 根据办公室事务设计办公流程。

2. 根据办公事务的种类与它们各自的处理流程，分别分解操作流程，并对每一步程序都确定要求和操作方法。

3. 设计接待来访、文书处理的工作流程。

4. 掌握企业内可以接待来访者的人员姓名、部门、职务、分机号码。

5. 必须明确专人专责专管制度，严禁任何人随意使用办公室设备，除非是配置给个人专用或指定公用的。个人专用由个人负责，指定公用由使用人负责，建立责任保养和损坏赔偿制度（正常损耗除外）。

6. 建立明确的责任制，实行责权一致的原则，减少互相推诿，互相扯皮的现象。

7. 通过简化工作，将办公费用降到最低。

8. 建立最有效的文件批阅传送程序。

9. 缩减行政人员、办公室空间和资金，并将缩减的人、财、物用于其他更重要的工作。

10. 根据本单位的工作性质和具体情况制定值班工作制度，制度应包括：值班人员的职责和权限，各项值班工作程序，值班人员应遵守的规则，交接班时间和办法以及为保证做好值班而做出的其他方面的规定和办法。

三、办公室主任岗位责任

1. 协调各部门的工作，协助总经理监督、检查各项方针、政策、上级指示及各项规章制度的执行情况。

2. 安排总经理办公会议，并负责检查会议决定事项的执行情况。

3. 组织起草各种业务报告，起草和修改工作计划、制度、报告、总结、请示、通知等文件，并审查签发前的文稿。

4. 搞好公司的信息管理，开展市场调查研究，做好综合分析和统计工作，制定公司的规章制度和决定供总经理参考。

5. 组织制定公司行文管理的各项规定，努力使公文管理规范化、全面化，从而提高工作效率。

6. 加强本部门的自身管理，抓好职工的政治、业务学习及考评等，提高工作质量。

7. 掌握市场动态，收集行业信息，为总经理做决策时提供咨询和参考。

8. 领导有关人员做好文件的打印、收发、归档及用车管理和印章管理等工作。

9. 协调各部门关系，发生矛盾时，应及时疏导，调查分析，明确责任，并做出正确处理。

10. 完成总经理临时交办的各项工作。

四、办公室值班秘书岗位责任

1. 为公司总经理提供秘书性服务。

2. 负责公司内各类文件的呈报及批复后的传送。

3. 负责检查信函的处理、登记和回复。

4. 负责办公室的档案整理和装订工作。

5. 传送办公室的文件和报纸。

6. 负责办公室日常电话的接转。

7. 承担总经理的日常来访接待工作。

8. 每日与值班经理交接班。

9. 负责总经理外出的准备工作（如开具介绍信、生活安排、接送的安排及车旅费报销等）。

10. 完成总经理和办公室主任临时交办的其他工作。

五、办公室档案秘书岗位责任

1. 为总经理室提供有关资料、档案的秘书性服务。

2. 负责总经理室日常各类行政档案的登记、保管、归档和公司重要档案的回收和管理。

3. 起草公司档案制度。

4. 负责监督使用和保管公司的介绍信、印章，负责与外单位联系，办理各类许可证件和归档管理工作。

5. 年终时向各部门收集各种归公司保管的档案，做好分类存档与管理工作。

6. 传递各类文件。

7. 负责公司礼品的接收、登记、保管。

8. 负责总经理室的设备保管，以保证工作的正常运行。

9. 负责总经理室的内勤工作。

10. 完成总经理室主任交办的其他任务。

六、办公室通信员岗位责任

1. 准确无误地按国家或地区分类投寄各种信件。

2. 认真负责，保证信件的分类、登记准确无误。对于地址不详或不符合投递要求的邮件应正确处理。

3. 对于紧急信件应贴足邮票及时寄发。

4. 定期到邮局取回大宗邮件，并及时通知有关部门领取。

5. 取回的机要信函应立即交保密员，不得延误上交或存放他处。

6. 严守保密纪律，严格遵守"保密守则"，做到"五不"，即不该说的不说、不该看的不看、不该问的不问、不在公众场合谈论公文内容、不私自拆看密封件，对于各种"秘密"等级以上的文件，严格按照保密规定妥善处理。

七、办公室司机岗位责任

1. 具备奉献精神，敬岗爱岗，尽职尽责地做好本职工作。

2. 钻研业务技术，熟悉车辆的性能，保证车辆随时处于良好状态，并注意保持车辆的清洁。

3. 提前十分钟到达调车地点，开车时应注意安全。

4. 坚守岗位，如外出公干，需把时间、地点通知办公室；严格遵守值班制度，保证办公室的用车，做到随传随到。

5. 严格遵守保密规定，对于乘客在车上的谈话做到不插话、不传播。

6. 遵守并执行车务部制定的各种规章制度，做好汽车的维修保养工作，发现不安全因素要及时排除。

八、行政内勤干事岗位责任

1. 认真学习上级有关文件、指示，协助部长拟定工作计划。按照后勤部长要求，负责处理日常事务。

2. 负责接待来访、会议通知、起草工作总结和各种报表的填写上报工作。

3. 负责本部文件、材料的收发、递送和整理归档。

4. 负责分散工作员工的管理。

5. 负责员工住房资料和宿舍管理，收缴房费、暖气费。

6. 负责行政部员工奖金发放。

7. 负责本部办公用品计发。

8. 完成领导交办的其他工作。

九、办公室内勤岗位责任

1. 负责公司办公室及公司领导管辖人员的后勤生活服务工作。

2. 负责记录公司领导及公司办公室管辖人员的基本情况、考勤、考核和月报。

3. 负责报纸、杂志的预订和经领导批准的工具书的购买。

4. 负责登记和发送公函、邀请书信。

5. 负责一般性接待工作的客饭安排和对外联系工作。

6. 负责电话记录，按规定传达电话内容。

7. 负责接待用品的购买、保管及发放工作。

8. 负责公司办公室的安全卫生工作和会议室的管理工作。

9. 负责公司总值班室各项工作的管理。

10. 完成领导交办的其他任务。

十、综合部部长岗位责任

1. 做好领导、部门间的协调沟通工作，上情下达，下情上传，维护良好的行政秩序。

2. 负责外来文件的传、阅、办。

3. 负责制订本部门工作计划，主持部务会，领导全部人员及时完成管理处下达的各项任务。

4. 认真学习研究业务范围内的法规政策和企业制度，负责指导分管的人事管理、财务管理、培训、档案、行政接待、总务后勤和车辆运输工作。

5. 负责组织制定本部门职责范围内的工作制度和贯彻实施。

6. 负责组织各部门撰写综合类大型文稿及重要文件的起草。

7. 负责本部门员工思想素质、工作成绩的考核，适时提出选调、使用、奖惩建议。

8. 深入基层，了解管理处的经营、管理现状，提出分析意见，为管理处主任的决策提供依据。

9. 完成上级领导交办的其他工作。

十一、综合部门主管岗位责任

1. 负责制定本部门的岗位责任和各项规章制度。

2. 负责制定本部门的工作计划，做好工作总结。

3. 负责抓好财务管理、成本核算、会计核算和监督、物资管理等方面的工作。

4. 组织编制收支预算报表，检查财务工作计划的执行情况，发现问题及时汇报。

5. 参与拟定管理部重大经济合同和协议，审核各项付款计划，控制银行印鉴和银行存款余额，负责向管理部主任报告财务状况。

6. 协调与各单位、各部门的工作关系，尽心尽力，提供优质服务。

7. 有计划地抓好员工的技术培训，做好对员工的业务考核。

8. 关心员工的思想、工作、生活，抓好精神文明建设。

9. 完成上级交办的其他任务。

十二、文书管理人员岗位责任

1. 负责按照收发文件手续做好公司文件的收发工作。

2. 负责文件序号的编制、文件传递、传阅、收回工作。

3. 负责印鉴、礼品、文具的使用发放与管理。

4. 负责对文件承办情况的了解与催办。

5. 按行文常规严格控制发文数量和范围。

6. 负责对外开具行政介绍信。

7. 协助领导收集、整理和保管公司大事记等有关资料。

8. 完成领导交办的其他工作。

十三、档案控制经理岗位责任

1. 按照公司及客户需求对公司档案进行管理。

2. 创建公司档案管理程序。

3. 确定并执行档案控制规程，以符合公司内外需求。

4. 评估并改进档案控制技术。

十四、战略部主管岗位责任

1. 研究、制定、实施发展战略与规划。

2. 分析产业前景及技术发展趋势。

3. 分析经济、政治环境的发展变化状况。

4. 组织、领导专家对组织发展方向的研究。

5. 协助高级管理层制定组织发展战略。

6. 协助各事业部进行项目可行性研究。

7. 分析组织投资项目的可行性。

十五、电脑室主管岗位责任

1. 业务培训

（1）组织对电脑操作人员的技术培训，考评员工工作质量和工作效率。

（2）结合电脑操作过程中出现的各类问题，组织制定相应的注意事项和操作规程。

（3）更多地掌握电脑新技术，参加有关电脑的学术活动，不断提高自己的业务能力，以适应电脑应用领域的迅速扩展，更好地为公司服务。

2. 硬件维护

（1）负责公司电脑设备的管理和维修，及时排除各设备出现的故障，修理更换损坏的零件。

（2）负责公司电脑设备的日常保养，定期检查、清洁各设备及线路，防止尘埃、虫鼠的损害，确保各设备正常运行，以保证公司营业的需要。

（3）为满足本单位的工作要求，结合电脑应用领域的扩展，对本单位电脑设备的更新换代、技术引进提出可行性建议，并负责组织实施。

3. 软件维护

（1）处理电脑系统在使用过程中出现的故障，确保运算数据的正确性和系统正常运行的可靠性。

（2）按电脑使用部门的要求，逐步实行自编软件，修改、扩充、完善电脑系统的功能，以适应公司业务发展的需要。

（3）扩大电脑应用范围，为各部门装配电脑，设计开发管理程序。

4. 电脑室内部事务

管理电脑室内部事务，包括工作安排、调配、检查、落实等。负责协调各方面的关系，带动电脑室人员形成团结敬业、积极向上的精神风貌。

5. 遵守制度

严格执行各项规章制度，遵守劳动纪律，不做与本岗位无关的任何事情。

6. 其他

完成总经理临时交办的其他工作。

十六、电脑室操作员岗位责任

1. 掌握电脑的使用原理，具有熟练的操作技能。

2. 负责公司各种内部文件的打印，协助做好文件和指示的传送工作。

3. 保管好各种电脑设备和用品，不可擅自交给他人使用，保持设备的运行正常，减少误差，节约用料。

4. 打印文件须经办公室批准，善于鉴别文件类型。

5. 遵守文件保密制度，不得泄露文件内容。

6. 不断提高工作水平，及时完成打印工作，加强检查校对，将错误率降到最低限度。

十七、电话通信部门主管岗位责任

1. 在管理部主任的领导下，全面负责本部门的工作。

2. 负责制定本部门的岗位职责和各项规章制度。

3. 负责制订本部门的工作计划，做好工作总结。

4. 督导本部门员工严格按操作流程和服务标准开展工作。

5. 定期检查各分管领班和班组员工的工作情况，保证本部门工作正常、高效地开展。

6. 编制和审定所有电信设备的年、季、月度的维修保养工作，并负责计划的有效实施。

7. 保持本部门与其他部门的联系，广泛听取意见，不断改进工作。

8. 了解国内外电话通信技术管理的最新动态，有计划地抓好员工的专业技术培训。

9. 关心员工的生活、工作，协调平衡工作中出现的问题。

10. 完成上级交办的其他任务。

十八、电话房主管岗位责任

1. 负责公司电话机房的管理工作，努力完成每月计划的任务，负责计划、监督和指导总机的运营管理。

2. 全面掌握公司的服务设施、服务项目和经营情况，了解前厅、楼层的服务程序。

3. 必须具有高度的责任感，精于业务，热爱本职工作，忠于职守，严格管理，团结协作，以身作则。

4. 合理调配下属人员，负责组织制定电话机房的规章制度和员工工作表。

5. 负责组织话务员顺利有效地完成电话接通，国际、国内长途，电话叫醒，电话业务查询等服务项目。

6. 巡视每个接线生是否电话铃一响便接听，留意接线生是否能保持用清晰、友好的声调转接电话，并视情况需要，亲自处理重要客人、公司领导的电话。

7. 负责组织培训提高电话房员工的专业技能，树立全心全意为宾客服务的良好职业道德。

8. 教育督导接线生爱护各种设备，定期同工程部联系检查电话机线路和有关设备的工作情况，及时保养和维修设备并记录存档。

9. 检查督导接线生严格遵守电子计算机操作程序及注意事项，发现问题及时处理。

10. 负责月末向财务部报"内部长话转账单"和"长话费用月总额表"，负责总机所需表格及其他用品的供给。

11. 负责监督、评估和考核下属员工的工作；督导接线生在工作中使用礼貌用语，并始终保持优美的语音语调；严格检查接线生不遵守保密制度和纪律及公司各项规章制度的情况，发现重大问题及时报告上级。

12. 定期召开会议，交流情况，沟通思想，互相促进，增强业务能力；严于律己，勤奋工作，带领总机房全体员工，努力把工作做好。

13. 在客人完成长话后，及时制单并送前台收银处，以免造成走单。

14. 严格检查和监督电信保密制度的实施，维护客人利益。

15. 努力钻研业务，掌握电信专业知识，了解总机的结构原理，掌握电信操作方法和业务工作程序；了解国内外长途电话操作方法及收费标准、国际时差和国内常用的电话号码；了解电话机线路布局及有关电子计算机系统的维修、保养、管理等应用知识。

16. 对公司发生的失火、盗窃、急病等重大事件，要迅速通知有关部门妥善处理。

十九、电话房领班岗位责任

1. 具体负责公司的话务服务工作，直接向电话房主管负责。

2. 以"宾客至上，服务第一"为服务宗旨，全心全意为客人服务。做到礼貌应答，平等待客，耐心细致，讲求效率，不偷听电话，保守机密，遵守工作纪律。

3. 掌握电话通讯专业知识，了解市话商业网的结构性能及操作方法和业务工作程序，了解国内外电话操作方法及收费标准，了解国内常用电话号码、区位号码，了解电话机线路布局及有关微机系统的维修保养应用知识。

4. 协助主管做好市话商业网的管理、正常运作等各个方面的工作，具体指导下属员工在话务工作中礼貌用语，声音清晰，言语准确，反应迅速。

5. 配合主管，对下属员工进行业务培训，纠正发音，讲究礼仪礼节，为客人提供优质的服务。

6. 配合主管解决客人投诉问题，在力所能及的范围内，尽量满足客人的合理要求。

7. 以身作则，参与话务工作，自觉遵守各项规章制度，做好员工的表率作用。

8. 负责公司电话机房所有员工的考勤工作。

9. 做好交班日记，检查各种报表的准确性。

二十、电话房接线生岗位责任

1. 坚守岗位，忠于职守，礼貌应答，平等待客，耐心细致，讲求效率。按工作程序迅速、准确地转接每一个电话，保证通讯工作畅通，并做好各项记录。

2. 熟悉各大城市的区号及主要企业的电话号码。

3. 对客人的询问要热情、礼貌、迅速地应答，为客人提供优质的服务。

4. 熟悉市内常用电话号码，主动帮助用户查找电话号码及接通市内电话。接受国际电话时，应问清是否是对方付款，要进行登记，并计算出应收的数目。

5. 接线生应做到熟悉本企业内部组织机构，熟悉本企业内主要负责人和各部门经理的分机号码、姓名以及其声音。

6. 对如下情况，接线生必须严格保密：各部门的工作情况；企业的商务机密；企业不对外公开的情况；企业各种设施的运行情况。

7. 爱护总机房内的设备，保证通信设备整洁、畅通，维护其正常工作。

8. 不要擅自处理日常工作以外的情况或突发事件，遇到此类情况应及时上报主管，通知有关部门领导，并做好记录。

9. 严格遵守微机操作程序，掌握市话商业网各机器设备的功能、操作使用程序和注意事项。

10. 丰富自己的知识，刻苦钻研业务，提高外语应答水平，讲求语音语调，为客人提供优质的电话服务。

11. 严格遵守交接班制度，做好交接手续，对重点情况重点交代，以保证工作的准确性和连续性。

12. 不得利用工作之便与客人拉关系，不得在电话中与客人谈与工作无关的话，不得利用工作之便与客人交朋友、上房间，不得泄露企业秘密，应自觉遵守企业各项规章制度和员工守则。

二十一、机房员岗位责任

1. 坚守工作岗位，认真做好电话的转接工作。

2. 负责公司内部重要通信的联络工作，对突发事件如失火、偷盗、急病、重大事故，及时通知有关部门。

3. 负责交换台等设备设施的维护保养，发生故障时，机务员要及时报告维修，保障电话畅通。

4. 严格执行安全保密制度，保守通信机密，监听不超过 3 秒钟。

5. 负责内线电话的安装、移位、维修工作。

6. 负责与电话局联系业务，办理外线电话的有关手续。

7. 负责机房内的清洁卫生。

8. 坚持话务值班制度，认真交接班，写好值班记录。

二十二、办公用品管理员的岗位责任

1. 对市场上的办公用品进行调查，掌握其性能、功能及价格。

2. 选择最适合企业的办公用品。

3. 要经常对新产品加以注意，以便寻找符合要求的物品。

4. 经常接触办公用品供应商以取得商品目录，或者经常出入展览会场等。

5. 一旦发现满足要求的办公用品便介绍给企业的业务负责人以促其使用。

二十三、保密员岗位责任

1. 严格执行保密守则，认真做好保密工作，及时做好档案、文件的立卷归档工作和保管工作。

2. 自觉遵守单位各项规章制度，努力学习，积极工作。

3. 掌管本单位的印章，严格执行企业有关印章使用的规定。

4. 做好企业公文（资料）的收发、登记、整理、保管工作。

5. 协助秘书办好总经理交办的事项，协助通信员搞好信件的交换和处理工作。

6. 努力钻研业务，提高工作效率。要做到：熟悉主要的归档系列和归档方法，要有建立卷宗的知识，要掌握保留及弃置卷宗的规定，要了解与整理卷宗有关的其他规定，要有使用及保护档案器材的常识，要有英文基础知识。

7. 要严格保密。各种"秘密"以上的文稿都应严格按照保密规定妥善处理，经办人应严守保密纪律，不得与无关人员谈论公文内容。

8. 处理公文要认真细致，起草和核对文稿切忌马虎应付和粗枝大叶。

9. 注意团结协助，谦虚谨慎，互相尊重，搞好人际关系，共同做好公文处理工作。

二十四、电脑技术员岗位责任

1. 掌握电脑技术，负责信息及各种资料的归类、储存和信息网络的建立、联系工作，使企业的工作规范化、现代化，达到反应迅速快捷、方便准确和详尽清楚的目的。

2. 负责将各类信息归类储存，以备查找并作为工作考核的依据。

3. 做好信息的保密工作。

4. 负责企业的金融网络显示的监管工作。

5. 负责企业的整个电脑网络工作。

6. 负责信息组资料的文字处理和打印工作。

7. 服从分配，按时、按质地完成领导指派的工作。

二十五、电脑维护员岗位责任

1. 根据电子行业的发展，结合本单位各部门的需要，及时提出引进硬件、软件和先进技术的建议，保证单位电脑管理系统在硬件、软件上得以更新换代。从而不断地扩充管理软件的功能，提高其应用水平，同外部环境保持协调，适应新形势的需要。

2. 做好本单位电脑管理系统软件运作中的故障排除和硬件更换、维护工作，切实保障本单位电脑网络能够全天候运行。负责保养设备，定期检查、清洁设备线路，防止设备线路受到外来的破坏。

3. 负责单位所有电脑的维护工作，包括使用前的设置、运行中的故障排除、有关数据的更改等，保证电脑能够正常运行。

4. 根据主管的安排，及时为单位各部门装配电脑设备，并开发相关的应用软件。

5. 加强专业技术学习，努力掌握电脑应用领域最新发展动态，不断提高业务水平。

二十六、收发人员岗位责任

公司收发人员要服从有关部门的管理，接受工作安排。

1. 负责公司报纸杂志的订购工作。

2. 负责报纸、杂志、信函、包裹、特快专递等的分发工作，做到及时、准确。

3. 保密信件、挂号信件要分类进行详细登记。

4. 加强责任心，做好保密工作。不准私拆他人信件，热情周到地为他人服务。

二十七、档案员岗位责任

1. 贯彻执行有关档案工作的法律、法规和方针政策，建立健全各项规章制度。

2. 负责统一管理公司的档案，并按规定向有关部门移交。

3. 负责对公司的档案工作进行监督和指导。

4. 对本企业行政文书和业务文书的形成、积累和归档工作进行指导。

5. 负责定期对已办理文件的整理、立卷、归档工作。

6. 负责办理档案材料的借阅手续，严格执行保密法规。

7. 负责过期档案的销毁工作。

8. 完成领导交办的其他工作。

第二节　人事部人员岗位责任

一、人事部经理岗位责任

1. 认真贯彻执行国家有关劳动人事部门的有关方针、政策、法令和指示，组织制订计划，经公司领导批准后实施。

2. 全面负责人事部工作，掌握业务范围，拟订本部门的工作计划，定期召开例会，布置、检查、总结工作，重大事项及时向有关领导汇报并共同研究、讨论决定。

3. 根据用工计划组织招聘工作，负责调入、招聘、招收、辞退、辞职、调出、停薪留职员工的审核，负责员工内部调配的审核。

4. 抓好干部及职工的管理工作，经常深入基层，掌握情况，合理安排使用干部，发现人才，及时提出干部调整意见，当好公司领导的参谋。

5. 组织本部门干部的政治和业务学习，提高人事管理水平和业务能力，加强对本部门员工的思想教育，团结本部门干部，调动每个人的工作积极性，保证完成各项工作任务。

6. 负责对分配给本部门的工作进行定期检查考核，表扬先进，带动后进，搞好本部门干部队伍建设。

7. 组织制定、修改、充实各项规章制度，做到管理规范化、科学化。

8. 按照有关政策，结合同行业标准和公司实际制定本公司工资、奖金、劳保福利标准，并报领导审核批准，负责工资、奖金、劳保、福利、加班费、夜班费及各种津贴报表的审核。

9. 负责审批办理各类休假期的期限和有关费用的报销标准。

10. 负责人事档案的管理工作，负责办理职工调入、调出档案的接收和传递工作。

11. 严格遵守各项规章制度，以身作则，提高业务工作水平。

二、人事主管岗位责任

1. 协助经理处理好人事日常工作，直接对人事部经理负责。
2. 接收、复印、保存、发出、呈递人事方面的各类文件。
3. 负责办理员工入职、离职、晋升、调职、奖惩过程中的各种手续。
4. 办理总经理审核批准的有关员工评核调配事宜。
5. 管理员工个人文件、材料等。
6. 组织筹办、策划公司员工的休假、娱乐、联欢活动。
7. 负责公司固定职工人事档案的管理及办理临时用工工作。
8. 协助其他部门进行在岗业务技能培训，包括协调安排时间、地点等。
9. 完成人事部经理交办的其他工作。

三、培训与发展经理岗位责任

1. 规划、创建、管理面向员工或管理层的培训课程。
2. 评估员工培训要求，创建适合其职业生涯发展的培训课程。
3. 计划并管理有关技术和员工关系主题的培训科目。
4. 对冲突解决、团队建设、员工技能评估进行管理。
5. 评估培训效果。
6. 与培训单位洽谈专门培训课程服务。
7. 通过各种培训科目，执行对员工技能及灌输组织实践和政策的任务。
8. 调查新的培训资源，提出新的培训计划。

四、人事信息系统经理的岗位责任

1. 规划组织人事管理系统。
2. 进行人事管理系统的外购与自建决策分析。
3. 对人事管理系统市场进行分析，确定采购方向。
4. 整合组织资源，建造组织人事管理。
5. 管理、控制组织的人事信息系统。
6. 通过电脑或网络管理薪金自动处理服务及其他人事数据处理过程。

五、人事专员岗位责任

1. 经常向职工宣传，严格按上级下达的劳动计划进行调配，认真贯彻执行国家有关部门的各项政策法规。

2. 根据上级有关文件精神和公司领导的意图起草和修改公司人事管理的有关规定。

3. 根据《员工手册》规定负责办理干部、工人、合同工、临时工的调入、招聘、招收、试用、签订合同、续订或解除合同、调出、辞退的各项手续，承办干部和工人的退休、离休、退职、停薪留职的手续。

4. 负责人事部文件、资料的保管工作，负责上级文件的接收和传递工作。

5. 按上级要求定期做好各种人事统计报表，及时准确掌握干部、职工的变化情况。

6. 负责管理、办理职工工伤审查，协助工会做好职工死亡的善后处理工作。

7. 负责公司在人事工作方面与政府有关部门的业务联系，协助内部公关工作。

8. 负责劳动纪律的检查实施和员工违纪的调查处理，协调保安部做好员工吵架、打架的调查、调解和处理工作。

9. 负责接待报到和求职员工的登记。

10. 负责档案资料的充实、归档和转入、转出的传递工作。

11. 严格遵守各项规章制度，以身作则，提高业务工作水平。

六、薪酬专员岗位责任

1. 根据国家工资改革政策和公司的实际经济效益，编制工资计划，合理使用工资基金。

2. 负责办理职工转正、定级、晋升的工资变动事宜及离职员工的工资结算工作。

3. 负责办理职工调动的工资手续、调入职工的工资标准审定工作。

4. 负责编制劳保、福利用品发放名单。

5. 负责全部员工参加劳动保险的工作。

6. 负责各部门的考勤管理，统计和编报劳动出勤报表，经常检查各部门的劳动纪律，及时向领导提供劳动出勤情况。

7. 负责领取本部门的办公用品和文件的收发登记工作。

8. 按时准确编报劳动工资、浮动工资、奖金、伙食补贴，月、季、年报表并做好对比分析，提出建设性意见，供领导决策时参考。

9. 按月汇总和发放加班费、夜班费和其他各种津贴。

10. 严格劳务工资管理，建立健全职工工资一览表，掌握公司各类人员的工资变动情况和人员的增减情况。

七、绩效考核主管岗位责任

1. 建立并维持公正有效的绩效考核体系，并负责考核的实施、管理。

2. 根据公司业务需要，配合领导具体组织实施各类员工的绩效考核工作。

3. 根据绩效考核情况和相关规定，实施对相关员工的奖惩。

4. 建立公司职位管理系统，协助和指导各部门进行绩效考核工作。

5. 建立公司干部考核评估体系及职务晋升体系。

6. 指导部门负责人开展考核工作，向员工解释各种相关制度问题。

7. 协助修订政策指南和员工手册，提供政策支持，协助政策解释。

8. 对当前的绩效考核制度进行评估，推荐改进措施。

9. 协助人事经理完成其他相关人事工作。

八、人事文员岗位责任

1. 协助经理处理好人事培训部的日常工作，直接对人事部经理负责。

2. 办理每年度员工体检工作事宜。

3. 统计单位员工的奖金及福利的金额。

4. 统计各员工假期登记表。

5. 处理员工合同期满的有关事宜。

6. 计算各员工每月实发工资金额，严格执行单位工资制度进行核算。

7. 办好新员工入职手续和收录好新员工入职的一切资料。

8. 与用人部门经理衔接做好新员工上岗前交接工作。

9. 统计单位人数及工资。

10. 处理员工工伤保险及记录工伤处理的有关事宜。

11. 办理每年度员工体检工作事宜。

12. 协助人事主管办理员工各种联欢、休闲、娱乐活动的安排、发文、协调、组织等工作。

13. 严格遵守各项规章制度，以身作则，提高业务工作水平。

第三章　销售、营业部人员岗位责任

第一节　销售部人员岗位责任

一、市场经理岗位责任

1. 编制公司年、季、月度销售计划及销售费用预算，并监督实施。

2. 调查公司产品和竞争对手产品在市场上的销售情况，综合客户的反馈意见，撰写市场调查报告并提交公司管理层。

3. 编制与销售直接相关的广告宣传计划，提交总经理办公室。

4. 组织下属人员做好销售合同的签订、履行与管理工作，监督销售人员做好应收账款的催收工作。

5. 制定本部门相关的管理制度和办法并监督检查下属人员的执行情况。

6. 组织对公司客户的售后服务，与技术部联络以取得必要的技术支持。

7. 对下属人员进行业务指导和工作考核。

8. 组织下属人员建立销售情况统计账目，定期报送有关部门。

9. 完成直属上级或总经理交办的其他工作。

二、客户服务中心主管岗位责任

1. 建立客户服务系统。

2. 制定并实施客户服务政策及规范。

3. 建立、完善服务项目和方法。

4. 持续提高服务质量。

三、高级产品经理岗位责任

1. 执行产品的战略计划包括市场需求文档的撰写，负责产品功能的发展。

2. 制定产品发展的时间表，并控制整个计划的进程。

3. 根据产品的定位制定产品市场概念。

4. 建立并不断报告产品成本及利润。

5. 寻找新的应用以促进产品的销售并延长产品生命周期。

6. 组织产品版本的发布。

7. 与公司其他部门协调工作。

8. 组织一支团队来发展已有产品或寻找新产品并负责团队建设。

四、市场部主管岗位责任

1. 根据公司的发展战略协助市场总监制定总体营销战略。

2. 协助市场经理组织实施经公司批准的营销计划。

3. 组织市场部收集全国市场的同业信息并进行分析预测。

4. 组织市场部对公司产品进行市场调研分析。

5. 与全国各种媒体建立并保持良好的关系。

6. 负责对产品和服务进行全面的包装（销售部门协作）。

7. 组织制定市场调研的流程。

8. 组织市场部内部的工作并协调与其他各相关业务部门之间的关系。

五、市场拓展主管岗位责任

1. 负责公司市场策划及广告业务的规划、组织、实施与协调。

2. 把握市场动态，制定产品拓展的整体策略。

3. 不断进行市场拓展业务体系的建立、优化、培训和实施监控。

4. 制订市场运作的年度、月计划，并组织落实。

5. 定期提交市场拓展情况报告和市场分析报告。

6. 负责试销售的组织实施和价格体系的建立。

7. 进行与市场活动相关的关系网络的建立、管理和发展。

六、市场调研主管岗位责任

1. 确定组织产品与服务的市场地位。

2. 收集市场竞争对手信息。

3. 确定组织产品与服务相对于竞争产品的进展及成功因素。

4. 追随市场政治环境变化推进组织产品与服务市场的开拓。

5. 与营销经理合作，建立与相关产业、政府部门及研究机构的网络联系。

6. 协助营销经理就以上问题进行支持，以达成组织产品与服务的发展要求。

七、销售部经理岗位责任

1. 负责公司的全面销售工作，对总经理负责。

2. 对商品的采购、销售、成本、利润等负有经营管理的重要责任。

3. 对公司的销售工作策划、营销决策、员工素质、工作效率、服务水准等的提高负有重要的责任。

4. 了解市场信息，熟悉和掌握市场行情，组织适销对路的货源，根据公司客户的特点和要求，努力开拓新的货源渠道和市场，不断增加营业收入。

5. 与客户搞好关系，搞好财务管理，对销售工作善于策划和决策，抓住时机做好商品营销工作，扩大营业收入。

6. 根据商品的营销情况进行业务洽谈，特别是大宗重要的商品，要签订营销协议。在平等互利的原则下，友好地进行商业往来。

7. 保持与客户的密切关系。无论对主动上门来还是走出去进行业务联系的单位和个人，都要以礼相待，讲究商业信誉，使商品销售有一个稳定的货源基础。

8. 巡视和检查营业员在商品销售活动中的仪容仪表、礼节礼貌、销售技巧等工作情况，进行必要的督导。

9. 全权处理本部门日常营销业务工作，并处理客人的投诉。

10. 负责部属员工的考勤考绩工作，根据他们的工作表现和完成营销任务的绩效，进行表扬或批评，奖励或处罚。

八、销售部副经理岗位责任

1. 贯彻公司各项经营管理制度，协助经理完成公司的营业预算。

2. 负责检查落实销售任务，指导督促主管、班组长的工作，确保营业指标的完成。

3. 掌握有关商品进、销、调、存的动态，提出销售商品的意见，与业务员制定商品花色品种存货计划，做好商品补充工作。

4. 搞好销售财产管理。抓好柜台原始凭证、账务管理及盘点工作。

5. 督导员工礼貌待客，提供优质服务，处理好客户关系，解决客户投诉及工作矛盾。

6. 协调营业班组、保管员和业务员之间的合作关系。

7. 完成经理临时布置的其他工作。

九、销售市场管理员岗位责任

1. 在总经理和销售部经理领导下，对销售计划执行情况进行监督检查。
2. 按日检查公司销售进度，每月写出进度分析。
3. 积极参与各种促销活动，安排展销计划。
4. 负责区域销售计划的安排和区域销售统计。
5. 负责销售卡的管理，确定销售卡的发放数量及奖励金额，负责公司特卖日的活动安排。
6. 负责机关团体供应点的建档工作。
7. 完成领导交办的其他工作。

十、销售部领班岗位责任

1. 检查销售人员的仪表、仪容，督促柜员搞好卫生、商品陈列、摆设等。
2. 关心销售人员，不徇私情，对好人好事及时反映和登记，对违反规章制度的柜员及时指正。
3. 严格执行财经制度。商品标价要准确，保证商品不出任何差错。
4. 教育员工爱护公司财产，爱惜一切公物。对所有的商品都要保护好，经常检查，做好防潮、防火工作。对人为造成的商品、物品、财产损失，应及时追查处理。
5. 严格按排班表出勤管理，未经请示经理不准随意调班、调休；上班时，不准擅离工作岗位，做好离岗登记。
6. 做出季度工作总结，找出存在的问题并总结经验教训。

十一、业务组长岗位责任

1. 在经理领导下负责本组人员的政治、业务学习。
2. 负责公司业务组人员配备、岗位分工。
3. 保证公司业务组业务工作的正常运转，定期向部门领导汇报本组的工作情况。
4. 负责对公司业务组各项业务工作人员的检查、考核、监督。
5. 负责对违纪员工的处理提供意见。
6. 协调公司与车站、外库等单位的关系，妥善解决因工作发生的纠纷。
7. 负责收查各库房的盘点表，报储运部主管领导。
8. 完成经理交办的其他业务工作。

十二、渠道主管岗位责任

1. 寻找并管理渠道合作者。

2. 对渠道合作者资格和开发工作负责。

3. 管理和组织对渠道合作者的持续支持，包括对合作者的销售和技术培训、售前协助、售后客户服务、技术支持等。

4. 执行渠道战略。

5. 为推动渠道销售与渠道合作者共同组织联合行动或促销活动。

十三、商品部主管岗位责任

1. 与采购人员一道制订库存数量计划，特别是关于具体花色品种的数量计划。因为商品部采购人员更接近顾客，所以他们对哪些商品能够畅销心中更加有数。

2. 管理、引导、激励营业员。营业员应该对他们所出售商品的方方面面都有所了解，而且知道如何向顾客介绍和出售商品。

3. 把握消费者对本商品部所售商品的趣味、要求、爱好的变化趋势。商品部经理要不断地研究消费者的切实需要。

4. 确保顾客得到良好的服务。顾客的意见、建议、问题、表扬都必须给予恰当的对待。

十四、国外销售主管岗位责任

1. 主要负责国外销售工作，直接对销售部经理和总经理负责。

2. 积极开展市场宣传、联系国外电台、电视台和重要报纸杂志的广告事宜。

3. 利用公司在国外的预订网络，为世界各地的客户提供预订服务。

4. 收集客户预订信息，供销售部经理和总经理参考。

5. 遵守公司销售政策和策略。

6. 了解国外同业行情，及时向总经理和销售部提供重要信息。

7. 掌握国外商品展览会的信息，提出参展计划。

8. 努力扩大国外客源。

9. 不断提高业务素质。

10. 努力增强在国外市场竞争的能力，提高企业在国外的知名度。

十五、国外销售代表岗位责任

1. 代表企业向国外客商推销企业产品和服务，直接对国外销售经理负责。
2. 主动联系客户，宣传企业。
3. 严格遵守企业销售政策、价格政策和标准。
4. 收集市场信息，了解客户需求变化。
5. 分析国际同类产品价格水平，及时向销售部提供市场信息。
6. 积极参加企业批准的销售活动。

十六、商务销售代表岗位责任

1. 根据产品市场销售计划，完成销售任务和指标。
2. 长期与客户保持密切业务联系。
3. 按照不同市场情况定出不同的商品销售价格。
4. 了解客户对产品的要求和各方面的需求。
5. 有针对性地进行产品销售，向销售部经埋提供信息。
6. 积极地参与企业举办的各种促销活动。
7. 努力开发新客户。
8. 广交各界人士，扩大企业影响。
9. 定期开展销售活动。
10. 为每位客户建立档案。

十七、客户主管岗位责任

1. 策划、组织有关的市场活动。
2. 分析客户需求，保持与客户的良好关系，寻求机会发展新的业务。
3. 管理、参与和跟进咨询项目。
4. 与相关媒体保持良好的关系。
5. 协调咨询员的业务活动。
6. 建立管理数据库，跟踪分析相关信息。
7. 同客户所在公司各部门建立并保持良好的工作关系。
8. 获得并保持主管要求的最低总利润。
9. 为公司提供精确的市场信息，主要关注未来趋势。

十八、送货部主管岗位责任

1. 在销售部经理的领导下，负责送货部日常的管理工作。

2. 负责本部车辆管理及司机人员教育，及时向司机传达上级有关指示，带领并组织送货部全体人员认真落实上级有关交通法规，制定本部有关车辆管理和司机的教育管理制度。

3. 负责安排车辆，按时完成送货任务。出车前，负责检查车辆情况，严禁司机疲劳驾驶、酒后驾驶、违章行车；向司机交代送货注意事项，确保优质安全的服务。

4. 负责送货部人员的劳动考勤，分类送货统计及超范围送货的收费开票，月底计算送货部人员送货量。

5. 负责安排车辆保养、油料的购买与分发，负责处理本部所发生的交通事故。

6. 对因本部原因不能按时送货上门的商品，送货部经理负责与货主及时联系，说明原因，另行商定送货上门的时间。

7. 根据公司和本部奖惩制度，负责计算送货部个人每月奖金。

十九、售后服务部主管岗位责任

1. 在总经理领导下，负责公司人、财、物的合理调配和有效运转。加强管理，强化优质服务教育，维护企业的良好形象。

2. 主持公司售后服务部的工作，负责维修服务、销售服务的经营管理工作。

3. 领导和组织公司人员认真学习、贯彻落实党的各项方针政策及国家的各项法律、法规。

4. 确保服务质量，维护消费者合法权益。负责提出本部人员的专业技术培训计划，配合人事部搞好专业教育，不断提高公司人员的专业技术水平。

5. 领导和组织公司人员认真学习、贯彻落实公司的各项规章制度。结合本部实际情况，组织制定部门的各项规章制度，并组织贯彻实施。

6. 负责本部人员的政治思想教育，发扬民主，团结同志，确保本部经济效益的实现。

二十、营销调查人员的岗位责任

1. 搜集企业内部和外部的有关情报资料进行初步情况分析（企业的内部资料包括各种记录、历年的统计资料、生产销售的统计报表、财务决算报告等。企业的外部资料包括政府公布的统计资料、研究机关的调查报告、同行业的刊物、经济年鉴手册等）。

2. 调查人员应主动访问专家，向精通本问题的人员（销售负责人、营销人员、批发商等）和用户征求意见，了解他们对这个问题的看法和评价。

3. 列出问题清单，将调查目标转化为具体调查内容和项目。

4. 审议个别问题，对问题清单中的所有问题进行筛选，并对每一个具体的、个别的问题进行严格的再审核，以决定该问题的取舍，使问题的界定更具合理性和必要性。

5. 要检查和评定所搜集到的资料。审核资料的根据是否充分、推理是否严谨、阐述是否合理、观点是否成熟，以确保资料的真实性和准确性。

6. 将资料分类、统计计算，系统地制成各种分类表、统计表、统计图，以便分析利用。

7. 运用调查所得的资料数据和事实分析情况，得出结论，进而提出改进建议。

8. 撰写调查报告。

第二节　营业部人员岗位责任

一、营业部经理岗位责任

1. 在总经理领导下，负责公司进、销、存、备各环节的经营管理协调工作，认真组织本部人员完成各项工作任务。

2. 负责公司物价、计量、质检、合同等专业工作的管理、组织和实施。

3. 负责对公司外出进货计划及人员的审批。组织各分公司参加全国性供货会议。

4. 以销售为中心，负责抓好销售市场管理及公司重大促销活动的计划、拟定、组织、实施，确保公司销售任务的完成。

5. 定期向总经理汇报公司经营情况，提出建议，当好总经理的参谋和助手；根据市场情况指导各分公司做好商品结构和经营布局的调整。

6. 负责公司的对外经贸工作。

7. 定期召开部务会、检查各专业的工作情况。

8. 完成总经理交办的其他工作。

二、进货管理员岗位责任

1. 负责对公司进货工作进行管理、协调、服务和监督。
2. 负责编制公司进货计划，监督检查进货计划执行情况和商品适销情况。
3. 负责公司进货计划和招商厂家进入公司资格的初审把关。
4. 及时了解市场动态，根据进货计划和市场情况，协助公司解决进货中的问题。
5. 对公司商品结构和经营品种进行检查，保证经营品种、类别齐全，保证商品丰满。
6. 负责组织开展公司采购员评比活动和采购员培训工作。
7. 负责组织开发名特优新产品。
8. 负责组织法人委托书和采购员手册的颁发和检查。
9. 负责管理客户档案。

三、计划管理员岗位责任

1. 应按期编写商品流转计划。
2. 应按月检查商品流转计划执行情况。
3. 根据商品流转计划执行情况，分析各项指标完成情况和超差原因，综合市场变化特点，总结经营中的经验与不足，写出情况分析报告。

四、综合统计员岗位责任

1. 结合公司情况和业务经营需要，根据《统计法》和上级有关规定，制定公司统计工作制度，统筹安排公司统计工作。
2. 为领导决策提供可靠统计数据。综合管理、汇总公司统计资料，按期编报各类统计报表，准确及时地反映公司业务经营情况。
3. 系统地积累、搜集与整理各项历史资料，保持统计资料全面、系统、完整。为公司各级领导和业务部门指导工作，决定政策、安排购销、编制与检查计划提供依据。
4. 依据统计资料，开展统计分析和市场调研，及时提供计划执行、经营管理和商品流通规律的调查资料。
5. 负责对公司各部门统计工作的指导、检查和监督，定期深入各部门检查基层统计工作情况，发现问题协助解决。
6. 负责公司各级统计人员的业务学习和培训，总结统计工作经验，不断提高公司统计人员的业务素质。

五、经营信息员岗位责任

1. 按照经常性、连续性的原则，分门别类地搞好公司信息资料的搜集、整理和反馈工作。

2. 积极扩大信息网络，按时完成公司信息交流工作。

3. 多跑市场和信息机构，捕捉信息，了解竞争对手情况。

4. 及时有效地反馈市场信息，提高企业知名度，扩大信息量。

5. 按时、按质、按量地完成信息稿件的撰写和传递工作，提供准确及时的信息。

6. 协助部门内人员做好其他工作。

六、物价管理员岗位责任

1. 负责向公司各部门传达上级的物价方针政策和有关文件，并监督检查执行情况。

2. 指导公司各部门根据市场行情变化，正确运用价格杠杆，制定和调整商品价格。

3. 负责对公司各部门调价、削价、处理商品的审批工作，凡调整价格超过规定权限的，须向公司主管领导报批。

4. 每月两次组织公司物价员外出采价，根据价格动态进行物价分析，开展价格信息服务工作。

5. 坚持看货定价的原则，对招商厂家所经营的商品实行统一管理，对三无产品、假冒伪劣和质次价高的产品一律不予定价。

6. 设置公司重点商品的物价台账。

7. 及时向有关领导提供情况，为经营决策服务。做好物价统计工作，每月按时汇总处理商品统计表，商品调价统计表及各种物价统计资料。

8. 每周组织物价检查工作，开展"双信"教育，争创物价计量信得过单位。

9. 做好基层物价员的选用、考核、培训工作，提高员工专业素质和管理水平。

10. 负责协调与对口上级部门的关系，配合上级物价部门对公司进行指导和检查，如实反映情况并提供有关资料。

11. 完成领导交办的其他工作。

七、计量管理员岗位责任

1. 认真贯彻执行《商用计量器具管理办法》，做好公司计量管理工作。

2. 督促和检查计量器具的保养和使用情况。

3. 每周组织有关人员对公司计量工作进行全面检查，并且要有检查记录。

4. 设公平尺、公平秤，实行顾客监督。

5. 积极开展"双信"活动，在全公司范围内对违反计量法规的行为加以制止，视情节轻重进行批评教育和经济处罚。

6. 做好计量员的培训工作，提高计量员的业务素质。

7. 负责协调与上级对口部门的关系，配合和接受政府计量管理部门的监督检查，如实反映情况并提供有关资料。

8. 完成领导交办的其他工作。

八、商品质检管理员岗位责任

1. 增强法律意识，提高商品质量管理水平。严格贯彻执行《产品质量法》《反不正当竞争法》《消费者权益保护法》。

2. 维护公司声誉。努力学习商品知识，加强鉴别能力，仔细对商品质量把关，杜绝假冒伪劣商品进入公司柜台。

3. 会同公司进货管理委员会成员，定期对公司所经营的商品质量进行检查（每月三次，逢10必查），遇重大节日和重大活动则随时抽查，凡不符合质量标准的要立即停止出售，并追究有关人员的责任。

4. 协调好各部门之间的工作关系。积极配合上级质检部门对公司的商品质量进行监督和检查，如实反映情况和提供各种资料。

九、业务接待员岗位责任

1. 负责购买有关业务单位人员离去的车票、机票。

2. 树立为业务一线服务的思想，首先保证公司业务人员出差用票。

3. 负责安排好有关业务单位来公司人员的住宿。

4. 负责做好对有关会议代表的接站及返程送站工作。

5. 建立车票、机票购买及安排住宿的登记制度，业务用票和关系用票要分别登记，凡业务以外的用票要由经营部部长审批。

6. 完成领导交办的其他有关接待方面的工作。

十、广告管理员岗位责任

1. 主动遵守国家和企业制定的广告法律、法规和规章制度，搜集广告信息、整理广告资料。

2. 负责公司及客户各类广告的审定，负责联系协调公司与广告客户发布广告的工作。

3. 负责广告发布期内广告质量、次数等内容的情况汇总，资料管理。广告结束后，及时检查实施广告所用人员、时间以及费用，核对广告预算计划。

4. 负责对到期广告及时通知美工及有关人员更换，按规定使用公司标志。

5. 完成领导交办的其他工作。

十一、营业员岗位责任

1. 熟悉和掌握柜台或本铺面商品的种类、品名、产地、规格、性能、特点、用途、进价和售价。

2. 营业前搞好柜台、货架等的卫生工作，保持环境的整洁。

3. 掌握本柜台或铺面商品的进、销、存情况，对各种商品的畅销和滞销情况要及时向部门经理或有关人员进行汇报，以便经理进行业务沟通。

4. 柜台进货要按商品的名称、规格、数量、进价、售价等清点清楚签字验收，不得有差错。商品上货架或柜台要打上售价签。

5. 交接班时，要严格办理交接手续，做到商品、货款相符，双方签名确认。

6. 早班员工进入公司时必须两人同时进入，复核、清点商品，看其是否达到账物相符，并做好记录，签名确认。

7. 营业时间要坚守岗位，不准会私客、办私事、看书报、闲坐、聊天、吃东西和抽烟等。

8. 下班时要将贵重物品收藏锁好，锁好货柜、货架，关掉灯，锁好门，待营业经理检查合格后方可下班。

第四章　财务、公关部人员岗位责任

第一节　财务部人员岗位责任

一、财务部经理岗位责任

1. 负责组织公司的财会管理工作，当好企业负责人的经营管理参谋。

2. 每月、每季审核各种会计报表和统计报表，写出财务会计分析报告，送企业法人审阅。

3. 检查、督导各项费用的及时收缴，保证企业资金的正常运转。

4. 审核并控制各项费用的支出。

5. 合理有效地经营并管理好公司的金融资产，为公司创造利润。

6. 根据行业的具体特点，依据财会管理有关法规、政策、文件，制定财会管理具体制度和操作程序。

7. 组织拟订各项费用标准的预算方案，送公司领导和相关主管部门审核、修订。

8. 研究熟悉和实施各相关的工商、财会及税务、物价等管理制度，运用法律、行政和经济手段保护公司的合法权益。

二、审计主管岗位责任

1. 规划并进行审计，确认会计记录的真实性及是否符合会计准则要求。

2. 确定审计程序细则，准备适当的项目。

3. 分配数据输入、财务报告及其他职责给适当的员工。

4. 审阅财务报告及工作原稿，确认其实质性、准确性和完整性。

5. 对下属员工在审计程序和方法上进行指导和建议，通知程序变更情况并协助其解决问题。

6. 对审计人员进行有关国家财务准则要求的培训。

7. 准备符合准则要求的审计报告。

8. 对所谓的不合法的行为进行专门的调查审计。

三、会计主管岗位责任

1. 具体组织好本部门的日常管理工作，向部门经理负责。

2. 负责检查、审核各经营管理部门及下属机构的收支账目，向部门和公司领导及时汇报工作情况。

3. 每日做好各种会计凭证和账务处理工作。

4. 每月、每季按时做好各种会计报表，定期向公司公布费用使用情况。

5. 检查银行、库存现金和资产账目，做到账账相符，账实相符。

6. 按照行业特点和需要，分类记账，完成领导交办的财会工作。

四、财产物资主管岗位责任

1. 负责公司财产、物资、办公用品的登记建账、保管和发放。

2. 采购物资，以原始发票验收，货票相符后，在发票上签字并建账入库，根据部门领导批准和会计填写的出库通知单发放物品。要详细填写出入库账目卡，账卡要妥善保管，不得丢失和私自销毁，严禁白条出库。

3. 负责库房内物品的码放、保养，保持库房清洁卫生，严防存放物品霉变、损坏。对损坏物品，经部门领导或公司主管经理批准后方可处理。

4. 每月对库房存放物品进行一次盘点。每半年对房产、货架、办公桌椅和300元以上的办公用品进行一次清查。盘点清查结果要详细记录。盘点清查出的问题要书面报行政部处理。

5. 根据库存和物品的领用情况，及时提出采购建议。

6. 经常向领导汇报工作，及时提出意见和建议。

7. 完成领导交办的其他任务。

五、财务成本控制主管岗位责任

1. 负责预算和成本的控制。

2. 负责财务分析。

3. 负责账目清算及报告。

4. 分析并对财务数据做出解释。

5. 向高级管理层提出有关改进系统和财务运转的建议。

6. 向财务经理或财务总监报告公司的财务状况。

六、总会计师岗位责任

1. 全面管理公司日常财务会计工作。

2. 控制预算案，指导制定公司财务管理政策及工作程序，负责经济合同的制定与执行。

3. 管理现金流量，管理贷款、货币兑换及监督信用部；负责管理会计事务、出纳、收入核数业务等。

4. 在公司经营活动中控制成本、定价和现金流量，并控制财务预算。

5. 建立会计系统，进行内部控制，定期检查财务工作。

6. 监督编制预算表、现金流量报告。

7. 提议薪金工资率的增减及财务部人员的编制。

8. 负责与各个部门进行业务沟通。

9. 制定每个岗位的工作职责、工作程序，建立各种物资、资金管理制度。

10. 审批财务收支，审阅财务专题报告和会计报表，对重大的财务收支计划、经济合同进行会签。

11. 对所属员工进行培训，不断提高员工的业务能力和综合素质。

七、投资主管岗位责任

1. 控制公司的证券投资活动。

2. 管理投资项目使它达到公司要求的低风险、高回报目标。

3. 建议进行股票证券的买卖及政府批准的其他交易。

4. 观测证券市场，进行产业研究。

5. 通过对经济政治形势的分析，评估投资机会。

八、预算主管岗位责任

1. 及时提供公司的预算要求。

2. 查看预算建议案，向管理层提供适当的反馈。

3. 确定公司的预算要求符合法律规定。

4. 代表公司向董事会解释对有关预算的质疑。

5. 管理当前年度的资金，使资金资源获取最大的利润。

九、总出纳岗位责任

1. 负责现金收入、票据及银行存款的保管、出纳、记录及管理，检查和清点每日各收款点交来的现金，填制送款簿后及时存入银行。

2. 负责管理外币资金、本币资金、备用金，掌握结算付款的管理规定，并计算收付财务费用。

3. 负责签收、整理和保管各种支票、汇票、本票等，填制送款簿后及时送存银行。

4. 检查一切收款、付款、缴款业务凭证，做到有凭证、有审批，手续完备，项目内容清楚齐全，大小写金额相符，对检查无误的凭证及时办理款项收付缴业务。

5. 负责编制"公司每日资金日报表"和"银行存款每日报告表"。

6. 每日上班打开保险柜，由主管监督（或由二人互相监督）取出各收款员交来的"交款袋"与交款签名单，核对是否相符，如出现不相符现象，应立即查找原因。

7. 在总出纳与银行送款员互相监督下，将每个"交款袋"逐一打开，清点现金及支票。

8. 将现金、支票分别填写送款簿，连同"信用卡"汇总单的送款簿一起送交银行办理结算转账，对必须办理托收的外币支票、汇票，须逐一填写托收凭证，并妥善保管，到银行通知托收入账时，与转账凭证一起转给财务办公室银行出纳会计。

9. 审查现金的送款簿存根，各种支票、汇票、送款簿的存根，收据存根，汇款凭证等，并以此作为"银行存款每日报告表"的原始凭证，再按本币、外币分别汇总编制，报总会计师审查批准、签章，然后存档。

10. 妥善保管各种收款、付款凭证和公司"每日收入报告表"，每日及时整理归档，做到有条有理。

11. 严格执行现金清点盘点制度，每日核对库存现金和零用金，做到账款相符，确保现金的安全。

12. 负责所得税扣缴申报事项。

13. 完成财务部经理安排的其他工作。

十、出纳员岗位责任

1. 遵守公司员工守则和财会管理制度。

2. 管理好公司的现金收付、银行存款的存取，保管现金、有价证券、银行支票等。

3. 及时追收企业各种应收款项，保护企业利益不受损失。

4. 编制有关现金收付记账凭单、现金日记账、银行日记账的记账工作。

5. 及时办理各种转账、现金支票，按月将银行存款余额与银行对账单核对相符，并交会计做账。

十一、银行送款员岗位责任

1. 协助公司总出纳清点现金收入，并办理存入银行的有关手续。

2. 协助总出纳填制各种报表，做到数字准确无误。

3. 检查存款的手续是否齐全、完备。

4. 安全地将公司的收入存入银行，并将各种银行单据交总出纳处理。

5. 不断提出改进工作的设想，当好总出纳的助手。

6. 服从分配，及时完成上级指派的任务。

十二、收银出纳员岗位责任

1. 在总出纳的领导下，负责公司现金收支工作，直接对财务部经理负责。

2. 按照现金管理制度，认真做好现金和各种票据的收付、保管工作。

3. 收付现金准确，在交款人面前点数，如有异议及时解决；保持适当的库存现金限额，超额的库存现金要及时送存银行。

4. 每日及时登记现金日记账，并结出金额，现金的账面额要同实际库存现金相符；对于现金和各种有价证券，要确保安全和完整无缺，如有短缺，应承担后果。

5. 出纳人员保管的印章要严格管理，按照规定用途使用，但签发支票所使用的各印章，应由两人保管。

6. 严格把好现金支付关，根据领导审批，责任会计盖章后的合法凭证，经审批后办理付款，并加盖"现金付讫"戳记。

7. 每日盘点库存现金，做到账款相符，收入的现金、票据必须与账单核对相符并按不同币种、票证分别填写营业日报表，交稽核签收审核。

8. 每日收入现金，必须切实执行"长缴短补"的规定，不得以长补短，发现长款或短款，必须如实向领导汇报。

9. 督促各营业收款点收款后，按时上交营业款；收款完毕后认真核对缴款凭证，并清理现金，将当天营业收入及时送交银行。

10. 备用周转金必须天天核对，不得以白条抵库，一切营业收入现金不准坐支，未经财务经理批准，不能任意挪用现金，也不得将营业现金借出给任何部门或个人。

11. 不准套取外汇，也不得私自兑换外币，要切实执行外汇管理制度。

12. 保存好现金支票，并专设登记簿登记；认真办理领用注销手续，不得将空白现金支票交给外单位及个人签发，对于填写错误或作废的支票，必须加盖"作废"戳与存根一并保存。

13. 编制和发放公司员工工资、奖金，办理工资结算，编制现金记账凭证和有关报表。

十三、资产核算员岗位责任

1. 掌握资产管理制度和核算办法，负责对有关财产使用部门进行财产管理和核算。

2. 负责编制财产的领用分配表，进行会计核算，按"资产使用责任制"实行分口、分类管理。

3. 参与固定资产的清查盘点和物品的月末盘点工作，公司在财产清查中盘盈、盘亏的固定资产，要分情况进行不同的处理。

4. 分析财产和物品的使用效果，提高固定资产的利用率。

5. 每月计提固定资产折旧，登记账簿，月末结出资产净值余额；编制固定资产折旧汇总表，做到账表相符、账账相符。

6. 正确划分固定资产和低值易耗品的界限，编制固定资产目录，对固定资产进行分类核算，按照财务制度的有关规定，负责固定资产的明细核算；督促有关部门或管理人员对购置、调入、内部转移、租赁、封存、调出的固定资产办理会计手续；如实反映其全部会计核算内容，包括正确计算固定资产的记账价值，正确计提固定资产的折旧。

7. 年底进行资产清查盘点，对报废处理和出售不使用的资产，按"财产管理责任制"规定办理手续；编制会计凭证，并登记固定资产账户。

8. 负责低值易耗品和物料用品的出库分配，对物料用品中的服务用品、清洁用品、印刷和文具用品、棉织品、玻璃器皿、瓷器、办公用品等，分别按领用日期和项目分类，并按领用部门分别编制分配表，以及编制会计凭证。

9. 对物品的领用，做到事先有控制，事后有监督；月底对领用物品的消耗情况进行分析，分别与预算和去年同期进行对比分析，并定期组织分析固定资产的使用效果。

10. 接受和完成主管临时安排的其他工作。

十四、工资核算员岗位责任

1. 负责核算公司工资基金的使用情况，每月对人事部提供的工资核算原始资料进行审核，包括加班工资和员工工伤、探亲、事假的按比例扣款计算是否准确；负责督促新员工的现金工资计算、解聘员工的工资消除、员工各时期的工资增减变动等是否准确无误。

2. 将审核无误的工资原始资料经主管领导签章后输入电脑，编制员工"工资通知单""工资汇总表"；按时将工资填入《员工薪酬表》送交主管，并开具现金支票，经领导审阅后送交银行，以保证工资的及时发放。

3. 根据"工资汇总表"填制、发放工资，结转部门工资及代扣款项的记账凭证；根据上级规定的提取比例，以工资总额为基数，正确计算工会经费、员工福利基金，按列支的科目填制记账凭证。

4. 负责代扣员工房租、水、电费（数据由综合办公室提供），核算个人所得税及其他应扣款项。

5. 配合人事部做好人工费用的统计工作，提供奖金计算依据。

6. 定期核对各部门实发奖金数，还应核对奖金发给人数和发出奖金数是否一致，并妥善保管当年工资、奖金发放资料。

7. 掌握非在册人员的劳务费支出情况，严格按支付手续支出。

8. 每月月底按时分摊各部门待摊、递延费用以及各项预提费用。

9. 每月负责整理、装订、发送财务报表及填制经济活动资料手册；认真保管好计算工资的各种会计凭证、报表、工资晋级表等。

10. 打印工资转账数据、报表（一式两份），一份送财务部，一份送人事部存档。

十五、费用核算员岗位责任

1. 负责日常费用（医药费、差旅费、邮电费、办公费、财务费等）报销的审核，应注意原始凭证合理、真实。

2. 负责单位每月零星收款的核算。

3. 每月按时支付以下款项。

（1）单位发生的水、电、燃料费，员工宿舍房租、水、电费。

（2）员工医药费。

（3）员工制服的洗涤费。

4. 每月月底负责分摊、结算的费用如下。

（1）各部门发生的员工制服洗涤费，办公费，推广宣传费，营业场所水、电、燃料费。

（2）家属及员工集体宿舍水、电、房租费。

5. 每月计算司机的出车补助费，注意核对出车次数、范围、标准。

6. 登记各部门折扣率，每月按时列出折扣汇总表。

7. 购领和保管财务部所用发票、收据，保管有关的文件、合同。

8. 努力完成领导交办的其他工作。

十六、支出核算员岗位责任

1. 负责核算预付购货款、预付购货订金、应付货款、应付税金、应付利润等，并编制会计凭证和报表。

2. 对货币资金的收入和支出，负责日记账簿的登记和结账。

3. 认真审核原始凭证所反映的经济内容是否符合国家的方针政策和公司的财务制度规定、内容是否完整、大小写金额是否正确等，有实物收入的凭证应把"收货单"作为制表的依据之一，并编制会计凭证和报表。

4. 正确使用会计科目和科目编号，摘要简明，内容真实、清楚，金额准确无误。

5. 熟悉会计科目及明细科目的核算内容和编号，能正确使用会计科目核算货币资金支付业务。

6. 编制会计凭证时要分别按货币资金币别、不同银行单位的资金，分别制单编号。

7. 审核原始凭证，包括审核原始凭证的名称、日期、规格、数量、单价、金额的填写是否齐全，"收货单"填制的内容和原始凭证的要求是否完全一致，还应审核负责人的签字情况和票据的合法性。

8. 按照会计核算的"权责发生制"的原则，如实反映、记录受益期内应付未付款、预提费用、待摊费用等会计业务，及时做出会计处理。

9. 及时登记各种货币资金的收支业务的日记账簿，每日结算余额，每月结算本月发生额累计金额的余额。

10. 记账凭证填制要及时，做到当日事当日清。

11. 按时完成应付账和主管临时安排的其他各项任务。

十七、物料成本核算员岗位责任

1. 日常工作内容

（1）每隔两天到库房收取各部门的领料、领物及直接领用单和验收单。

（2）将各种单据进行整理，验收单上的外币数要折合成本币，然后输入电脑。

（3）单据输入完毕后，打印出明细单进行核对，如有错误及时修改。

（4）每隔 10 日，打印一份直接领用单，交成本核算员做成本报表。

2. 月终工作内容

（1）每月 25 日要对各部门的物品进行盘点，次日将盘点表的数据进行计算汇总。

（2）每月 25 日以前将全部领料单输入完毕后，再进行全面核对，特别是对一进一出的物料一定要按验收单的规格输入。

（3）计算领料单验收单合计数，须与明细账的数额一致，否则要查找原因，直到两者相符为止。

（4）打印各部门领用明细表，交各有关部门核查分析。

（5）根据复核无误的验收单计算出当月各种材料的平均价，再计算出各部门领用的各类物料的合计数，交会计转账。

（6）计算并打印出各种物料的库存数，再与仓库交来的库存盘点表逐笔进行核对。对两者不符的，要与各仓库的保管人员共同查明原因，如果仓库人员错误，由其开单冲账，如是本人输入错误，则由本人在电脑上进行修改，以确保账面库存与实物保存相符。

（7）核算并打印各类物料的收、发、存明细账，并装订成册，再与凭证账中的有关科目核对。

（8）备份各种电脑数据。

（9）用电脑中新产生的科目库更新旧的科目库，再用当月的数量、平均价、金额替换上月的数据，将已备份的各种不需要的数据删除。

十八、结算员岗位责任

1. 负责全单位各部门的收款结算工作，直接对财务经理和资金主管负责。

2. 负责收款结算点各项工作的组织、指挥和协调，保证收款点工作，确保及时，有条不紊。

3. 根据检查情况向财务经理汇报，负责检查各部门收银员对各项制度的执行情况及业务完成情况并予以记录。

4. 直接负责大型业务的结算工作和外欠业务款项的清理工作，并及时向财务部主管人员汇报，对拖欠账款的客户，要组织进行督促。

5. 负责保管各单位关于费用记账方式结算的协议、合同、纪要等，并对这些单位按协议、合同、纪要的规定收取预付金或押金，做好记录。

6. 每天按各项收款员报送的转账结算单核对各单位的合同、协议所订条款、价格和收费标准、折扣等，并复核账单金额，按各自单位汇总。

7. 根据合同、协议所定结算日期和报送结账清单日期，列出结算明细表向有关单位办理结算。

8. 对外结算账单汇总后，以付款单位为核算对象，开列明细账户，列入应收科目挂账。

9. 加强对外结算账单的检查收款情况，做好催收工作，防止错结、漏结、迟结，必须准确、清楚、不错、不漏，同时按合同、协议规定的时间及时把结算清单发出，通知付款单位付账。

10. 对未按合同、协议规定的时间把账款汇交的单位，除进行催收外，还必须把欠交情况用书面向财务经理汇报。

11. 负责积累各协议、合同单位的资信情况和结算中的问题以及客户的反映等，向主管部门经理汇报。

12. 对办理结算的单位账户均应在账单汇总表上反映。

13. 严格遵守单位的各项规章制度、业务审核制度，不准套用外汇、私换外汇，上班时不擅离职守，不断提高自身的业务水平。

十九、资金主管岗位责任

1. 严格遵守财务管理制度，忠于职守，坚持原则，工作认真，钻研业务，严格管理，团结协作。

2. 负责财务部资金运作方面的管理与操作。

3. 负责全公司的现金和转账票据的收付工作，当天收入的现金和转账票据要在当天下午下班前送往银行，不得积压和延迟。

4. 按规定结出每天借款发生额累计总数和当天余额，并做到日清日结。

5. 每月核对银行对账单，并做出"未到账调整表"，调整账目，与总分类账核对。

6. 管理和督导日常的外币兑换储蓄业务，包括对每个员工具体的检查、督导、培训，发现问题及时向财务部经理汇报。

7. 每天根据账簿的发生额和余额，编制"现金及银行存款收付日报表"，送财务部经理审阅。

8. 对办理报销的单据，除按会计审查程序重新审核外，还须经财务部经理审批后才予付款，凡不按规定程序签批的单据，一律拒绝付款。

9. 严格遵守现金管理制度和支票使用制度，库存现金按规定限额执行，不得挪用库存现金，不得以白单抵库。

10. 严格执行外汇管理制度，不得违章代办兑换手续，也不得私自套换外币。

11. 与银行外汇管理部门联系，办理有关结算事项，承担出国人员外汇领取的有关手续事项。

12. 抽查各部门出纳员的库存现金和各收款员的业务周转金，并做出检查报告呈报经理审阅。

13. 做好每天的业务预测，以准备足够的备用金，必要时向经理提供资料，申请暂借备用金。

14. 不定期检查各出纳员的尾箱库存，确保钱账相符。

15. 严格遵守公司的各项规章制度，以身作则，带领所属员工努力做好财务工作，并加强对所属员工的业务培训，提高业务工作水平和工作质量。

二十、资金管理员岗位责任

1. 填制和管理公司的记账凭证，负责办理银行贷款、还款及调汇业务。

2. 负责公司大笔拆借款账务处理，并负责催收本息。

3. 负责催收、清理银行拨付的各项往来账款，对长期欠账户要查明原因，及时采取措施。

4. 按月认真核查所管账户发生金额的正确性，发现问题及时予以解决。

5. 加强对固定资产和流动资金的日常管理，及时掌握流动资金的使用和周转情况，定期向部门主管汇报工作情况。

6. 每季与固定资产保管员核对账目、实物，做到账账相符、账物相符，若发现问题，应查明原因，及时解决。

7. 以上月各营业部门的收入为基数，每月按规定计提和缴纳各种税金，并报送有关税务表格。

第二节　公关部人员岗位责任

一、公关部经理岗位责任

1. 充分了解和掌握市场信息，进行市场分析和预测；了解和掌握同行的业务状况，收集业务情报，向总经理提供报告，在建立可靠的商品销售的基础上，进行经济决策。

2. 组织实施公司的业务拓展和商品销售活动，树立和提高公司的声誉，使公司商品有一个好的市场。

3. 负责业务洽谈以及协议、合同的制定与草签。

4. 组织和参加 VIP 的接待，并将他们的情况转告各有关部门。向客人详细介绍公司的情况，了解他们的实际需要，尽量给予满足。

5. 凡大型活动，要向有业务联系的单位和个人、老客户、发贺电、贺信或贺年卡，或者可以邀请他们参加公司组织的庆祝或纪念活动。

6. 经常对机构、公司、社、厂、宣传部门等进行拜访，征求他们的意见、密切与他们的关系，希望在业务上得到他们的支持。

7. 对待客人要热情友好，向他们介绍情况要认真细致，给客人以最佳的印象。

8. 抓住机会进行公关活动，如在宴会、茶话会、洽谈会、座谈会、纪念会等社交活动中进行宣传。

9. 负责收集、积累公司的资料，并进行材料的整理、编写等工作。

10. 组织公司宣传材料的编写、摄影、录像、印刷及宣传，并与各传播媒体建立良好关系，取得他们的支持和帮助。

11. 检查公司的广告牌、指示牌有没有差错，字迹是否端正、清晰、美观，广告牌的设计是否高雅，与公司的格调是否相符等。如发现有不合要求（错、脏、旧）的要及时改换。

12. 建立公关销售业务档案，以便查阅。

13. 负责对部属进行思想教育和培训。

14. 完成公司领导交办的其他工作。

二、公关部主管岗位责任

1. 全面负责市场公关计划的制定和执行，配合公司项目，提供公关方面的支持。

2. 负责市场公关活动的策划与监督实施。

3. 负责公司名誉管理和危机处理。

4. 定期提交公关活动报告并就市场整体策略提供建议。

5. 建立媒体数据库并维系紧密的媒体关系，参与制订及实施公司的新闻传播计划。

6. 提供客户开拓及促销、联盟、业务拓展等的公关支持。

7. 进行公关文档的建立和管理及公司相关新闻稿的撰写工作。

三、公关代表岗位责任

1. 接待来访参观的客人，主动宣传公司的优质和各项设施，树立公司的良好形象，并了解客人对公司的各种意见，及时上报经理。

2. 参与各项接待或出访活动，协助公关经理接待重要客人。

3. 收集、整理市场信息，为经理制订工作计划提供参考资料，并提出合理的建议。

4. 公司重要活动之后，将有关资料整理存档，并妥善保管。

5. 完成部门经理交代的其他事宜。

四、公关广告部经理岗位责任

1. 认真贯彻执行公司的经营发展战略方针，根据公司的总体工作部署，结合实际主持制定公关广告工作规划和年度计划，并组织实施。

2. 负责审核、确定公司对外宣传、摄影、展览、出版、声像、录像、广告的选题、设计订稿、印刷、制作发行等工作。

3. 负责组织召开公司新闻发布会、记者招待会，筹划与主持召开有关公共业务的各种会议与活动。

4. 加强公关广告业务的调查研究和预测，掌握市场信息，根据货源变化和消费者需求，采取相应措施，为公司领导制定政策提供咨询意见和依据。

5. 主持制定公司对外宣传、发展公共关系的经费预算和使用计划，并监督检查开支情况。

6. 加强公司公关队伍的建设，制订和组织实施公关队伍的培训计划，检查本部门员工广告管理、广告策划、美工制作的工作情况，提高其业务素质。

五、公关广告策划人员岗位责任

1. 根据领导指示，做好公关广告业务的调查研究和预测，掌握市场信息，提出公关广告活动的策划方案，做好年度公关业务计划。

2. 协助部门经理组织策划企业新闻发布会、记者招待会，筹划有关公共关系业务的各种会议及业务活动。

3. 及时检查公司各部门公关活动计划，落实、指导、公关项目的开展。

4. 对企业对外宣传、摄影、展览、出版、声像、录像、广告的主题构思提出策划意向。

5. 负责公关资料的收集、积累，文件、材料的整理、编写等工作。

6. 完成领导交办的其他工作。

六、接待员岗位责任

1. 按时上下班，做好交接班手续。

2. 做好散客、团体、会议的接待工作以及入住工作。

3. 接待宾客时要主动、礼貌、热情、迅速，并做到微笑服务，使客人称心。

4. 通过电脑、电话、报表、单据等方式，把客人的有关资料传递给各部门。

5. 掌握房态和客房情况，制作有关客房经营的各种报表，为客房的经营管理工作提供准确、详细的资料。

6. 负责有关公司服务设施及查找住客等方面的查询工作。

7. 协同前厅部做好客人档案的编写工作。

8. 了解客情，发现问题及时向领导报告。

第五章 生产、仓储部人员岗位责任

第一节 生产运营与技术管理人员岗位责任

一、制造部经理岗位责任

1. 组织、计划、指导、制定及协调生产过程中的各种活动和资源，以达到公司对成本控制、产品数量及质量等方面的要求。

2. 根据生产加工流程和技术要求确定所需人员的资格条件、工作步骤及工作任务分配。

3. 主持部门员工的任用、培训、评估等各项工作。

4. 与科研开发等其他相关部门密切合作进行新产品开发、技术和工艺流程革新以及产品质量改进。

5. 制订及实施库存和生产成本控制计划。

6. 分析生产制造、质量控制、设备维护及其他相关工作，及时发现并解决问题。

7. 主持与供应商的价格谈判。

8. 分析市场供应状况，对目前及未来的供应情况进行预测，完成有关的分析报告。

9. 编制部门预算，审批部门工作各环节的费用。

10. 协调制定维修及改造生产设施设备的工作制度和工作流程。

11. 收集竞争对手情况，向管理层提供有关分析报告。

二、车间主管岗位责任

1. 监督生产、制造、保养等车间工人的工作。

2. 负责规划及分配工作，执行工作规程。

3. 提出改进生产设备、工艺流程、操作环境等方面的建议。

4. 解决工人操作过程中的问题。

5. 协调车间各项工作进度。

三、质量安全经理岗位责任

1. 指导组织质量安全工作。

2. 开发及控制质量规划。

3. 监控生产部门执行质量安全标准及程序。

4. 对生产工人进行质量安全培训。

5. 提出改进产品质量、设计及流程的方案。

6. 监督质量安全员、巡视员工作。

四、生产主管岗位责任

1. 协调生产管理团队的工作。

2. 进行项目管理。

3. 调研及核实客户需求方案的制订与执行。

4. 领导制定产品使用说明文档。

5. 规划并完成组织生产目标。

6. 与组织部门和其他部门协作，共同满足现有及潜在客户的需求。

五、生产调度员岗位责任

1. 调度员提前到班（一般 10～20 分钟），做好工作准备，听取上一班的工作汇报，尤其是重大的生产隐患和正在解决或需要本班解决的问题，办好交接班手续。

2. 接班后，认真查看上一班的调度记录，熟悉情况，并根据本班任务及时与基层或主要生产环节联系，了解人员、工艺和设备状况，交代任务和了解落实基层需要解决的问题。

3. 对交办并需要解决的问题，要派人到现场了解情况，根据进程或按上一班的安排继续进行，或根据当班情况重新组织力量进行解决，或根据领导指示组织处理，以尽快恢复正常生产。

4. 无论问题处理如何，都要努力稳定其他环节的生产，班中按规定定时（特殊情况下随时）调整基层生产作业计划进度情况以及工艺和主要设备的运转参数，并按项进行记录。

5. 对班中出现的较大工艺问题及各种事故，要分析原因，并及时深入现场进行协调、指导和处理，并将情况记录在案。对外部环境的变化，要及时进行调整，使内外条件处于平衡状态，稳定生产。

6. 调度和协调领导及上级有关的生产指令，并及时通报执行情况。对影响全局的重大问题，必须及时向领导汇报，根据领导决策进行处理，同时做好详细的记录。

7. 下班前听取基层汇报，调度各种原材料、在制品和产成品的库存情况，汇总投入、产出及外运等有关数据或单据，统计核查任务完成情况和需向下一班移交的问题。

8. 按规定填绘各种有关图表。

9. 填写好调度日志，资料归整，器械调整，打扫环境卫生，准备交班。

六、生产安全管理员岗位责任

1. 在深入了解企业具体情况的基础上，制定企业的总体目标，以及车间、班组基层单位直到个人的目标。领导要对整个目标进行计划、指挥、组织、监督和调节，从而能以每个工作人员的最终成果，考核评价员工的能力。

2. 抓紧对各级人员的思想教育，确保全体员工对安全目标管理有正确的统一认识。

3. 要抓好企业的安全管理基础工作（诸如历年来的事故分析资料，职业病统计资料，尘、毒监测情况，危害治理结果等）。

4. 通过目标的层层分解、措施的层层落实，来实现全员管理和全过程管理，将企业的全体员工都严密、科学地组织在目标体系之内。

5. 给每个员工一定的权限，以便根据实际需要和目标责任处理日常管理中的问题。同时要根据工作成绩给予他们应得的利益，这样才能调动员工的积极性。

6. 处理好安全目标管理与其他安全管理方法之间的关系。

七、品质成本管理员岗位责任

1. 首先要对有关人员进行培训，特别是对涉及品质成本管理工作的财务人员和品质管理人员进行培训。

2. 编制品质成本管理的程序文件。该文件一定要结合企业的具体情况，把所有的品质职能活动可能耗用的经费划分到相关品质成本科目中去，并规定如何收集资料、如何进行统计、如何计算、分别由哪个部门负责。

3. 补充完善原始凭证。根据程序文件的规定，对原有的原始凭证进行一次清理，根据需要加以补充和完善。例如，废品通知单、返修品通知单、停工报告单等。为了便于统计，使用这些凭证时，应根据费用所属科目，在其上加盖"内部故障""外部故障""鉴别""预防"的印章，以便识别。

4. 做好数据收集和统计工作。企业所有部门都应按程序文件规定，按时填写相关的原始凭证，按期进行统计和上报，最后由财务部门汇总，编制品质成本报表。

5. 编制品质成本报告。根据品质成本报表，提出品质成本总额及其构成的主要科目，提出发生数与计划数发生的偏差，并引入相关的指标公式进行比较，供领导分析。

6. 对品质成本进行分析。品质成本分析方法有：品质成本分级科目构成的比重分析（PAF 分析，即预防、鉴定和故障成本分析）。月份（或季度）品质成本内部分析（主要看其增长变化）等。

7. 根据分析结果发现问题进行改进。分析中发现异常情况，可以进一步获得品质管理体系存在问题的信息。

八、品质信息中心主管岗位责任

1. 组织各个领域品质信息的沟通。不仅利用事先规定的信息传递工具（报表、反馈单位等）保持经常联系，还应通过其他工具，如召开会议等，进行不定期的联络。

2. 定期提出品质信息分析报告，如品质管理月报表，以便向上级领导或有关部门通报品质情况，提出建议。

3. 对异常品质信息，必须迅速将原始数据、处理结果和分析、建议等反馈给主管部门。应建立重要突发品质信息台账，对重要品质信息进行跟踪记载。对跨部门的重要突发信息要及时协调，当协调无效时，应及时向决策机构报告，由上级部门人员组织协调或仲裁。

4. 要做好品质信息的标准化显示工作，还要以各种方式，如黑板报、企业刊物等，向各部门及全体员工通报品质动态，以引起他们对产品品质的关心。

5. 应制定品质信息档案的管理制度，就品质信息的收集、归档、保护、保存期限、编号、保密等级、检索等做出明确规定。

6. 对原因不明、责任不清、性质严重和多次重复出现的品质问题，品质信息中心应通过各种方式进行查询（如发出"信息查询单"或召开查询会议），根据查询结果进行处理。

7. 定期为企业的各考核部门提供品质考核依据。

8. 不断完善品质信息管理系统。

九、物流管理经理岗位责任

1. 控制送货和仓储成本以符合公司目标。
2. 管理物流提供商以使货物及时送达目标客户手中并不断提高对客户的服务水平。
3. 保证日常操作顺畅有效。
4. 提供实时管理和作业报告，保持计算机系统和手工操作系统数据精确。
5. 保持实际存货100%精确。
6. 安置、组织并调动整个团队充分执行目标要求的任务。
7. 确保区域层面上的最优组合。

十、设计经理岗位责任

1. 建立规范以保持产品设计执行高品质、高可靠性和安全性标准。
2. 按照现有规范及组织实际状况，确定并执行质量和安全标准。
3. 评估并改进对产品设计、质量、可靠性、安全性控制的技术。
4. 与客户协作，按客户要求进行生产设计，满足客户需求。
5. 负责设计控制的执行和维护，不断提高设计水平。

十一、研发主管岗位责任

1. 负责设计管理。
2. 提供项目技术支持。
3. 负责专业工程师管理。
4. 制定半年的预算。
5. 负责部件的工程确认。
6. 提供生产技术支持。
7. 确认选址规划。
8. 负责创新部署。
9. 负责月度工作报告。

第二节 采购仓储部人员岗位责任

一、物资采购部经理岗位责任

1. 负责物资采购部的全面工作，提出公司物资采购计划，报总经理批准后组织实施，并确保各项采购任务的完成。

2. 对公司各部门物资需求及消耗情况进行调查研究，熟悉各种物资的供应渠道和市场变化情况。

3. 指导并监督下属开展业务，不断提高业务技能，确保公司物资的正常采购量。

4. 完成公司各类物资的采购任务，并在预算内尽量减少开支。

5. 对公司的物资采购负重要责任，熟练掌握公司所需各类物资的名称、规格、型号、单价、用途和产地，检查购进物资是否符合质量要求。

6. 检查合同的执行和落实情况，参与大批量商品订货的业务洽谈。

7. 负责审核年度各部呈报的采购计划，统筹策划和确定采购内容，减少不必要的开支，以较少的资金保证最大的物资供应。

8. 认真监督检查各采购员的采购进程及价格控制。

9. 在部门经理例会上，定期汇报采购任务的落实情况。

10. 每月初将上月的采购任务、完成及未完成情况逐项列出报表，呈公司总经理及财务部经理，以便上级领导掌握公司的采购情况。

11. 负责督导采购人员在从事采购业务活动中讲信誉、不索贿、不受贿，并与供货单位建立良好的关系，在平等互利的原则下进行合作。

12. 负责部属人员的思想教育、业务培训，开展职业道德、外事纪律、法制观念的教育，使所属员工提高工作水平和思想水平。

二、采购部主管岗位责任

1. 合理安排下属的工作班次，全面安排采购计划，保证采购工作的顺利进行。

2. 与供应商建立良好的业务关系，完成公司的采购任务。

3. 了解市场信息，比值论价，降低费用开支。

4. 检查和监督进口物品的报关工作，做到手续齐全，资料齐备。

三、采购员岗位责任

1. 掌握公司各部门物资需求及各种物资的市场供应情况，掌握财务部及采购部对各种物资采购成本及采购资金的控制情况，熟悉各种物资的采购计划。

2. 严格审核合同款项，订购业务必须上报经理或主管，研究后方可实施。

3. 采购物品应做到择优选择、物美价廉；时鲜、季节性物资如部门尚未提出申购计划的，应及时提供样品、信息，供经营部门参考。

4. 经常到柜台和仓库了解商品销售情况，以销定购；积极组织适销对路的货源，防止盲目进货；尽量避免积压商品，提高资金周转率；经常与仓库保持联系，了解库存情况，全面掌握库存商品的情况，有计划、有步骤地安排好各项事务。

5. 严格把好质量关，对不符合质量要求的要坚决拒收；根据销售动向和市场信息，积极争取订购货源，按"畅销多进、滞销不进"的原则，保证充足货源。

6. 各部门急需的物品要优先采购，并做到按计划采购；认真核实各部的申购计划，根据仓库存货情况，订出采购计划；对常用物资按库存规定及时办理，与仓管员经常沟通，防止物资积压，做好物资使用的周期性计划工作。

7. 严格遵守财务制度，遵纪守法，不索贿，不受贿，平等互利地开展业务活动；购进物资要尽量做到单据（发票）随货同行交仓管员验收，报账要及时，不得随意拖账挂账。

8. 努力学习业务知识，提高业务水平，接待来访业务要热情有礼，外出采购时要注意维护公司的利益和声誉，不谋私利。

9. 严格遵守公司的各项规章制度，服从上级领导的分工安排。

四、储运部经理岗位责任

1. 在总经理领导下，全面主持储运部工作。

2. 认真负责本部员工的政治、业务学习，督促检查考核各岗位职责、工作制度的履行和执行情况。

3. 负责起草储运工作各项规章制度。

4. 负责组织商品运输和商品储存工作。

5. 负责审查批准各种车辆及其他设施的购置、使用、维修和保养。

6. 负责组织处理各种日常的行政业务工作，保证质量，完成仓储运输工作。

7. 完成总经理交办的其他工作。

五、仓库经理岗位责任

1. 指导公司物资的仓储和分发活动。

2. 确保产品、零部件及供应品以有效的方式运输、分发及接收。

3. 采取预防措施，确保仓储物资免受损失。

4. 现场评估存货状况。

5. 准备及评阅分发文件。

六、仓库收货员岗位责任

1. 根据公司的规定和要求，认真有效地检验到货物品是否符合公司要求的质量标准。

2. 办理验收手续时应按照采购单的内容和数量进行。

3. 验货时如发现质量不符合要求、数量差错，应拒绝收货并及时报告主管。

4. 在办理验收手续后应及时通知有关部门取货。

5. 填制每日收货汇总表。

6. 协助采购部经理，跟踪和催收应到而未到的物品。

7. 有条理地做好采购单的存档工作。

8. 积极提出改进工作的设想方案，协助领导做好本部门的工作。

9. 服从分配，按时完成领导交办的任务。

七、仓库主管岗位责任

1. 负责编制公司物资最低库存量的申购计划，做到合理库存，不积压资金。

2. 对公司物资的保管和收发负有重要责任，加强控制、审查各部门领用物资，严格对审批手续、数量把关，合理使用物料，降低消耗。

3. 严格督促、监督仓库管理员把好物资进库验收手续。

4. 切实贯彻物资管理制度，督促下属加强对库存的管理，检查并落实防火、防盗、防虫蛀、防鼠咬、防霉烂等安全措施和卫生措施，保证库存物资的完好无损，物资存放有条理，美观大方。

5. 经常了解各种物资的使用情况，及时提出意见，供公司领导和各使用部门参考。

6. 定期抽查物品与登记卡，看是否物卡相符，账卡相符，账账相符。

7. 管理好公司的财产物资，属于家具、用具或固定资产的物品要专账登记。定期做好物资的收、发、存、报、损等手续的盘查工作。

8. 及时按制度要求做出收、发、存月报表。

9. 对下属员工的工作素养有培训责任，不断提高下属的业务水平和工作能力。

八、仓库保管员岗位责任

1. 全面负责物料及商品的入库验收工作。入库时，对进仓物品必须严格根据采购单按量验收，并根据发票名称、型号、规格、单位、数量、价格等填写验收单或收据，要严格把好质量关，不符合的货物应退回，发现问题要及时上报。

2. 有效地管理库房，具体负责公司商品和物品的保管和供应工作。

3. 验收进仓物资，如发现不符合要求的，需填写验收报告呈物资主管审批，交采购部经理提出处理意见。

4. 验收后的物资，必须按类别根据物品的数量、性质在固定位置堆放，做到整齐美观，并注意留有通道，便于收发、检验、盘点、清查，并填写货物卡，把货物卡挂放在明显之处。

5. 商品和物料进出仓，要做到先进先出、后进后出，防止商品变质、霉烂，尽量减少损耗。

6. 仓库要保持通风干燥，根据仓库的环境、气温变化、通风条件，调节干、湿度和温度。要勤检查、勤晾晒，防止虫蛀鼠咬、霉烂变质。

7. 每日汇总票据，严格执行出入库手续，按期登记明细账目，定期盘点，按时填写报表，做到账物相符、账表清楚。

8. 熟悉货物，明确负责保管货物的范围。

9. 严格执行仓库的安全制度。库内严禁吸烟，上下班前后，对仓库的门窗、电源、消防器材、货垛等进行安全检查，发现隐患及时处理，保证物资和库房的安全。

10. 严格执行公司各项规章制度和工作纪律，按时上下班，工作时不擅离职守，并做好仓库的清洁卫生工作。

11. 努力完成领导交办的其他工作。

九、仓库记账员岗位责任

1. 确保库房账与总账相符，根据记账规则，登记每笔业务内容。

2. 登记账目的字迹工整，账面整洁。

3. 积极与保管员配合，做好记账工作。

4. 为领导提供各种物品的单价，有效地控制进货价格。

5. 准确及时地编制月末盘点表。

6. 服从分配，按时完成领导指派的工作。

7. 协助领导做好本部门工作，积极提出改进工作的设想。

十、货运经理的岗位责任

1. 指导组织有关订单货物的送达活动。

2. 评价及选择最佳送货路线及方式。

3. 检查货物的丢失及损坏情况，并进行处理。

4. 评价送货人的工作质量、及时性和费用情况。

5. 提出运输工具及方法的建议。

6. 作为组织代表就有关事宜与政府部门进行沟通。

十一、提运员岗位责任

1. 上班时间不迟到、不早退，上班打卡后，到经理室签到。上岗后认真清点提货单据，接受当天任务。根据任务性质，整理单据、货款，如属国际托运，出发时一定提醒、督促托运组备齐一切手续。

2. 提货时，提运员必须根据提单的品名、型号、规格、数量进行验收，如发现不符合要求可拒绝提货。

3. 在车站、码头提取托运回来的物品时，若有破损、货差等问题，必须做现场记录，并请车站、码头有关运输负责人签字确认，提回来后详细报告主管或经理，及时做好货物差错、破损的索赔工作。提运员要督促并要求搬运工人对物品轻拿轻放，防止物品破损，并堆放整齐，保证物品不在运输途中丢失。认真填写物品交接单，做好交接工作。

4. 及时领取提货通知单。在外工作时要严守纪律，杜绝有损公司声誉的言行，如经发现必须严厉处罚。

十二、搬运工人岗位责任

1. 上下班准时，不迟到、不早退，服从提运员、保管员的安排。装卸货物要轻拿轻放，按指定位置把货物堆放整齐，要左右成行、点面成线，一切物品禁止倒放。

2. 送货到现场，必须按出货要求办理好手续，点清品名、数量。搬运途中要小心，防止损坏物品，防止碰坏墙或玻璃，爱护提运工具及车辆。

3. 提货时要配合提运员点准货品数量、规格。如货品满载，搬运人员必须坐在车尾位置，保障货品不在运输途中丢失。

4. 工作时要遵守公司的各项规章制度，在外单位提货时，杜绝有损公司形象的言行。

5. 搬运工人必须吃苦耐劳，努力把工作做好。

第六章 保安、消防、车务部人员岗位责任

第一节 保安部人员岗位责任

一、保安部经理岗位责任

1. 坚决贯彻执行总经理的指示，做好总经理在保安工作上的参谋和助手，对公司的安全负有重要的责任。

2. 有高度的责任感和事业心，有现代企业安全保卫工作管理的经验。

3. 敬业乐业、坚持原则、不徇私情、秉公执法、吃苦耐劳、勇于献身，带领和督导下属做好安全保卫工作，确保公司人、财、物的绝对安全。

4. 负责制定、健全公司的安全保卫制度，部署保安部的工作计划安排和检查落实，审定各部拟定的岗位安全制度、规定，报请总经理批准后实施。

5. 坚持公司保安管理的规范化、程序化、标准化、制度化，坚持以身作则，最大限度地调动部门员工的工作积极性，并领导下属员工积极开展全面的质量管理活动。

6. 维护公司内部治安秩序，经常巡视公司各重要器材设备，确保设备处于良好状态。

7. 组织调查内部发生的重大案件、事故，并向总经理提出建议，汇报查处结果。

8. 负责本部门员工的工作分派，带领本部门员工努力做好工作，保障公司员工和宾客的生命安全，对公司经济部位和要害部位的安全要加强管理。

9. 与当地执法部门、司法部门及其他保安部门保持密切的合作关系，配合执法部门侦破违法犯罪案件。

10. 受理公司有关本部门的客人投诉。

11. 重视内勤工作，组织好保安工作档案材料的积累和科学管理工作。

12. 协助总经理组建公司安全委员会、消防委员会、交通安全委员会等组织，担任或选派各委员会主任并主持日常工作。

13. 协助培训中心组织开展以"防火、防盗、防破坏、防自然灾害"为中心的安全教育和法制教育。

14. 完成公司领导及上级业务部门交办的各项临时性保安工作。

二、保安部副经理岗位责任

1. 保安部经理不在时，代行经理职权。

2. 独立处理发生的各种治安问题。

3. 负责调动各部门的保安力量，处理应急安全事务。

4. 督促公司各部门落实安全管理岗位职责，分析存在的问题，及时提出改进意见，促使各部门加强安全管理，确保公司及员工的人身安全。

5. 根据下属人员的工作表现情况，建议上级奖励或直接签单处罚。

6. 分管当值保安工作和员工培训的副经理的职责。

（1）监督各班运作，包括人员、岗位、记录等情况。

（2）如发生事故，处理好后应填事件处理报告。

（3）每周上呈一份保安运作报告给保安部经理。

（4）与培训部配合，使每一个保安员达到公司的规定标准。

（5）每三个月对员工进行一次纪律、礼貌、安保水平评估，制表呈报保安部经理。

7. 分管消防、停车场、监控室、值班室的副经理的职责。

（1）完善消防责任制。

（2）督促各部门完善消防设施及消防组织。

（3）定期组织人员检查公司各部位的消防设施。

（4）组织公司员工的消防演习。

（5）指导停车场、监控室、值班室的各项工作。

三、保安主管岗位责任

1. 协助部门经理做好日常事务，做好部门经理的助手，努力完成经理布置的各项工作任务，直接向部门经理负责。

2. 努力增强竞争意识，提高业务管理水平，办事积极、认真负责、讲求效率，树立安全第一的思想，作风正派，不谋私利，有勇于献身的精神。

3. 督导各级领班及保安员履行其职责，具体检查各项保安措施的落实，指导开展群众性安全防范工作。

4. 具体处理当值期间发生的顾客或雇员违法乱纪问题，并负责分管本部门员工的培训和考核。

5. 针对下属员工的思想状况和值勤情况，编制培训计划，辅导新招进的见习保安员，经常对下属员工进行职业道德、竞争意识方面的教育，提高保安部的整体素质。

6. 负责本部人员的考勤、考核工作，并负责消防防范布置及检查工作。

四、当值保安主管岗位责任

1. 检查保安员履行岗位职责的情况。

2. 检查公司门前的安全情况。

3. 检查要害、危险部位的安全情况，尤其要注意深夜后公司的安全检查。

4. 配合保安部副经理处理各类安全方面的事件。

5. 每班做好记录，将事件处理报告上呈副经理。

6. 经理、副经理不在时，指挥处理突发事件。

五、保安队队长岗位责任

保安队队长在保安部副经理的直接领导下，对公司治安、交通车辆管理负有全面的责任，其责任如下。

1. 协助招聘保安员。对保安人选坚持以 30 岁左右、高中文化、思想品德好、身体健康和身高在 1.70 米以上为标准，优先从退伍军人中录用。不徇私情，择优录用。对保安队伍的发展和建设负有全面责任。

2. 负责保安员的上岗培训和思想教育工作，对保安员要坚持进行职业道德和思想教育，每年制定保安员训练计划，并接受管理处和辖区派出所的监督、指导。

3. 负责与派出所的工作联系，做好安全防范工作。业务上接受派出所的指导，参加有关维护治安、预防罪案发生等统一行动。

4. 负责保安队的日常工作安排，合理调配人员。保证流动岗和固定岗 24 小时无缺岗、无治安死角。

5. 负责队员的出勤考核，坚持白天和夜晚的查岗制度。

6. 协助副经理每月进行一次岗位考核。公正地评价队员的工作情况，不得故意隐藏或歪曲事实，否则将视作失职。

7. 督促队员遵守员工宿舍管理制度，保持宿舍整洁，无乱搭乱挂现象。安排值日，负责每日的宿舍卫生和队容纠察，保持良好的队伍风气。

8. 负责队员的政治思想教育工作。对态度不好和工作不认真的队员，要耐心细致地做好思想教育工作。对屡教不改者和情况严重者，书面提出处理意见报部门经理裁决。

9. 定期组织队员进行常规训练、思想文化学习和学习火警、匪警以及突发事件的应急措施、救生知识，定期组织队员参加消防训练，帮助每个队员都能达标。

10. 定期回访公司员工对公司治安状况的意见和提议，并做好记录，向上级汇报好的建议使其付诸实施。

11. 完成经理交代的其他任务。

六、保安班长责任

保安班长在保安队队长领导下和属地派出所的指导下，负责辖区的治安保卫、消防、车管工作。职责如下：

1. 熟悉辖区内的楼宇结构、人口数量、楼座排列，熟悉各种公共设施、设备的分布位置和各类公共场所的使用性质及服务对象，系统掌握住宅区整体情况。

2. 严格按照公司的有关制度、工作纪律和岗位职责按月定期考核各保安员的工作成绩，上报有关领导，对不合格人员，应建议领导予以辞退、开除处理。

3. 组织召开治安工作会议，负责上传下达，及时将辖区内的治安问题及处理情况综合整理，向有关领导汇报，并向保安员传达。负责辖区治安的每月小结、季结、年终总结工作。

4. 每季策划一次多层、高层楼宇实地消防、急救和疏散演习。

5. 负责对保安员的考勤、安排值班和休假等。

6. 巡视辖区，经常定时、不定时通过对讲机或跟踪检查当班保安员履行岗位职责的情况，督导其工作，协助处理有关情况，加强复杂地段和事故多发地段的治安执勤巡逻。

7. 加强与公司各层人员的联系，抓好群防群治建设，建立广泛的群众基础。

8. 协助处理辖区内各种违章行为，配合派出所开展专项严打战役。

9. 组织定期检查防盗系统、报警系统和自动监视系统，确保其随时处于完好状态。检查治安保卫有关制度的落实情况。

10. 完成领导交办的其他任务。

七、打卡处值班员岗位责任

1. 负责通道的安全保卫工作和公司人员上下班打卡计时的管理，直接对部门主管和班长负责。

2. 检查监督员工和外单位人员进入通道的情况，发现异常情况及时处理。

3. 严格遵守各项规章制度，在岗人员坚持原则、不徇私情、秉公办事，保持高度的警觉性，对犯罪活动及违法行为，敢于挺身而出加以制止。

4. 负责注视进出公司的员工，对非本公司员工应礼貌地问明事由，查验证件，严禁游客和无关人员进出员工通道，严防闲杂人员混入。

5. 确保督促员工按规定计时打卡，对违反规定而又不听劝告者，应记下姓名、所属部门，及时报告领导，给予处理。

6. 管理计时器正常运转和计时卡片存放整齐，每月第一天零时更换好新的卡片。在出现故障时应及时排除或通知工程部维修。

7. 兼顾通道的内外人员流动情况和内外交通情况，保证出入路口畅通，如发现可疑情况要及时报告，并认真填写当班工作情况表，重大事情应及时上报领班或主管。

8. 严格执行和遵守公司的各项规章制度，当值时不准睡觉、不准擅自离岗或做与本岗无关的事。

八、员工宿舍值班员岗位责任

1. 负责公司员工宿舍的管理和安全保卫工作，要求当值人员对工作认真、秉公办事、不徇私情、坚持原则，贯彻执行公司有关宿舍管理的各项规定，及时纠正和制止员工的各种违章、违纪行为，直接对领班主管负责。

2. 维护宿舍的正常秩序，制止员工在宿舍区内高声喧哗、乱扔垃圾、倒脏水，保持宿舍区清洁卫生。负责来访人员的登记（一律凭本人有效证件），保证宿舍区的安全。

3. 负责检查住宿员工的卫生、安全情况，发现私藏凶器、赌具和禁用电器等物品时，及时报告领导，并予以收缴。

4. 应经常巡查宿舍区各部分，制止聚赌、打斗和传播色情物品等违纪行为。

5. 经常检查宿舍区的消防设施，切实做好安全防火工作，要保持与治安部门的联系，搞好安全保卫工作，发现可疑现象、可疑情况及时报告，防范违法事件的发生。

6. 对离宿舍员工所带物品，凭有效放行条放行，维护好宿舍区娱乐场所的秩序，对不守纪律者给予制止。

7. 巡查宿舍区的各部位，密切注意宿舍区的不正常动静及可疑的人或事，及时采取预防措施。

8. 做好宿舍区执勤情况记录并及时报告保安部办公室。

9. 严格遵守公司的各项规章制度，坚守岗位，不准擅自离岗，贯彻执行保安部的各项指示和任务。

九、施工现场值班员岗位责任

1. 施工现场严禁抽烟。

2. 施工人员严禁使用消防用水。

3. 施工人员必须佩戴工作证出入。

4. 随时检查外出物品。

5. 休息时间，禁止高噪声操作。

6. 施工人员不得随意留宿。

7. 检查贵重物品存放处，施工现场应有人值夜班。

8. 检查高空落物的危险隐患。

9. 经常与施工单位沟通，督促落实安全防范措施。

10. 领班休息日，巡逻岗位人员代理领班处理各项事务。

11. 随时配合各单位的安全防范工作。

12. 努力完成领导交办的其他工作。

十、保安员岗位责任

1. 公司保安员应具有强烈的责任心，工作认真负责，秉公办事，大胆工作，不徇私情，保持高度的警觉性，敢于挺身而出制止犯罪活动及违法乱纪行为。

2. 具有为公司全心全意服务的意识，仪表端庄，干净整洁，礼貌待人，努力奉行"公司至上、服务第一"的服务宗旨，在保安服务中真正体现"敬客、敏捷、周到"的公司服务风格。

3. 努力钻研保安服务知识，掌握公司保安的服务技巧，当值时要保持旺盛的精力。

4. 服从领导的指令和工作安排，熟悉本部门岗位的任务与要求，认真贯彻执行安全岗位职责，做好本职工作，确保公司安全。

5. 处理在公司内发生的非常事故并协助公司各部门处理宾客或雇员的安全问题，要熟悉岗位的分布，爱护通信器材和岗位上的各种设施。

6. 在公司范围内外巡查，果断处理突发事件，发现可疑的人和事要礼貌地进行盘查监控。

7. 协助有关部门保卫重要宾客进出公司的安全，做好大型会议的安全工作。

8. 对重要部位和储存大量钱物的场所要经常进行安全检查，发现问题及时提出，护卫财务部收银员将现金存入或提出。

9. 定期检查报警系统、安全及消防系统，严密控制建筑物周围的门户、服务区、工程交货区。

10. 严格遵守公司的各项规章制度，特别是安全保卫制度，执行交接班制度，上岗时不得擅离工作岗位，不准处理私事，确保安全。

十一、停车场保安员岗位责任

1. 认真学习法律知识，认真学习公司的各项制度和部门规定，增强法制观念，遵纪守法，廉洁奉公。

2. 维护好停车场交通治安秩序，做好防火、防盗、防偷、防破坏等工作，严格把好安全关。

3. 对进入停车场的车辆要指明停放地点，验明车况是否完好，并做好详细记录，填好表格，然后告知车主让其当场验证，同意属实签名后方可接收。

4. 做好对场内停放车辆的收费工作，车走收费并注销。

5. 对开出停车场的车辆要仔细、认真地做好验证工作，验证无误时才可放行。如验证时发现手续不齐和可疑情况，要立即进行查询、拦阻，并及时报告。

6. 不得在停车场学开汽车、骑单车、骑摩托车，不得让闲杂人员在停车场停留。

7. 夜班值勤时要加强警戒，特别是23：00以后开出的车辆，认真把好验证关，做到"三对照"：对照驾驶证、行车证和身份证。发现异常情况，应及时进行阻拦并报告。

十二、巡逻队领班岗位责任

1. 每天查阅巡逻人员的巡视日记，签字后于每天早上上班前将昨天的巡逻情况报到部门经理处。

2. 每天组织班前、班后会，布置任务，检查评比仪容仪表。

3. 对本班巡逻人员的工作及巡视路线要经常巡视检查。下班前做好交班记录，如有特殊情况立即向保安部主管报告。

4. 协助保安部主管组织本班人员，按巡逻人员职责及工作规范要求本班成员，做好本职工作。

5. 公司发生紧急情况时，要即刻赶到所管区域的重点要害部位，正在办公室巡逻的人员要赶到总经理办公室及财务办公室，组织人力进行人员撤离和财务现金的保护。

6. 对本班巡逻人员的工作进行检查考核，并将考核情况定期向主管汇报。

7. 组织本班人员学习业务知识，开展岗位练兵，并积极参加公司组织的各种活动。

8. 对本班缺勤人员进行调查，并将结果向主管汇报。

9. 严格遵守各项规章制度，提高业务工作水平。

十三、巡逻队员岗位责任

1. 在巡逻队领班领导下，负责对公司各楼层各部位进行巡逻警卫工作。

2. 具有强烈的责任感，敢于挺身而出制止犯罪活动及违法行为。对不安全隐患有敏锐的洞察力，能沉着、冷静、机警地应付各种突发或紧急事件，随时保持高度的警觉性。

3. 负责对分管的区域按巡逻路线进行经常性的巡逻。在巡逻中注意发现可疑的人或物，不放过任何一个可疑点，礼貌地对其进行查询并采取措施，杜绝或减少在分管区出现事故。

4. 严格遵守公司的各项规章制度，按时巡逻。上班时不得擅自离岗、脱岗和串岗，不准做与本岗无关的事。

5. 在巡逻中大胆阻止各种违法乱纪活动，不包庇隐瞒，若劝阻无效时立即向领班、部门经理报告。

6. 遇有案件及紧急情况，应迅速保护现场，控制事态，并马上与部门负责人联系，及时采取妥善处理措施。要注意对重点部位、人流量大的部位及易发案部位进行重点巡视。

7. 每晚24：00后，要逐层查询来访客人情况，并做好登记备查。

8. 按规定如实认真地填写巡逻记录，按时打"巡更钟"，按时交接班，将情况交代清楚后方可下班。

第二节　消防部人员岗位责任

一、消防主管岗位责任

1. 严格遵守国家有关消防方针、政策、法规，接受专职消防机关的检查指导。

2. 对职工进行防火安全教育，增加职工的防火意识，提高员工做好消防工作的自觉性，检查消防培训、消防考试的情况，并开展各种形式的防火演练活动。

3. 消防安全检查要注意排除一切不安全的隐患，特别要注意深夜的消防安全工作，监督指导各部门落实防火安全制度。

4. 检查消防设施、消防器材，如灭火器、烟感器、消防栓等是否正常、灵敏，落实重点部门、要害部位的消防工作，保持消防通道的畅通。

5. 落实消防文件要求，及时发现并帮助解决火险隐患。

6. 在部门经理指导下建立健全公司的消防安全制度、防火应急方案，组织实施公司防火安全委员会的各项计划、要求并进行监督检查。

7. 制止各种违反消防法规的行为。

8. 发现火灾时，组织带领义务消防队配合消防机关扑救火灾，保护现场，追查处理火警事故，参与调查火灾原因。

9. 定期向部门经理汇报消防工作情况。

10. 严格遵守各项规章制度，提高业务工作水平。

二、消防监控室主管岗位责任

1. 协助分管监控的经理，做好日常事务，完成各项工作任务。

2. 负责本部门人员的考勤、考核工作，并负责消防防范检查及布置工作。

3. 负责督导各级领班及监控人员履行职责，具体检查各项措施落实到位。

4. 培训监控员使用消防报警、防盗报警、监控器等消防器材，管理监控室人员组织记录、录像。

5. 负责保护储备的灭火器材。

6. 认真做好每一次消防警报监督检查，并详细记录。

7. 负责将事件录像保存完好，随时为有关方面提供资料。

8. 保证监控室设备完好，督促做好正常维修工作。

9. 严格遵守各项规章制度，提高业务工作水平。

三、消防监控室领班岗位责任

1. 认真完成上级交办的各项消防任务，熟悉国家消防机关及上级有关部门和公司关于消防工作的法规制度及要求。

2. 熟悉公司各种消防设施、器材的位置、性能，掌握消防控制中心的设备情况并能够正确使用。

3. 掌握设备运转情况，对经常发生误报的部位进行分析，并将分析报告上交部门汇总。

4. 认真做好消防设备的巡检工作，发现问题及时处理。

5. 负责消防控制中心的日常管理工作，合理安排消防值班员的班次。

6. 制订消防中心的工作计划，对消防中心人员进行必要的培训和考核。

7. 制订和组织实施对消防设备的月检、季检、年检计划，在经理领导下组织贯彻实施。

8. 认真做好本职工作，协助消防主管做好公司的防火工作。

四、消防中心值班员责任

1. 消防中心值班员必须熟练掌握消防中心各种设备的操作使用，并应熟悉其他消防设备的使用。

2. 组织员工学习消防知识，熟悉和掌握各种消防设备的操作方法。组织员工进行消防设备的使用训练，使其成为合格的义务消防队员。

3. 值班人员（包括管理人员）须经常检查防火设施和消防设备等，如有损坏和失效的，应立即修理和更换。

4. 利用通告、图片等形式说明如何使用消防设施和消防设备，以备应急。

5. 每日上班时检查天台、前后楼梯、走廊、消防通道等，千万不可有阻塞情况发生。

6. 留意公用电线，如有破损或不符合规定的，应立即修理和更换。

7. 切勿将防火门打开，以免万一火警发生时，浓烟散播及火势蔓延。

8. 若发生火警，即拨"119"报案，同时按动警铃，通告员工疏散，在安全的情况下，使用灭火筒或灭火喉设法施救。

9. 火警发生时，劝阻员工切勿搭乘电梯。

10. 报案时，必须清楚说明现场地址、报案人姓名及公司电话。

11. 所有消防装置，应每年由认可的消防监察单位最少检查一次。

五、闭路电视监控值班员岗位责任

1. 在领班的领导下主要负责对公司要害部位以及可疑人物进行追踪、监控。

2. 对公司重要场所通道实行全天候监控，对进出人员进行必要的记录，实行专人专机，以防不测，确保绝对安全，并经常巡查监控死角，发现情况及时处理，以弥补设施的不足。

3. 做好员工的违规监测和记录，并将违规报告递交专案领班。做好监控设备的保养工作，不得随意移动设备位置和变动设备性能，发现故障隐患及时报告。

4. 要求当值人员始终保持高度的警觉性，密切注视、监测各要害部位的情况，认真做好监控工作。

5. 认真执行保安部分配的任务，落实保安部制定的各项措施，记录员工的违规行为，及时发现治安、消防突发事故。发现可疑物品和"陌生人"的可疑行为，第一时间通知值班领班或主管，协助进行实地追踪。

6. 保持值班室电话线路畅通，随时保持和保安部联络，做好工作日记并随时向保安部报告。

7. 严格执行和遵守公司的各项规章制度，不得擅自离岗，不准当班时睡觉。

六、消防员岗位责任

1. 要绝对服从领导的指令。

2. 熟悉本岗位的任务与要求。

3. 熟悉公司的地形环境，消防设施的分布、灭火器材的摆放点，防盗、报警装置的位置，闭路电视镜头的位置。

4. 熟练掌握消防中心控制系统的操作程序，会使用各种灭火器材。

5. 爱护本岗位上的各种设备和器材。

6. 灵活、果断地处理当值期间发生的问题。遇有个人处理不了的问题，报告主管或保安部。

7. 负责巡查电表、当值闭路电视岗，办理动火和临时施工出入证，检查动火部位、施工现场消防安全，处理报警和烟感器故障。

8. 严格遵守各项规章制度，上班不准做与本岗位无关的事。

七、防火责任人岗位责任

1. 严格遵守消防法规，领导公司、部门、班组的消防安全工作。

2. 布置、检查、总结消防工作，定期向本地政府消防监督机关报告工作情况。

3. 立足自防自救，对职工进行防火安全教育。领导义务消防队，组织消防演练。

4. 组织制定消防规章制度和灭火方案。

5. 组织防火安全检查，督促消除火险隐患，组织扑救火灾事故。

6. 组织实施防火责任制和岗位防火责任制。

八、义务消防队岗位责任

1. 严格遵守消防条例和公司的防火安全制度，做好消防宣传工作。

2. 帮助消除火险隐患，进行防火安全检查。

3. 维护好各种消防设备，熟悉公司的消防重点部位、各种消防设施的性能和各种灭火器材的操作方法及摆放位置。

4. 积极参加抢救和扑灭火灾或疏散人员，保护现场。

5. 积极参加公司组织的各项消防活动。

6. 在消防管理部门和保安部门的领导下，积极协助追查火灾发生的原因。

安全管理实施计划表

年　　月　　　　　　　　　　　　　　　　　　　　　　　　（正面）

主题	实施内容	负责人	核查	日期星期	1	2	3	4	5	6	7	8	9	10	11	12	13	14	15

（反面）

主题	实施内容	负责人	核查	日期星期	16	17	18	19	20	21	22	23	24	25	26	27	28	29	30	31

九、用电安全检查表

用电安全检查表

项次	检 查 项 目	良好	不良	缺点事实	改善事项
1	电气设备及电动机外壳是否接地				
2	电气设备是否有淋水或淋化学液情况				
3	电气设备配管配线是否破损				
4	电气设备配管及电动机是否超载使用				
5	高压电动机短路环、电器是否良好				
6	配电箱处是否堆积材料、工具或其他杂物				
7	导体露出部分是否容易接近、是否挂"危险"标示牌				
8	电容器是否因接触不良而发红				
9	配电盘外壳及电源板二次线路是否接地				
10	转动部分是否有覆罩				
11	变电室灭火器是否配备齐全				
12	临时线路的配置是否完全				
13	高压线路的绝缘支持物是否不洁或有脱落现象				
14	中间接线盒是否有积棉或其他物品				
15	现场配电盘是否确实关妥				
16	电器开关的熔丝是否符合规定				
17	避雷针是否有效				

部门主管：　　　　　　　　　检查人：

注　本表由安全部门填写，一式两份，一份送机电部门，一份存安保部门备查。

十、消防安全检查表

消防安全检查表

填表日期： 年 月 日

检查项目	待 改 善 事 项	说明	备注	复检
1. 消防	□无法使用 □道路阻塞			
2. 灭火器	□失效 □通道阻塞 □缺少			
3. 走道	□阻塞 □脏乱			
4. 门	□阻塞 □损坏			
5. 窗	□损坏 □不清洁			
6. 地板	□损坏 □不清洁			
7. 厂房	□破损 □漏水			
8. 楼梯	□损坏 □阻塞 □脏乱			
9. 厕所	□损坏 □漏水 □脏臭			
10. 办公桌椅	□损坏			
11. 餐厅	□损坏 □污损			
12. 工作桌椅	□损坏			
13. 厂房四周	□脏乱			
14. 一般机器	□保养不良 □基础松动			
15. 高压线	□基础不稳 □保养不良			
16. 插座、开关	□损坏 □不安全			
17. 电线	□损坏			
18. 给水	□漏水 □排水不良			
19. 仓库	□零乱 □防火防盗不良			
20. 废料	□未处理 □放置零乱			
21. 其他				

总经理： 经理： 办公室主任： 检验员：

十一、工作安全改善通知单

工作安全改善通知单

部门：　　　　　　　　　　　　　　　　　　　填表日期：　　年　月　日

不安全 地点	不符合规则处或 不安全情形	建议改善 事项	改善 期限	改善经过及 结果

十二、工作安全检查表

工作安全检查表

填表日期：　　年　月　日

检查日期	检查地点	现场负责人	检查经过及结果	建议改善事项

部门主管：　　　　　　　现场负责人：　　　　　　　检查人：

注　1. 本表由单位安保部门填写，一式两份，呈单位主管核阅后，一份送安全工作委
　　员会，一份存该单位的安保部门备查。
　　2. 建议改善事项经单位主管核批后，由该单位安保部门通知各有关施工部门实施。

十三、职员外出登记表

职员外出登记表

填表日期：　　年　月　日

所属部门	姓名	出厂时间	回厂时间	事由	备注	登记者

十四、防火检查表

防火检查表

填表日期：　　年　月　日

检查人	火灾隐患部位	防火改善措施

管理责任人：

十五、危险工作安全同意表

危险工作安全同意表

填表日期：　　年　月　日

填表部门		工作承办部门		填表人	
兹同意在（地点或设备） 于　　日　　时　　分从事以下工作：					
但须先办妥下列事项： □封闭管路　　　□防护面具 □开关上锁　　　□防护衣 □排除气（液）体　□安全帽 □通风　　　　　□安全眼镜、面罩 □安全带　　　　□应置警告牌 □胶鞋　　　　　□检修前准备工作已妥善					
执行部门： 　　　　　　　主管：　　　安全卫生管理人员：					
特别注意事项： 　　　　　　劳工安全卫生管理部门：					
说 明	1. 施工人员须随时携带本同意表，以便查核 2. 本同意表核定施工时间不得超过 24 小时 3. 若 24 小时内不能完工，应按日重新申请 4. 施工人员若发现情况有变化，应立即通知安全卫生管理师复查				

　　注　本表一式三份，送安保部门审批后，分别交存安保部门、工作承担部门、人事部门。

十六、消防设施安全运行巡查记录表

消防设施安全运行巡查记录表

填表日期：　　年　月　日

巡查地点	消防设施安全运行状况	消防设施完好率	巡查时间	巡查记录员签名	备注

保安员：　　　　　　　　　　管理处：

十七、灭火器定期检查记录表

灭火器定期检查记录表

部门：　　　　　　　　　　　　　　　填表日期：　　年　月　日

编号	检查结果	编号	检查结果	编号	检查结果	编号	检查结果	编号	检查结果
异常处理对策									
检查结果说明									

部门负责人：　　　　　　　　　　检查人：

十八、消防应急器材检查表

消防应急器材检查表

单位名称：　　　　　　　　　　　　　　填表日期：　　年　月　日

序号	应急器材名称	规格	数量	检查状态	备注

十九、消防自动报警系统开启记录表

消防自动报警系统开启记录表

填表日期：　　年　月　日

开启时间	年　　月　　日　　时　　分		
开启事由			
使用前加封日期		使用后加封日期	
备注			
总经理		保安部经理		值班员	
时间		时间		时间	

二十、中控室交接班记录表

中控室交接班记录表

填表日期：　　年　月　日

交班人		接班人		交班人		接班人	
交接时间		年 月 日 时 分		交接时间		年 月 日 时 分	
运 行 记 事				运 行 记 事			
备注				备注			

二十一、中控室消防设备监控运行记录表

中控室消防设备监控运行记录表

填表日期：　　年　月　日

日期			星期	时间		报警或故障信号	设备编号	设备运行状态	记录人
年	月	日		时	分				

二十二、临时动火作业申请表

临时动火作业申请表

填表日期：　　　年　月　日

单位		地址		动火负责人	
动火作业 起止时间			动火 部位		
动火作业 安全措施					签名：
施工单位 负责人意见					签名：
消防中心意见					签名：
主管部门 防火责任人意见					签名：

第三节　车务部人员岗位责任

一、车务部经理岗位责任

1. 全面负责企业的车务管理工作，协调各职能班组的工作，搞好安全行车及优质服务管理。

2. 贯彻执行上级决议和政府交通管理部门的有关指示精神，经常对司机进行遵章守法教育，使司机树立安全行车的好思想、好作风。

3. 负责制订和改进各项安全行车措施，开展各种类型的安全行车竞赛活动。

4. 负责驾驶员的安全行车知识学习，及时地做好安全教育和安全监督工作。

5. 负责组织安排车辆及驾驶员的检审工作，按时向有关部门缴纳保险费及其他有关费用。

6. 参加部门工作会议，对有关问题予以解决。

7. 了解职工思想及家庭情况，做好职工及病员的探访工作。

8. 负责做好年度预算工作，处理日常各部门及员工的投诉。

二、车队队长岗位责任

1. 主持车队的行政日常工作，有关费用报销由车队队长审单后报财务部。

2. 负责行车安全工作，督促司机保养好车辆，妥善保管随车证件、附件等一切保障工作，每月检查车辆配备的工具，并实行登记和使用者签字制度，如有丢失，按价赔偿。

3. 负责车队的考勤工作，控制和管理车辆维修费用，负责车辆检验定保、年审及车辆调度工作。

4. 掌握驾驶员的思想动态和工作表现，做好技术考评工作，负责和保障车队安全工作。

5. 根据司机的表现，向经理、人事部建议给予奖励或辞退不称职人员。

6. 每月公平选出最佳车队员工，上报部门经理。

三、车队调度岗位责任

1. 负责公司各车组人员的调配，掌握各车经济技术指标和完成任务情况，合理安排车辆。

2. 负责车辆通行证和各车辆证件的发放工作。

3. 根据各单位用车情况和行车路线、装卸地点填制派车单，提高运营率。

4. 负责查询车辆执行任务情况，发现问题及时采取措施，妥善解决。

5. 负责核算各单位登记用车的运量，按月统计，年底进行总结。

6. 负责核算车辆用油量，司机装卸工的考勤工作。

四、车辆安全员岗位责任

1. 按上级部门规定的车辆安全管理制度做好交通安全宣传工作，按期组织交通法规及有关业务学习。

2. 检查车辆的各种机件、设备及定期维修保养情况，发现问题及时解决。

3. 负责解决各种交通事故、违章、罚款、扣证等问题，协助交通部门处理善后事宜。

4. 负责组织好本部门机动车的年审、年检工作。

5. 完成领导交办的其他工作。

五、驾驶员岗位责任

1. 服从调度指派，严格遵守交通法规，做到"三检、四勤、五不开"。

2. 负责车辆的保养、检查，提高车辆完好率。

3. 负责车上灭火器的保养、检查及正确使用。

4. 负责车辆的一切工具及各种证件的保管使用。

5. 遵守驾驶操作规程，根据不同的道路和气候条件，合理掌握车速，确保行车安全。

6. 负责车辆安全检查，协助库员做好商品装卸、垛码工作。

7. 了解车辆的机械性能，能够进行简单的小修项目。

8. 完成运输任务后，负责车辆的清洗和安全停放。

9. 完成领导交办的其他工作。

六、装卸工岗位责任

1. 在车务部领导下负责商品的装卸搬运工作，上班后主动领取装车单，下班后及时交回各种票据、证件，向调度室汇报工作的完成情况。

2. 乘车执行任务时必须听从司机安排。

3. 负责验收商品、货物，核对无误后按规定搬运，发现残损短少要及时登记，查找原因，并及时向车务部领导汇报。

4. 在运输途中，负责押运看管商品，保证商品不丢不损。

5. 负责装卸并与收货人员做好商品票据的移交工作。

6. 完成领导交办的其他工作。

七、押运员岗位责任

1. 负责贵重物品、易燃易爆危险品、易碎等特殊商品的装卸运输工作。

2. 乘车执行任务时，必须听从司机安排，遵守乘车纪律。

3. 认真验收商品件数、包装，核对无误后方可装车。

4. 根据所运商品的不同性质、特点，合理装车，按规定要求规范装载。

5. 熟练掌握灭火知识和灭火器材的使用方法，确保商品在运输途中的安全。

6. 认真完成领导交办的其他任务。

八、车辆管理员岗位责任

1. 服从领导安排，严格遵守各项规章制度。
2. 负责停车场的汽车、摩托车以及保管站内自行车的管理。
3. 负责对停放车辆进行登记，引导车主停放好车辆。
4. 负责检查每辆车的停放及车身完好的状态。
5. 负责检查进退场车辆车证工作。
6. 监督检查停车场内是否存在与车辆停放不相符或停车以外的问题出现。
7. 发现问题应及时向领导汇报反映。
8. 定期搞好场内清洁，严禁在场内吸烟。
9. 认真完成领导交办的其他工作任务。

九、车务部油料员岗位责任

1. 严格遵守油库的安全管理规定，执行油料管理制度，油车停放点和油库不准闲人进入，并设置严禁烟火标志，不得在此堆放杂物、会见亲友、接待客人。
2. 严守发放制度，负责油料管理工作，爱护公司财产，保持加油泵与加油容器干净，注意场地的清洁卫生。
3. 严格领发油料手续，坚持先开单后发油，做到油料账与库存相符。
4. 工作认真负责，不串岗，不徇私情，不弄虚作假，月终统计每台车耗油数量，报财务部门核实公布。
5. 提高警惕，严密防患，对加油点的防火器材要经常检查。

十、停车场值班员岗位责任

1. 负责公司辖区的车辆管理与警卫工作，维持正常的交通秩序，保证门前畅通，劝告客人无故不要在门前逗留，直接对领班、主管负责。
2. 当值时若发现有身份不明人员要及时礼貌地询问清楚或加以阻止。
3. 按公司规定路线和停放办法指挥车辆行驶和停放，禁止外来车辆停在公司门口。
4. 经常检查和排除公司门前的障碍物和不安全因素，维持车辆秩序，指挥客人按秩序乘车，如没有客人候车，则禁止其他车辆在客车道上停车，不准为客人私自拉线乘坐汽车，巡查所负责范围内各处有无异常情况。

5. 正确处理违反交通管理的事件，态度要和气，以理服人，以礼待人，发现问题及时上报主管查处。

6. 安排停泊车辆按章登记收费，不得随意减免车费。

7. 坚守工作岗位，有事需要离岗时，须征得领班或主管人员同意，由其他值班人员顶替后方可离开，并且交接手续要清楚，交清待办事宜。

第七章 工程、环卫、后勤部人员岗位责任

第一节 工程部人员岗位责任

一、工程部经理岗位责任

1. 在总经理领导下，全面主持公司工程部工作。

2. 依照上级领导下达的任务和要求制定工程部的工作计划，并组织实施。

3. 负责对公司设备管理、能源管理、修建工程以及有关全公司水、电、气、电梯等设施、设备运转工作的检查。

4. 负责组织审批工程项目的预算计划，及时了解公司的各项在建工程进度，提出向建设方付款的计划。

5. 确保公司各项基建工程顺利进行。组织工程部全体员工认真学习贯彻党和国家的有关工程建设的各项方针政策以及公司的规章制度，深入基层调查研究，发现问题及时采取措施。

二、工程部工程师岗位责任

1. 协助工程部经理做好日常事务性工作，负责工程部各类技术文件资料的收存和档案管理工作，制定有关工程管理条例，监督各项计划的实施。

2. 确保所管辖系统设备的安全运行，对下属人员和所属系统设备有全面的管理责任。

3. 负责所管辖范围的能源消耗、设备运行、工时利用、员工分配、材料消耗与各项经济指标，提供分析报告，提高工作效益。

4. 负责制订所管辖系统的运行方案，并不断与操作人员研究改进措施。大

胆革新创造，使本系统设备在保证安全运行的前提下，尽可能节省能源。

5. 负责制定所管辖系统设备月度和年度的维修保养计划和备品、备件的采购计划，定期报送工程部经理审定，并负责组织安排维修保养计划的实施，制定工作标准，监督下属保证工作质量。

6. 切实执行工程部经理的指令，认真贯彻落实岗位责任制，督导下属员工严格执行操作规程及《员工守则》，坚持周而复始的设备维修保养制度。按"三干净"（设备干净、机房干净、工作场地干净）"四不漏"（不漏电、不漏油、不漏气、不漏水）"五良好"（使用性能良好、密封良好、滑润良好、紧固良好、调整良好）的标准严格检查督导下属。

7. 掌握科技发展动态，认真推广新技术，改造不合理的设备，完善设计和施工遗留的缺陷，参与所属系统重大改造工程的设计，提出可行方案，验收工程质量。

8. 定期对本单位进行巡视、检查以及调整工作计划和增设新的维修项目，参与设备、设施的技术更新及改造。加强单位竞争意识教育和专业技术知识的培训工作。

9. 设备发生故障及时组织处理，做好技术把关工作，保证所管辖系统设备始终处于良好的技术状态。当重要设备发生故障或影响正常工作时，迅速赶到现场组织处理，并及时向工程部经理报告。

10. 深入现场检查所属系统设备运行情况及控制状态，现场督导重要维修工程及增改工程施工，实地检查下属员工维修保养工作质量与工作效率，控制工作质量与进度，发现问题及时采取纠正措施。

11. 针对下属员工的技术状况和思想状况，编制培训计划，经常对下属员工进行职业道德的教育。

12. 对各项工作安全、维修问题进行讨论，提出表扬或批评，负责填写过失单，对不听从工作安排、工作中违章、违例事件有权做出各种奖罚处理，包括开除。

13. 每天编制一份"设备运行、维修、保养状况一览表"提交工程部经理。

14. 坚守岗位，忠于职守，耐心细致，讲求效率。

三、工程部主管岗位责任

1. 负责制定所管辖系统的最佳运行方案，报工程部经理和工程师审批后组织贯彻实施。

2. 编制各类设备的技术档案，及时登记各设备的运行情况及维修记录，使管辖系统设备经常处于良好的工作状态。

3. 制订设备的大、中、小修及保养计划，并定期编制与之配套的备品、备件计划报送工程部经理审定后，组织贯彻实施。

4. 负责编制下属岗位责任制、操作规程及设备维修保养制度并监督其执行情况。发现问题，及时提出改进措施，并督促改进工作。

5. 负责分管系统和特定部位设施设备的维修保养工作，以保障所管辖系统中各种设备的正常运行。

6. 及时掌握科技发展新动态，及时提出推广新技术、新工艺、新材料的建议，报工程部经理审批后，组织贯彻实施。

7. 定期检查各专业系统各种设备的运行状态，发生故障及时组织力量抢修，发现隐患及时组织处理。

8. 定期对所管辖员工进行技术考核。

9. 制定切实可行的节能措施，提出实施办法。

四、工程维修主管岗位责任

1. 负责组织领导本部门员工全面完成有关水电维修、房屋维护、消防设施工程维修、智能化系统维修的工作。

2. 熟悉公司所有相关工作的基本状况，组织各类相关人员参加公司相关系统的验收和接管工作，现场解决具体问题，严把质量关。

3. 制订相关工作年、季、月、日工作计划及各工作岗位职责、工作程序、工作标准和有关规章制度。

4. 检查、监督本部门员工切实履行各工作岗位职责，遵守各项规章制度和安全操作规程。

5. 经常对本部门员工的技能及工作情况进行检查，了解员工技术及思想状况，解决他们的工作难题及生活困难。

6. 负责组织调度现场抢修工作。

7. 组织本部门员工进行技术培训并监督考核情况，定期做好员工意见调查和分析工作，提出整改意见。

8. 定期总结本部门工作，及时向部门经理汇报。

9. 定期巡视公司各类设施运行情况，解决员工投诉事宜，并详细备案。

10. 审核本部门全年费用支出账务，制订增收节支计划。

11. 年终认真总结全年工作，接受年度任期考核。

12. 完成上级领导交办的其他相关工作任务。

五、工程部锅炉工岗位责任

1. 严格执行安全操作规程，对工作认真负责，任劳任怨，忠于职守，树立为一线服务的思想。

2. 严格按照各种设备的安全操作规程及巡检制度要求上岗，经常巡视和检查所有设备，防止缺水和超压现象的发生。

3. 在主管的领导下，负责单位锅炉的操作、维修及安全运行工作和日常管理。

4. 负责锅炉及其所属各设备及所有蒸汽管道阀门等的维修保养和故障检修，负责厨房蒸汽设备的检修保养。

5. 负责制定三级保养工作计划（月度、季度、年度），并按计划做好保养工作。

6. 负责锅炉水质、洗涤水质和空调水质处理及代验检查，负责水质的取样，分析并汇总数据资料。

7. 负责锅炉房内的清洁卫生，做好交接班工作。

8. 做好日常各项设备的保养工作，消灭"跑""冒""滴""漏"，保证锅炉的正常运行。

9. 按时抄表，巡视锅炉运转情况，发现问题及时采取措施解决，并向上级主管报告。

10. 锅炉房值班人员重点检查项目有：燃料油箱温度、锅炉水位、水泵运转情况及电动机温度、供水情况，发现问题及时解决。

11. 做好计划用油、进油工作，搞好技术革新、节能工作，尽量减少煤、水、电的损耗，并注意防火、防爆、防意外事故的发生。

12. 严格执行各项规章制度，遵守劳动纪律，不得私自离岗，并做好每天的值班记录及日报表。

六、工程部配电室电工岗位责任

1. 负责变配电房的值班运行管理工作，直接对主管负责。

2. 服从上级领导的工作安排，严格遵守变配电各项制度和规定。

3. 严格执行安全操作规程，检查各种设备开关线路和仪表的正常运行，认真填写值班记录和工作日报表。

4. 认真做好配电房安全防火、防事故工作，保管好检修工具，定期检查电器设备的绝缘情况。

5. 熟练掌握停电状态的应急发电措施，确保单位供电的连续性及可靠性。

6. 熟练掌握本单位供电方式、线路去向，设备技术性能和实际操作方法。

7. 按计划做好发电机组变电配电设备的月度、季度、年度维护保养工作。

七、工程部配电房值班员岗位责任

1. 工程部配电房值班人员要有高度的事业心和工作责任感，严格遵守《员工守则》，坚守岗位，做到不脱岗、不串岗。

2. 努力学习业务知识，严格遵守操作规程，熟练掌握职责范围内各类设备的内部结构及工作原理，能快速准确地操作设备。

3. 值班员要经常巡视高压柜、低压柜、变压器、空调机组的运行情况，做到"四勤"：勤看、勤听、勤闻、勤问。如发现问题，应及时上报主管，同时采取有效、安全的措施迅速排除故障，确保供电、供气。

4. 做好发电机组的日常保养工作，当需提供应急电源时，值班员应能够迅速启动发电机恢复送电。

5. 根据不同季节、不同气候，掌握空调机组的开启数。经常查看各工作场所的工作情况，对于生产部门要求增开机组，凭经理助理以上的负责人下单才能执行。尽可能地节约用电，降低消耗。

6. 严格遵守各种设备的维护保养制度，严格按《交接班制度》交接班。

7. 负责保持配电房、空调机房的环境卫生，做到设备上无积灰尘、无油垢，地上无垃圾。

8. 做好耗电记录，为单位用电量的统计提供真实、准确的数据。

9. 当出现突发事件，及时予以解决。

八、空调工岗位责任

1. 认真执行各项规章制度，值班中出现任何设备故障等问题，上报班长或代班长组织运行人员解决处理。

2. 运行人员在值班时必须严格遵守公司劳动纪律，不得擅离职守，不得做与工作无关的事情。有事应提前请假，代班长请假由班长提前重新安排代班长。

3. 值班时，需认真观察机组运行情况，检查水塔、水箱、水泵及空调器的工作状况，认真搞好运行记录。

4. 保持地下冷冻机房及生产办公楼空调机房及各仪表的设备清洁，每日清扫，保持干净。

5. 各班严格执行交接班制度，提前到达交班现场，有问题当面讲清，解决后方可离岗。

6. 冷却水、冷冻水处理人员要负责定时、定量准确加药处理，并妥善保管药品。

7. 风机盘管中的过滤网要定期清洗。

九、工程部仓管员岗位责任

1. 建立有关账本和卡片，负责对工程部所有材料分门别类地进行登记。

2. 保证各工具材料的最低库存量，协助部门经理按检查维修保养计划填写采购单。

3. 严格按照工具及材料管理制度发放工具材料，控制并监督工具材料的领用和使用情况。

4. 每月初将前一个月各工具材料入库出库及库存的数量、单位、金额统一造表报工程部主管及财务部主管。

5. 库房内的工具材料应做到经常清点整理，分门别类摆放整齐，有条不紊，井然有序。

6. 经常清点实物，认真记录各类账本及卡片，做到账、卡、物相符。

7. 努力学习，提高业务水平，掌握各工具材料的名称、型号规格及标准，来货要严格按采购单认真验收入库并记录，同时报部门经理或有关采购人员。

8. 经常巡视检查，注意防火防盗，库房内严禁携带火种，严禁无关人员进入库房，发现漏洞及隐患及时向上级领导汇报。

十、电梯运行司机岗位责任

1. 负责客、货、扶梯的操作。
2. 操作时要精力集中，不得干与工作无关的事。
3. 为一线服务要热情主动。
4. 不得用电梯运送易燃易爆物品。
5. 电梯维修时，配合维修工检修电梯。
6. 坚守工作岗位，不得擅离职守。
7. 电梯停驶时，应把电梯停在基层，关闭厅门，防止有人掉入井道内。
8. 遇到突发事件要沉着冷静，协助楼层总监输送人员。

十一、工程部技术工人岗位责任

1. 遵守《员工守则》和本部各项规章制度、操作技术规程，努力学习，不断提高思想素质和业务水平。
2. 准时到达工作岗位，服从领导的调度和工作安排，按时、按质、按量地完成工作任务，直接对领导负责。
3. 积极参加各设备故障的抢修工作，及时排除设备故障，使单位内的设备保持良好状态。
4. 根据预防性维修保养计划，认真完成各有关设备的维修保养工作。
5. 积极发扬主人翁精神，开动脑筋，大胆提出合理建议，为本单位做贡献。

十二、变电室值班员岗位责任

1. 值班人员必须坚守工作岗位，加强巡视检查，确保公司的安全用电，并定时做好抄表记录工作。
2. 严格执行安全操作规程，严禁带接地线合闸，并做好调节负荷的节电工作。
3. 负责变电室内电气设备的正常运行、维修、清扫、卫生工作。
4. 高低压负荷开关自动跳闸时，不能立即合闸，待查明原因，排除故障后，方可合闸送电，并做记录。

5. 当发生严重危及电气设备和人身安全的紧急情况时，值班人员应立即采取措施，断开有关电源，事后报告有关领导并做记录。

6. 值班人员接到检修负责人停电申请单时，应按要求执行操作，送电时必须接到检修负责人的送电通知单，确认无误后，方可送电。

7. 值班人员必须严格认真地按时做好接交工作，交接班应详细交清各项记录、设备运行情况及上级指示等事项，并做好安全保卫及登记工作。

十三、维修电工岗位责任

1. 负责维修安装公司内部电器设备，认真执行供电局运行管理规程和安全规程。

2. 公司维修人员应在保证用电安全和人身安全的前提下完成工作任务。

3. 在安装电器设备时，应按安装规程进行工作。

4. 维修设备时要精力集中。

5. 每天工作后应认真做好工作记录（包括工作地点、安装项目、使用材料、工作时间、参加人员等）。

6. 工作完毕后，维修人员应及时返回电工班待命。

7. 维修人员在公司内发现安全隐患，应及时处理并做好记录。

8. 公司维修人员应主动热情地为一线服务。

第二节 环卫部人员岗位责任

一、环卫部主管岗位责任

1. 认真执行部门经理指示和交办的各项任务，搞好企业环境卫生工作。

2. 认真做好本职工作，多检查、勤督促，严格要求员工执行岗位责任制。

3. 与下属一道积极开展全面质量管理小组活动，搞好班组建议。

4. 负责对新员工进行入职培训和岗位培训。

5. 做好员工的思想工作，关心员工，充分发挥员工的积极性。

6. 经常巡查，发现问题及时处理，向经理报告工作，听取指示。

7. 不断提高业务水平、管理技巧，熟悉卫生规程，提高工作质量和效率。

8. 加强与各部门之间的联系，搞好团结。

二、环卫部领班岗位责任

1. 在部门经理和主管的领导下进行工作。

2. 每天检查员工出勤情况，检查仪容仪表、工作质量和效率。

3. 根据员工的能力，合理安排工作。

4. 负责发放、使用、保管用于清洁卫生的专用工具、用品，认真填写领料单，控制消耗。

5. 保证卫生情况处于最佳状态，经常巡查，发现问题及时解决。

6. 指导下属员工正确使用有关的化学清洁剂，正确操作和保养各种清洁机器和用具。

7. 将需要保养和维修的事项及时填报维修通知单，如遇紧急情况，要直接打电话通知工程部迅速处理。

8. 填写每月工作报告。

三、环境清洁部主任岗位责任

1. 积极带领员工完成上级交给的各项任务，模范带头，以身作则，直接对服务中心经理负责。

2. 全面负责安排公司内的清洁卫生工作，做好每日检查记录并及时向主任汇报。

3. 负责做好保洁员的思想教育、法纪教育工作，组织保洁员学习文化和专业知识。

4. 每日检查监督卫生、消杀，评定工作效益，搞好环境卫生，抓好公司内卫生管理。

5. 坚持每日巡查公司卫生，劝阻和制止不卫生、不文明的现象和行为。

6. 公道办事，坚持原则。

7. 熟悉公司绿化概况，充分利用和发展绿化地面，保持绿地率达35%以上，绿化覆盖率达40%以上，绿化率完好率达99%以上。因地制宜，合理布置花草树木品种和数量，创造优美的植物景观，发挥绿化的生态环境效益。

8. 提高绿化养护管理的知识技能，熟悉花草树木的名称、品种、特性和栽培管理方法，掌握花木病虫害的防治方法、园林工具机械的使用方法。

9. 对花木进行适当挂牌，标明品种、科属、原产地、生长特性、繁殖方法、管理办法等，方便居民欣赏。

10. 巡视公司绿化，做好分析和记录，掌握公司绿化的基本情况。

11. 收集员工对绿化管养的建设性建议，借鉴他人先进的管理方法，结合实际情况，制订管养计划、管养办法，确保绿化管养工作的正常开展。

12. 关心绿化园艺工的生活，为绿化园艺工作做好后勤工作，多渠道增进绿化园艺工的知识和素质，使绿化队成为一个团结、友爱的集体。

13. 广开门路，特别是与社区文化部结合，建设公司"爱绿化、护绿化"的文化环境。

14. 与服务中心其他部门精诚合作，搞好单位的各项活动。

15. 认真完成领导交办的其他工作。

四、环境绿化主管岗位责任

1. 熟悉公司周边绿化布局及各区域绿化养护现状。

2. 定期巡查，记录报告绿地及公司卫生现状，发现问题及时予以处理，问题严重不能立即解决的，向上级汇报。

3. 认真组织绿化工定期或不定期的培训，学习业务知识，提高养护、管理水平。

4. 做好绿化工程的施工管理、合同管理及工程材料的档案管理工作。

5. 安排绿化工的工作，定期检查，督促养护。

6. 设专业人员负责绿化设施及器具的养护。

7. 做好绿化工的考勤工作。

五、公共卫生绿化领班岗位责任

1. 检查员工仪表、礼貌、劳动态度和工作效率，讲评、检查和督导员工工作。编制员工排班表，记录本班组员工考勤。

2. 负责指导和培训本组员工、新员工正确使用化学洗涤剂，正确使用、保养和维修清洁机械设备。报告并检查各种维修项目的修复情况，确保负责区域保洁设施用品完好有效。

3. 合理调配所属员工，完成所辖区域的日常清洁卫生工作，严格按照操作程序完成地面打蜡和地毯、沙发清洗及大清洁计划工作。

4. 经常检查和督导花木的栽培、浇水、修剪等保养工作。

5. 编写工作日记。参加后勤部及公卫绿化部的例会，每日召开班前会，传达落实上级的指示，布置本班组的工作。

六、养护、管理人员岗位责任

1. 全面负责管辖区内的绿地、花木的护养和管理。

2. 对损坏花木、践踏草坪者，要劝阻、教育，情节严重的按规定处罚。

3. 负责绿地、花木的浇水、施肥、除杂草、松土，除病虫、喷药、修剪整形、防护等工作。

4. 妥善保管、使用好各种工具和肥料、药品等。

七、清洁员岗位责任

1. 对分管的场所，每天要保证其清洁卫生，包括各办公室、楼道、门市、仓库。

2. 要按时对洗手间、废物箱喷药水或放置卫生药品，保持干净。

3. 晚班要负责清除所有的垃圾桶，做好防火工作。

4. 每天上下班前对卫生间进行一次大清洁。

八、保洁员岗位责任

1. 公共场所每天清扫两遍，楼梯道、天台每周清扫两遍。

2. 每天保持清运两次垃圾，垃圾桶每三天清洗一次。

3. 当班时间保持责任区内无任何垃圾、脏物、废物、杂物等，随产随清，保持责任区内的卫生。

4. 对公共场所进行虫蚊消毒每周两次，重点是垃圾桶等处。

5. 努力维护责任区卫生，劝阻和制止不卫生、不文明的现象和行为。

6. 认真完成经理和环境清洁部主任交办的其他任务。

第三节　后勤总务部人员岗位责任

一、后勤部经理岗位责任

1. 贯彻执行公司的各项规章制度，并根据公司的管理大纲结合本部的实际业务，制定内部的各项管理制度，报总经理审批后，组织贯彻实施。

2. 主持本部部务会，及时传达上级指示和意图，听取下级的工作汇报，及时掌握并解决存在的问题，定期向上级领导请示汇报工作。

3. 负责本部全面工作，协调好部门内部各单位的关系及其他部门之间的关系，创造良好的工作环境，保证各项工作的协调顺利开展。

4. 加强巡视检查，督促各单位各级管理人员严格按规章制度办事，不断提高各级管理人员和员工队伍素质，提高办事能力和工作效率。

5. 做好本部门各级管理人员和员工的业务培训，合理使用人员，将使用、考核、晋升结合起来，充分调动各级人员的主动性、积极性和首创精神，完成各项任务。

二、员工餐厅主管岗位责任

1. 在经理领导下，负责员工餐厅的全面工作。合理安排人员，管理好所属会计、出纳、保管员、厨师、厨工及服务人员的工作，不断提高服务质量，保证公司员工正点就餐。

2. 认真调剂伙食，每周审定食谱并检查执行，不断提高饭菜质量，保持餐厅在本市同行业工作处于领先水平。

3. 认真贯彻公司各项规章制度和有关规定，做好思想工作，严格要求餐厅全体员工履行岗位职责，贯彻落实操作规程和服务规范，搞好挂牌服务。

4. 负责餐厅卫生和食品卫生、合理配餐、保证营养，搞好餐具消毒，杜绝食物中毒。

5. 负责管理好小餐厅招待工作，保证宾客用餐。

6. 负责餐厅安全，经常对公司员工进行安全教育，每周检查讲评各项安全制度落实情况。

7. 严格执行财会制度，加强财务管理，把好进货渠道和食品质量关，并且每月公布账目。

8. 负责搞好餐厅厨具设备、设施等财产的维护和管理。

9. 负责向公司领导汇报工作，及时提出意见和建议，落实上级指示。

三、卫生主管岗位责任

1. 负责公司的环境美化、绿化和保洁工作，划分卫生责任区并制定各区域卫生标准。

2. 认真检查公司内部卫生，每天巡视检查一次保洁队负责的公共卫生区域；每周对公司各部门分管的卫生区进行一次检查，做记录。对发现的问题，当天解决。重大或未纠正的问题，书面向主管经理做出报告，限期解决，保证卫生达标。

3. 负责公司保洁、环卫工作的对外联系事务。

4. 负责卫生清扫设备及药品的鉴定和进货使用。

5. 负责劳动用具、环卫器具购置计划及发放等工作。

6. 安排灭蝇、灭鼠、灭虫工作。

7. 负责向公司领导汇报工作，及时提出意见和建议，在部长领导下，认真落实上级指示，搞好卫生工作。

四、员工餐厅服务员岗位责任

1. 负责为员工进餐提供良好服务，做好开餐供应和清洁卫生工作，每餐配置认真，分量均匀，一视同仁。

2. 负责每餐划卡、收票和餐券统计工作。

3. 经常巡视，发现脏物及时清理，保证餐桌、地面干净，餐后按质量要求清理卫生。

4. 及时补充食物。

5. 收餐后协助其他班组开展工作。

6. 负责所属范围环境、设备、用具的清洁卫生及保管、保养、报修工作。

五、员工宿舍主管岗位责任

1. 严格遵守后勤部制定的员工宿舍使用规定，执行员工宿舍管理办法，检查和督导员工宿舍服务员定期更换卧具，以保持员工宿舍的清洁卫生。

2. 负责职工宿舍的管理工作，贯彻执行公司的宿舍管理规定，及时纠正和制止各种违章乱纪行为。

3. 不断完善和改进职工宿舍管理制度，搞好各宿舍的维修保养、安全卫生等管理工作。

4. 保持与保安部和治安管理部门的联系，搞好安全保卫工作，发现可疑情况及时报告，防范违法事件的发生。

5. 严格遵守各项规章制度，搞好宿舍的管理工作，注意防盗、防火，确保员工生活安全。

6. 负责员工更衣室的管理工作，为员工分配更衣柜，督导更衣室服务员保持更衣室的卫生清洁。

7. 制定员工理发室的服务制度，安排工作时间表，检查员工的服务质量和工作态度。

8. 控制员工宿舍、理发室内各种清洁用品的合理使用。

9. 加强对外联系，认真搞好院内卫生和室内卫生，经常检查各宿舍值班员的工作，协调住户间的关系。

10. 严格遵守各项规章制度，以身作则，提高业务工作水平。

六、员工后勤领班岗位责任

1. 严格执行各项管理办法，组织服务人员全面做好员工宿舍、更衣室、淋浴室、理发室等日常清扫和服务工作。

2. 服从命令听指挥，检查后勤领班人员考勤制度执行情况，每月负责制表上报。

3. 经常检查后勤领班人员"单宿工作程序""常住人员守则"等规章制度的实施情况。

4. 负责督促各岗位人员执行公司规定，坚守岗位，为住宿员工提供周到的服务。

5. 负责督促检查各岗位的安全工作及其设备的完好情况，发现丢失或损坏情况，应及时查找原因；发现安全隐患，应及时排除并上报。

七、员工宿舍管理员岗位责任

1. 在领班的直接领导下工作。

2. 遵守公司一切规章制度，严格考勤，管理好员工宿舍，严格遵守公司宿舍管理制度，对违反员工宿舍管理制度和公司纪律的个别员工提出批评，纠正不良行为，记录在案，必要时报告主管及员工所在部门处理。

3. 负责定期检查各楼层房间卫生及楼层宿舍的安全管理，协助搞好各宿舍的维修保养工作，以确保员工宿舍的清洁和安全。

4. 协助保安维护员工宿舍的正常秩序，制止员工在宿舍区内乱扔垃圾、倒脏水，维护宿舍区清洁卫生。

5. 保证员工宿舍区水、电的供应，发现跑、漏情况要及时上报主管通知维修，以保证职工的生活用水、用电。

6. 配合保安密切注意出入人员，发现可疑的事或物要及时处理，注意防盗、防火。

7. 严格执行公司的各项规章制度，准时上下班，上班时间不得擅离工作岗位，不做与本岗无关的任何事，交班要将本班情况向接班人员交代清楚，重要情况及时记录，加强防火、防盗巡视工作。

8. 负责员工宿舍房间钥匙管理。

八、杂工岗位责任

1. 热爱卫生清洁工作。坚持卫生工作经常化、制度化、标准化，为保持文明、整洁、优美的新型单位而努力工作。

2. 负责员工食堂和员工宿舍的卫生清洁工作，保证分管的卫生区域达到有关的卫生标准和要求。

3. 对负责的卫生区域除按规定进行清洁外，要及时清理杂物，随脏随扫，保持良好的卫生状态。

4. 正确使用、爱护卫生工具设备，并能够对卫生工具设备进行日常保养及维修。

5. 掌握正确的卫生操作方法及程序，防止在清洁过程中造成环境、食品等的污染。

6. 合理使用卫生清洁用品，努力降低各种清洁用品的消耗。

7. 将垃圾、废物倒在指定地点，清洁完毕后将卫生工具、用品放到指定地点，不得将卫生工具用品乱堆乱放于公共场所。

8. 按主管安排，定期进行灭鼠、灭蚊蝇工作。完成领导交办的各项工作，虚心接受有关领导对卫生工作的检查指导。

9. 严格遵守单位的各项规章制度，不准擅离职守、串岗，不干私事，按时上下班，尽自己最大努力把工作做好。

九、员工餐厅厨师岗位责任

1. 负责对各种饭菜的加工制作，保证食品质量。

2. 严格遵守作息时间，按时开餐，不擅离职守、串岗、脱岗。

3. 服从分配，按质、按量、按时烹制饭菜，做到饭菜可口，保热保鲜。

4. 服务周到，礼貌待人，做到领导与职工一样，生人与熟人一样，自己与大家一样。

5. 遵守安全操作规程，合理使用操作工具，合理使用原材料，节约水、电、煤气。

6. 严格遵守《食品卫生法》及各项制度，搞好厨房、餐厅卫生，保证不让职工吃有异味食品，防止食物中毒。

7. 进入厨房将工作服穿戴整齐，厨房内不准吸烟，不准另搞标准开小灶。

8. 自觉遵守公司各项规章制度，努力钻研业务，提高业务操作技能。

9. 服从主管调动，维护好厨房灶具、设备，协助员工餐厅服务员做好开餐准备。

十、餐厅部经理岗位责任

1. 负责公司餐厅部门的全面工作，对总经理负责。

2. 认真执行总经理下达的各项工作任务和工作指标，对饮食、娱乐的经营好差负有重要的责任。

3. 制订餐厅部的营业政策和经营计划。

4. 拟定餐厅部每年的预算方案和营业指标，审阅餐厅部各单位每天的营业报表，进行营业分析，并做出经营决策。

5. 主持日常餐厅部的部务会议，协调部门内部各单位的工作，使工作能协调一致地顺利进行。

6. 审阅和批示部属各单位和个人呈交的报告及各项申请。

7. 与行政总厨、大厨、宴会部研究如何提高食品的质量，创制新的菜色品种；制定或修订年、季、月、周、日的餐牌，制订食品及饮料的成本标准。

8. 参加总经理召开的各部经理例会及业务协调会议，与各界建立良好的公共关系。

9. 对部属管理人员的工作进行督导，帮助他们不断提高业务能力。

10. 负责督促部属员工的服务情况，使餐饮部的服务档次得以提高。

十一、餐厅领班岗位责任

1. 负责对员工的考勤、考评，根据员工表现的情况进行表扬或批评、奖励或处罚，对餐厅经理负责。

2. 根据每天的工作情况和接待任务安排下属的工作。

3. 登记好下属的出勤情况，检查员工的仪容仪表是否符合要求，对不符合要求者督促改正。

4. 正确处理工作中发生的问题和客人的投诉，处理不了的问题要及时向经理报告。

5. 了解当天宾客的订餐情况、生活习惯和要求。

6. 开餐前集合全体部属，交代订餐情况和客人要求，以及特别注意事项。

7. 检查工作人员的餐前准备工作是否完善，餐厅布局是否整齐如一，调味品、配料是否备好、备齐，是否光洁明亮，对不符合要求的要督促员工迅速调整。

十二、宴会部经理岗位责任

1. 进行行业调查研究，做好客源分析，掌握消费者的心理，广泛进行宣传工作，组织客源，广交新客户，不断扩大经营范围。

2. 了解食品原材料价格和货源情况，了解和掌握各种食品，特别是海鲜、野味等名贵品种的库存、池养情况，并注意推广和销售。

3. 熟悉和掌握各餐饮单位食品情况和菜色品种，经常与餐饮部经理、行政总厨和大厨研究和创制新的菜式和花色品种，编制新的菜单，尽量满足客人的要求。

4. 建立食谱档案，对老客户要注意他们的口味特点，经常变换品种。

5. 注意协调有宴会订单的宴会厅房安排，分派及指导营业员制订宴会菜单，重要的宴席要亲自制订菜单。制订菜单要注意搭配，做到斤两准确、保证质量，不错单漏单。

6. 接待来订餐的客人，一定要热情友好、服务周到。对他们的提问要耐心解答，向他们介绍情况时，一定要认真细致，处处为客人着想，使客人感到亲切。

7. 对公司内部各部门人员的接待也要热情友好，谦虚谨慎。与各部门的协调与沟通要注意方法，争取得到各部门对宴会部工作的配合、帮助与支持。

8. 负责宴会部工作的组织和安排，抓紧宴会部工作人员的培训工作，不断提高他们的业务水平和工作能力。

十三、餐厅接待员岗位责任

1. 负责接待、受理、确认客人订餐。

2. 负责解答客人有关订餐的问题，并提供各餐厅的有关资料。

3. 负责向宴会部经理报告有关订餐的情况，编制"席位编排表"，并知会各餐厅，转送"宴会编排表"。

4. 主动带领客人到餐桌就座，并将菜单传递给客人。

5. 耐心解答客人提出的问题。

十四、餐厅业务员岗位责任

1. 负责编写筵席、酒会、冷餐会、团体包餐、宴会陪同及司机工作餐及其他需宴会部制订的菜单。

2. 负责解答客人提出的有关饮食方面的问题，如餐饮部各餐厅的有关资料、食物水准、价格及与同行业相比本企业饮食的优势和特点等。

3. 协助接待员受理订餐订席工作。

4. 负责本部制定的周、月、季、年特餐餐单菜谱的印制工作。

十五、餐饮部管理员岗位责任

1. 以高度的事业心和责任感，做好本职工作，领发物品要手续齐全、账目清楚。

2. 工作有条理，每周根据餐厅、厨房各种物资的用量制订计划并向物业部门领取，既不积压也不短缺。所有物品要分类存放，防止物品霉烂和变质。

3. 每次将餐厅换下来的席巾、台布等分类整理好送洗衣部洗涤，餐厅楼面来领干净台布、席巾时必须以脏换净，回收的席巾、台布若有破损的要更换。

4. 贵重物品，如金器、银器、玉器每次收回后要清洁、包装好后清点入库。对固定在餐厅的餐具如银器、刀叉等，每次要核对，对损坏和遗失的要追查、按价索赔。

5. 大型宴会、酒会、冷餐会、音乐会、时装表演会、展览会、研讨会等用后的设备、用品等都要清点好，然后入库分类存放，防止丢失和损坏。

6. 对于服务用具和物品如圆珠笔、点菜单、牙签，卫生用品如扫把、拖把、胶手套、吸尘器、清洁剂，要有计划地领发，做到不积压，不浪费，合理使用。

7. 对于特殊用品，如火锅用的酒精、热盆用的酒精蜡、西餐厅和生日蛋糕用的蜡烛等要准备一些备用。易燃物品要另外存放，以防火灾。

8. 不准无关人员进入仓库，不准在仓库内吸烟。要注意防火、防毒、防蛀、防咬，并注意仓库的卫生情况。

十六、食品质量控制主管的岗位职责

1. 监督食品处理过程及食品质量控制。

2. 与食品保健专家合作，改进食品中的营养成分含量。

3. 对食品质量控制中出现的问题提出技术性建议。

4. 对食品处理过程进行成本研究。

5. 了解食品处理的最新技术和数据。

十七、送餐部经理岗位责任

1. 指导、监督送餐部领班、服务员及订餐员的工作。

2. 督导和巡视重要宾客房间的送餐服务工作。

3. 送餐前，检查送餐车、托盘及赠品，确保一切准备就绪，一旦需要即可送出。

4. 控制营业所需的餐具，定期参加盘点。

5. 编制员工排班表，监督员工考勤记录，评估员工，培训员工，解决各方面的服务问题，并处理客人的投诉。